REPORTS ON ARTIFICIAL INTELLIGENCE MEDIA DEVELOPMENT

人工智能媒体发展研究报告

（2020—2021）

主　编　严三九
副主编　王　虎　邹阳阳

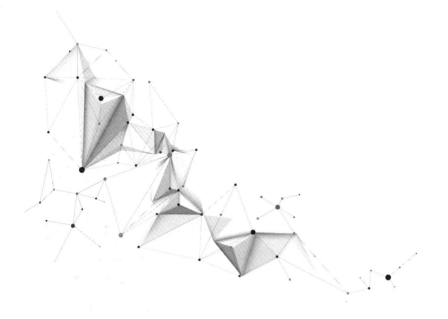

复旦大学出版社

序言

人类已经进入哈特穆特·罗萨（Hartmut Rosa）所说的"加速社会"。① 科技加速、经济加速、社会加速，信息和人财物一样高速流动，带来信息泛滥、技术沉溺、数字鸿沟、疫情高发、贫富差距扩大、社会分化加剧等社会性难题。解决这些问题，需要全人类共同努力，构建新的视野、理论和技术体系。②

数据的可用性、连接性和计算能力的提高，使人工智能不断取得突破性进展。这不仅为经济、文化带来了更多的红利与机会，也为解决上述难题提供了新的可能。尤瓦尔·赫拉利（Yuval Harari）认为，基于大数据和复杂算法的人工智能使当今世界正经历从智人到"神人"的巨大飞跃，其革命性比从猿到人的转变还要深刻彻底。③ 人工智能是信息技术与人的本质力量融合发展的最新产物，它所构建的智能技术范式正在重塑信息传播形态、社会结构形态以及人的生产方式和生活方式。

人工智能技术和应用的乐观前景带来了世界各国的普遍重视，以及相关产业投资的持续增加，尤其是在 2020 年全球各国饱受新冠肺炎疫情困扰的背景下，人工智能在智慧医疗、教育、城市智慧化转型、重塑新闻生态等领域的加持，让人们普遍感受到新技术在社会连接、健康保障上的显著优势。截至 2021 年底，全球超过 38 个国家发布了人工智能发展战略。

传媒是最早应用人工智能技术的领域。一方面，传媒业务中的事实核

---

① [德]哈特穆特·罗萨：《新异化的诞生——社会加速批判理论大纲》，郑作彧译，上海人民出版社 2018 年版，第 147 页。
② Yuval Noah Harari, "The World after Coronavirus," *Financial Times*, March 20, 2020, sec. Life & Arts, https://www.ft.com/content/19d90308-6858-11ea-a3c9-1fe6fedcca75.
③ 参见[以色列]尤瓦尔·赫拉利：《未来简史：从智人到智神》，林俊宏译，中信出版社 2017 年版。

查、信息采集、生产和算法分发等环节大量采用人工智能技术,推动媒体向人机合一、自我进化的方向发展,以人工智能技术为基石、以人机协作为特征、以提升信息生产和传播效率为核心的智能传播生态成为未来媒体运行的核心引擎;另一方面,在更广泛的社会领域,智能媒体与信息社会各行各业产生互动融合,大数据、云计算、物联网、人工智能等新技术应用相互关联、融合互动,逐渐形成强大的媒介社会生态,智能媒体以一定的社会角色介入人与社会的关系之中,人与人、人与物之间结构成更紧密的社会关系。①

基于上述背景,上海大学新闻传播学院、上海大学全球人工智能媒体传播研究院课题组总结梳理国内外智能媒体发展的新进展和新趋势,撰写发布《人工智能媒体发展研究报告(2020—2021)》。本报告分国外、国内两部分,从战略、技术、产业、业务、应用、融合、伦理、反思等角度出发,结合理论探讨与案例分析,全面审视全球智能媒体发展的新面貌,以期为业界和学界提供参考。

---

① 孙伟平:《人工智能与人的"新异化"》,《中国社会科学》2020年第12期。

目录

第一部分 国外人工智能媒体发展研究报告(2020—2021)

第一章 战略篇:国家战略与产业布局 ... 003
    一、2020—2021年全球人工智能媒体发展概况 ... 004
    二、国外人工智能技术发展战略 ... 016
    三、全球头部公司人工智能媒体战略布局与发展策略 ... 022

第二章 技术篇:新发展与新应用 ... 024
    一、人工智能技术 ... 024
    二、5G技术 ... 032
    三、物联网技术 ... 039
    四、区块链技术 ... 044
    五、大数据技术 ... 049
    六、云计算技术 ... 053

第三章 产业篇:产业发展与行业重塑 ... 059
    一、2020—2021年全球智能音箱产业 ... 059
    二、短视频和网络直播产业 ... 067
    三、全球大数据产业 ... 075

四、全球新闻机器人产业............084

第四章　业务篇：新场景与新服务............095
　　一、人工智能对传媒业的影响............095
　　二、人工智能机器人实现人机高效协同............103
　　三、人工智能技术在视听行业的应用............108
　　四、智能语音新闻报道的发展............116
　　五、人工智能在广告业中的应用............122

第五章　伦理篇：新挑战和新对策............130
　　一、人工智能媒体的伦理困境............130
　　二、全球传媒业如何应对人工智能伦理挑战............140

第二部分　国内人工智能媒体发展研究报告（2020—2021）

第六章　战略篇：战略规划与政策保障............153
　　一、战略规划：扶持人工智能产业快速发展............153
　　二、媒体政策：规制智能媒体发展方向............164

第七章　技术篇：技术赋能智能媒体发展............171
　　一、大数据：智媒发展的基础资源............171
　　二、云计算："媒体上云"的全面架构............174
　　三、物联网：智能媒体延伸的末端神经............177
　　四、人工智能芯片：智能媒体发展的战略高点............180
　　五、5G：新传播格局构建的持续助推力............184
　　六、区块链：去中心化的媒体业态变革............189
　　七、人工智能机器人：人机协同的未来趋势............192

第八章　应用篇：智能媒体跨界破圈，深度融入社会发展 ... 196
　　一、人工智能技术驱动媒体深入变革 ... 196
　　二、大数据时代舆情监测的新发展 ... 203
　　三、智能媒体参与社会治理 ... 205

第九章　融合篇：深度融合视域下媒体的智能化实践 ... 209
　　一、网络媒体进入智能化大变局时代 ... 209
　　二、报刊媒体的智能化转型 ... 212
　　三、广播媒体的智能化改革 ... 217
　　四、电视媒体的融合发展与智能化推进 ... 223
　　五、社区媒体的智能化发展 ... 230

第十章　产业篇：深耕布局，智能媒体相关产业持续发展 ... 233
　　一、中国经济智能化转型进程加快 ... 233
　　二、智能语音与对话式人工智能加速产业落地融合 ... 236
　　三、手机厂商加快5G市场布局 ... 238
　　四、中国智能家居之智能视觉快速发展 ... 240
　　五、智能机器人需求持续增长 ... 244

第十一章　反思篇：共生、融合与博弈——智能媒体发展面临的问题与挑战 ... 250
　　一、智能媒体与传媒发展治理 ... 250
　　二、智能媒体与社会融合博弈 ... 255

参考文献 ... 261
后记 ... 267

第一部分

国外人工智能媒体发展研究报告

（2020—2021）

第一章　战略篇：国家战略与产业布局

越来越多的国家认识到人工智能在促进社会、科学和产业变革三个方面具有无限潜能，并期望通过人工智能的进步从基础上提升综合竞争优势，从而开始关注、重视、制定并发布了人工智能领域的未来竞争战略。2020年，美国、德国、日本、韩国、俄罗斯等国家在原有人工智能发展战略的基础上进行了强化和迭代。同年，葡萄牙、西班牙等16个国家首次发布了人工智能发展战略。此外，至少还有18个国家正在研究和制定国家层面的战略计划。①

人工智能技术对新闻生产、分发、应用场景的深度渗透越来越呈现出底层建筑属性，全球人工智能媒体发展与国家战略导向成正相关关系。根据目前全球已发布人工智能战略规划文件的分析可知，全球人工智能发展战略规划内容多圈定在"扩大应用场景""核心技术优势""人才培养""阶段财务支撑""伦理准则""国家竞争力"等方面。② 值得一提的是，中国是唯一一个在国家战略层面明确将媒体发展与人工智能技术关联的国家，对主流媒体与新媒体提出"宣传人工智能新进展、新成效，让人工智能健康发展成为全社会共识，调动全社会参与支持人工智能发展的积极性"与"做好舆论引导，更好应对人工智能发展可能带来的社会、伦理和法律等挑战"的具体要求。③

---

① 刘垠、操秀英：《〈中国新一代人工智能发展报告2020〉发布》（2020年10月23日），中国新闻网，https://www.chinanews.com.cn/gn/2020/10-23/9320163.shtml，访问日期：2023年10月20日。
② 张涛：《2020年全球人工智能政策热点》（2020年12月1日），"学术plus"微信公众号，https://mp.weixin.qq.com/s/K901QGNSN4G-S6HZOix-zw，访问日期：2023年12月13日。
③ 《国务院关于印发新一代人工智能发展规划的通知》（2017年7月8日），中国政府网，http://www.gov.cn/zhengce/content/2017-07/20/content_5211996.htm，访问日期：2021年5月2日。

一、2020—2021年全球人工智能媒体发展概况

人工智能技术在协助人类应对突发性公共安全事件方面发挥了重要作用，核心支撑场景落地于病毒研究、疫情防控与治理、疫苗研发、疫情信息发布等。其中，主要应用于传播场域的大数据分析系统在诸如描绘疫情地图、人群轨迹追踪、同乘数据查询、疫情趋势预测、舆情监控、实时报道等信息搜集、处理、分发及舆情引导等场景表现突出，使媒体在抗疫战场中成为官方舆论场与民间舆论场保持积极沟通动态的要隘。

随着全球人类活动场景的转向及对新冠肺炎疫情相关内容关注度的激增，用户对新闻内容生产的专业性、覆盖范围广度及数量均提出了更高要求，媒体成为即时响应疫情需求、及时传达应对策略、时刻使官方舆论场与民间舆论场保持稳定沟通的重要互动平台。

人工智能技术在传媒业抗击疫情中取得的成就，除媒体自身的技术积累外，也有赖于商业技术公司的助力，人工智能巨头如亚马逊、谷歌、百度等科技公司均有参与。2020年3月，亚马逊AWS宣布投入2000万美元资金，加速推出了具有监测、跟踪、预测疫情蔓延功能的专用人工智能模型及开源数据库，该模型不仅可以模拟疾病发展路径，测试各种防疫策略的效果，还能应对除了新冠肺炎以外更复杂的病毒。[①] 4月，谷歌与苹果公司展开合作推出了疫情跟踪预警系统，该系统可通过移动端的蓝牙功能记录追踪超全世界1/3的人口，并通过用户"接触史"数据，在有感染者出现时即刻向接触者推送风险警告。[②] 中国互联网公司百度在抗疫之战中表现尤为突出，其在病毒分析、实时筛查、辅助诊疗、大数据分析辅助决策等方面发挥了重要作用。此外，百度研究院向各基因检测机构、防疫中心及全世界科学研究中心免费开放了线性时间算法Linear Fold以及世界上最快的RNA结构预测网站，用以

[①] 彭新：《疫情之下高速狂奔的亚马逊AWS：向上争开发者，向下抢细分市场》（2020年12月17日），界面新闻，https://www.jiemian.com/article/5412946.html，访问日期：2023年10月20日。

[②] 秦天弘：《苹果谷歌将联合推出疫情追踪系统》（2020年4月13日），经济参考报，http://www.jjckb.cn/2020-04/13/c_138970537.htm，访问日期：2023年12月14日。

助力战疫研发工作。① 百度地图则通过迁徙大数据、实时路况、热力图、疫情小区地图、复工地图等平台提供数据支持,为公众、媒体、政府、科研提供全面、立体的迁徙大数据服务。②

随着深度学习技术以及硬件算力的发展,人工智能技术在经历10年的酝酿后跃然于世,越来越多的国家意识到人工智能技术将作为推动社会、生活、技术场景的起底力量与变革力量,而这一力量将同样激发传媒行业进入智能媒体的新时代。

(一)人工智能发展的空间异质性:全球各国战略层面的偏向

如果将互联网对人类生活的影响形容为破壁虚拟空间维度,人工智能则是从更微观的角度重塑了宏观世界的底层技术基因。由此,人工智能技术基因在进化、管控、支撑的趋向领域,将不可避免地受不同国家未来发展战略的影响而出现资源分配的差异,进而使人工智能在不同领域发展出现空间异质性(spatial heterogeneity)特征。

1. 美国战略偏向:维系全球领先地位,增强国家安全

美国成立多个人工智能相关机构,督导和实施美国国家人工智能战略。2021年1月,美国成立国家人工智能倡议办公室,以确保美国未来几年在这一关键领域的领导地位。该办公室负责监督和实施国家人工智能战略,并作为人工智能研究和决策过程中联邦政府与政府部门、私营机构、学术界和其他利益相关者进行协调和协作的中心枢纽。6月,美国宣布成立国家人工智能研究资源(National Artificial Intelligence Research Resource,NAIRR)工作组,旨在巩固美国的前沿地位。该工作组属于国家人工智能倡议办公室,由12名学术界、政界和产业界人士组成,共同参与计划的制定实施,以便人工智能研究人员获得更多政府数据、资源和其他计算工具。③ 根据美国《2020年国家人工智能倡议法》,该工作组将作为联邦咨询委员会,建设可共

---

① 本刊编辑部:《贯彻落实习近平总书记重要讲话、重要指示精神 坚决打赢疫情防控的人民战争总体战狙击战》,《网络传播》2020年第2期。
② 果青:《外媒:百度悄然成为全球人工智能领导者》(2020年3月19日),TechWeb,https://mo.techweb.com.cn/smarthardware/2020-03-19/2782153.shtml,访问日期:2023年12月13日。
③ 韩雨、韩丛英:《2021年人工智能领域科技发展综述》,《战术导弹技术》2022年第2期。

享的研究基础设施。

美国发布多项人工智能战略规划,推动作战能力在信息化技术加持下提质升级。2021年3月,美国人工智能国家安全委员会(National Security Commission on Artificial Intelligence,NSCAI)发布报告,提出了美国在人工智能时代取得竞争胜利的战略部署。主报告分为"在人工智能时代保卫美国"和"赢得科技竞争"两大部分,从美国在人工智能领域面临的威胁和风险以及如何应对两个方面进行了论述,附录中的"行动蓝图"则详细描述了美国政府应据此采取的措施。6月,美国国防部启动"人工智能与数据加速"(AI and Data Acceleration,ADA)计划,旨在快速推进"联合全域指挥控制战略"的实施。国防部将向美军11个联合作战司令部派遣"作战数据小组"和"人工智能专家小组",并进行了一系列与"联合全域指挥控制"等概念相关的实验或演习。7月,美国海军发布《智能自主系统科技战略》,聚焦无人系统中集成自主、人工智能技术,能够适应瞬息万变战场环境的智能自主系统,提出"无缝集成为可信的海上力量"的发展愿景。① 8月,美国国土安全部发布《人工智能/机器学习战略计划》,制定了三个方面目标:推动在国土安全部中运用下一代人工智能和机器学习技术,增加研发投资,并利用这些技术建立起安全的网络基础设施;促进在国土安全部任务中部署已成熟的人工智能和机器学习能力;建立、培养一支跨学科的人工智能/机器学习人才队伍。

2. 俄罗斯战略偏向:谋求全球领先,扩大人工智能应用场景

俄罗斯总统普京认为,在人工智能领域领先的国家将成为世界的统治者。② 2021年11月,俄罗斯总统普京在"关于加强武装力量"的会议上表示,俄罗斯军事发展的首要目标是武装部队使用最先进的武器装备,其中就包括人工智能。普京称,人工智能技术可在提高武器战斗特性方面实现突破,将应用于军队的武器控制系统、通信和数据传输系统、高精度导弹系统以及无人系统的控制装置。

2021年10月,俄罗斯人工智能联盟联合其他组织在莫斯科举行首届"人工智能伦理:信任的开始"国际论坛,签署了一份人工智能伦理规范。该

---

① 韩雨、韩丛英:《2021年人工智能领域科技发展综述》,《战术导弹技术》2022年第2期。
② 环球网科技综合报道:《人工智能时代的兴起对国际关系意味着什么?》(2018年5月18日),环球网,https://tech.huanqiu.com/article/9CaKrnK8zjH,访问日期:2023年12月13日。

规范由人工智能联盟与俄罗斯政府和经济发展部共同编写,将成为俄罗斯联邦人工智能计划和2017—2030年信息社会发展战略的一部分,文件内容包括加速人工智能发展、提高人工智能使用伦理意识、识别与人交流的人工智能和信息安全等主题。①

3. 欧盟战略偏向:追求卓越与信任,建立人工智能伦理范式

欧盟委员会在设计人工智能发展、应用策略上,坚决以《有关在以人为本的人工智能技术上建立信任的通信》文件作为逻辑基础和行为指导准则,坚持以人为本为战略出发点,并考虑吸纳使用试点阶段所获得的《道德准则》意见来完善人工智能战略系统。欧盟委员会认为,人工智能发展的关键在于数字技术能够取得公众的信任,这里涉及数据的可用性和算法价值观两个方面。

2021年4月,欧盟发布全球首部人工智能管制法律《人工智能法案》,提出了人工智能统一监管规则,旨在从国家法律层面限制人工智能技术发展带来的潜在风险和不良影响,让欧洲成为可信赖的全球人工智能中心。2021年4月,欧盟委员会发布《人工智能协调计划2021年修订版》,成为指导各成员国协调行动、共同实现欧盟人工智能发展目标的最新文件。2021年10月,北约成员国国防部部长就北约首个人工智能战略达成一致。该战略简要介绍了人工智能技术如何以受保护且合乎伦理的方式应用于国防和安全,以符合国际法和北约价值观且负责任的方式使用人工智能技术,为北约盟国开发和使用人工智能技术奠定基础。②

4. 中国战略偏向:稳步发展,强调人工智能新基建

作为新一轮产业变革的核心驱动力,中国期待人工智能在未来能成为各行业发展的重要推动力。中国与全球各国一样认为,人工智能带来机遇的同时势必会携带一系列伦理问题。针对人工智能未来发展可能触发的机遇与挑战,2017年7月,中国国务院发布了《新一代人工智能发展规划》战略文件,提出了智能技术发展必须遵循的"四大原则"与实现阶段性目标的"三大步骤"。该规划指出人工智能未来发展需坚持"科技引领、系统布局、市场主

---

① 韩雨、韩丛英:《2021年人工智能领域科技发展综述》,《战术导弹技术》2022年第2期。
② 同上。

导、开源开放"四项基本原则。"三大步骤"则是按照时间线规划设定了战略目标的阶段性步骤。第一阶段：至2020年，"人工智能总体技术和应用与世界先进水平同步，人工智能产业成为新的重要经济增长点，人工智能技术应用成为改善民生的新途径，有力支撑进入创新型国家行列和实现全面建成小康社会的奋斗目标"；第二阶段：至2025年，"人工智能基础理论实现重大突破，部分技术与应用达到世界领先水平，人工智能成为带动中国产业升级和经济转型的主要动力，智能社会建设取得积极进展"；第三阶段：至2030年，"人工智能理论、技术与应用总体达到世界领先水平，成为世界主要人工智能创新中心，智能经济、智能社会取得明显成效，为跻身创新型国家前列和经济强国奠定重要基础"。①

2021年9月，国家新一代人工智能治理专业委员会发布《新一代人工智能伦理规范》，旨在将伦理道德融入人工智能全生命周期，为从事人工智能相关活动的自然人、法人和其他相关机构等提供伦理指引。② 这标志着人工智能政策已从推进应用逐渐转入监管，确保人工智能处于人类控制之下。

（二）人工智能发展的趋同性：全球人工智能媒体发展概况

在传媒领域，人工智能已深度嵌入新闻内容的生产、传播、运营全过程，并悄然推动媒体变革。虽然全球各国人工智能发展战略的趋向性差异造成了资源分配的差异，进而使人工智能在不同国家的发展出现空间异质性特征，但是从行业固有特性和技术适用层面来看，人工智能在同一行业的应用场景是高度相似的，在同一场景的可使用技术种类亦是高度趋同的，这一特性与产业应用场景的相似性成正相关关系。从整体来看，技术赋权下的人工智能媒体正从信息的传播者转向具有发现、创造、连接能力的媒介。人工智能融入新闻内容的生产不仅解放了生产力，还大大提升了工作效率，新闻工作者能将更多人类智慧发挥在涉及人性决策的新闻实践中。但智媒实践也出现

---

① 《国务院关于印发新一代人工智能发展规划的通知》（2017年7月8日），中国政府网，http://www.gov.cn/zhengce/content/2017-07/20/content_5211996.htm，访问日期：2021年5月3日。
② 孙自法：《中国发布〈新一代人工智能伦理规范〉融入人工智能全生命周期》（2021年9月25日），中国新闻网，https://www.chinanews.com.cn/gn/2021/09-25/9573787.shtml，访问日期：2023年12月13日。

了算法歧视、信息造假、隐私侵犯等问题。根据全球人工智能相关文献的梳理显示,目前智能媒体的研究共包含"新闻传播实务变革""新闻传播学研究范式革新""伦理争议""伦理归责"四个主题。① 基于人工智能在新闻业应用中的场景趋同性特征,本章将主要从"人工智能技术在新闻业的应用现状""人工智能带来的机遇与挑战""人工智能与新闻业未来"三个方面进行阐释。

1. 人工智能技术在新闻业的应用现状

随着技术推动媒介进入深度融合期,全球媒体发展亟须找到产业升级的新动力,而人工智能正成为媒体纵深融合的关键着力点,为媒体向智能化发展赋能。就目前来看,人工智能为媒体向智能化发展赋能的同时,也面临技术带来的社会伦理与行业从业人员的心理排斥的问题,机遇与挑战同在。

为了解人工智能在新闻机构的使用情况及未来展望,伦敦政经学院的查理·贝克特(Charlie Beckett)教授率领团队调查了全球 32 个不同国家的 71 个新闻机构,研究并发布了《全球新闻业人工智能应用调查报告》。该报告指出,人工智能使新闻工作者更有效率(68%),使用户能够获取更多相关内容(45%),使业务效率更高(18%),而人工智能给新闻业带来最大的挑战是财政支出(27%)和知识技能(24%)。在行业人员态度层面上,24%的受访者在企业文化层面具有抗拒心理,其中包含"害怕人工智能带来的失业恐惧"和"对工作习惯带来挑战的恐惧",以及"对新技术的普遍敌视"心理。受访者普遍认为人工智能的搭建和管理成本通常很高。②

1) 新闻采集(news gathering)

智能媒体的新闻采集以大数据、算法、机器学习等技术为基础,通过数据的收集、处理和分析以实现新闻事件的信息挖掘、实时报道、舆情监控、事件趋势预测等应用目的。尼古拉斯·迪亚科普洛斯(Nicholas Diakopoulos)将智能媒体的新闻采集定义为"计算性新闻发现"(computational news discovery),即"在新闻出版之前,通过算法等技术将编辑注意力定向到潜在

---

① 张梦、陈昌凤:《智媒研究综述:人工智能在新闻业中的应用及其伦理反思》,《全球传媒学刊》2021年第 8 期。
② 《全球新闻业人工智能应用调查报告》(2020 年 1 月 21 日),"腾讯媒体研究院"微信公众号,https://mp.weixin.qq.com/s/TM-xGBlMpZ-xjJQbXH2Hiw,访问日期:2023 年 12 月 13 日。

的有新闻价值的事件或信息"的过程。① 目前,全球以人工智能技术为基础进行新闻挖掘的平台主要有:CNN、Twitter与社交媒体发现平台Dataminr联手打造的"Dataminr for News"、News Whip打造的"Spike dsahboard"、路透社开发的"News Tracer",以及中国中央电视台推出的"AI主播"等。根据Dataminr for News官网数据显示,全球已有650多个新闻编辑室的记者依靠Dataminr for News监控信息及突发新闻,并以细致的数据线索在增强报道故事性和吸引受众方面拥有更多优势。② Spike dsahboard更多被新闻机构用作内容管理平台,使记者与其他媒体工作者合作统筹以讲好新闻故事。News Tracer的主要用武之地则是快速抓取社交媒体上的突发新闻并剔除不可靠的信源,这种不可靠包含了"虚假新闻"和"没有新闻价值"两个要素,相当于在抓取的同时还进行了一定程度的信息筛选和数据质量把控。路透社执行编辑雷吉·蔡(Reg Chua)指出,News Tracer每天可筛选约7亿条推文,并同时标记出满足新闻价值和新闻准确要求的突发新闻,以实现快速为记者提供相对真实的社交媒体信源。③

2)新闻生产(news production)

随着人工智能的发展与语言生成技术的成熟,越来越多的新闻机构、技术公司将新闻自动化生产加入发展战略之中。智能媒体的新闻生产主要包含自动化新闻(automated journalism)、机器人新闻(robot journalism)、计算新闻(computational journalism)、算法新闻(algorithmic journalism)四种形式。概言之,它们是在数据库和其他数据源中查找和识别相关数据,清理并分类原始数据,识别关键事实并对数据进行排序、比较和汇总,以语义结构组织叙事,分发和出版各种风格、语言和语法水平的文本或视觉内容。④ 目前已得

---

① Nicholas Diakopoulos, *Automating the News: How Algorithms Are Rewriting the Media*, Harvard University Press, 2019.
② Dataminr, "AI for Modern Newsrooms" (February 4, 2014), Dataminr, https://www.dataminr.com/news, retrieved December 13, 2023.
③ Jacob Granger, "How Reuters uses robots to analyse data and humans to tell the stories" (November 12, 2018), Journalism, https://www.journalism.co.uk/news/how-reuters-uses-robots-to-analyse-data-and-humans-to-tell-the-stories/s2/a730305/, retrieved December 13, 2023.
④ 张梦、陈昌凤:《智媒研究综述:人工智能在新闻业中的应用及其伦理反思》,《全球传媒学刊》2021年第8期。

到应用的算法新闻系统,如路透社的 Lynx Insight 程序可以帮助记者挖掘大数据,《华盛顿邮报》的 Heliograf 被用来报道选举和体育赛事,杜克大学记者实验室的 ClaimBuster 则可以帮助记者进行新闻事实核查。①

由于技术逻辑的局限性,目前智能媒体的新闻生产方式主要应用于金融、天气预测、体育报道、政治等相关主题的自动化生产中,并可以根据信源文本的差异性以文字、视频、数据可视化的不同形式表达内容。目前,全球76%的编辑、首席执行官和网络领袖认为,自动化新闻生产技术将为传媒业带来新生机。② 其中具有代表性的自动化新闻生产平台包含第一财经的"DT稿王"、腾讯的"Dreamwriter"、新华社的"快笔小新"、字节跳动的"小明机器人"以及南方都市报的"小南"等。

3)新闻分发(news distribution)

人工智能在新闻分发环节的应用主要落地于个性化新闻推荐、智能化新闻播报以及智能化传播效果分析三个方面。③ 算法推荐的核心意义是符合人性之本、满足信息的个人化需求的技术尝试。④ 目前,中国主流媒体如人民日报、央视网、新华社以及商业媒体平台如今日头条、一点资讯、抖音等在内,都已将算法推荐应用于新闻分发。国外媒体如纽约时报、华盛顿邮报、Instagram 等也纷纷启用算法分发技术。

随着大数据技术、神经网络技术、语义解析技术的发展,新闻内容的传播也出现了新形式。2019 年至今,全球人口流动场景由外部场景向家庭场景转变,推动了线上新闻互动的需求,加速全球各国社交平台新闻聊天机器人的社会性实践。目前,具有代表性的聊天机器人,如韩国创业公司 ScatterLab 推出的"李luda"、Buzzfeed 推出的"Buzzbot"、Meta(原 Facebook)⑤推出的"Messenger"等已加入社会性互动。除此之外,新闻聊天机器人还拥有分析、预测的功能。

---

① 黄楚新、吴梦瑶:《深度融合、技术赋能与价值回归——移动传播的未来趋势探析》,《视听界》2020 年第 1 期。
② Nic Newman, "Journalism, media, and technology trends and predictions 2021" (January 7, 2021), Reuters Institute for the Study of Journalism, https://www.wired.com/story/a-british-ai-tool-to-predict-violent-crime-is-too-flawed-to-use/, retrieved December 13, 2023.
③ 张梦、陈昌凤:《智媒研究综述:人工智能在新闻业中的应用及其伦理反思》,《全球传媒学刊》2021 年第 8 期。
④ 李凌、陈昌凤:《信息个人化转向:算法传播的范式革命和价值风险》,《南京社会科学》2020 年第 10 期。
⑤ 2021 年 10 月 28 日,Facebook 公司宣布正式更名为"Meta",本书统一使用"Meta"。

需要一提的是,这种机器人所提供的信息并非只有机器人本身生产的信息,其内容还包含了高比例资深时政记者撰写的新闻报道。也就是说,用户在与这类新闻聊天机器人沟通时所获取的信息是"人+机器"的综合信息[①]。

2. 人工智能给新闻业带来的机遇与挑战

1) 机遇

其一,主流媒体视频迎来黄金发展期。2020年3月,德勤咨询公司(Deloitte Consulting LLP)的数字媒体趋势调查报告显示,有69%的受访表示至少会订阅一个流媒体视频服务,这一比例已高于具有多年受众量积累的传统付费电视订阅比例。随着流媒体视频市场需求的增长,各大影视公司正尝试从第三方流媒体平台收回内容版权,以争取与消费者建立直接关系。而版权内容的归属不同也造成了消费者订阅服务的碎片化特征[②]。

其二,AR/VR将为媒体业开辟新市场。虽然AR/VR技术尚未达到初期的宣传效果,但媒体与娱乐公司正试图将其整合进与视觉相关的服务[③]。VR/AR最可能被应用于诸如游戏控制互动场景、教育节目、员工培训、戏剧体验、博物馆、美术馆、演唱会等场景,但游戏类别下的电子竞技场景有望成为发展最快的领域。除此之外,5G被认为是最有可能提升VR/AR市场的新兴技术。

其三,计算机技术助力新闻挖掘。计算机技术对新闻业的助力可以通过两种方式,即使用计算方式的新闻业和进行计算行为的新闻业。其重要支撑场景包括计算图像生成、自动生成新闻、生成自然语言、数据挖掘、算法事实核实等新闻领域。早在2016年,计算机科学就已进入新闻业实践探索。如2016年,美国各地新闻机构的记者和计算机程序员联合开发了用于追踪政治资金的开源数据库——"The California Civic Data Coalition"。计算机技术在给新闻业带来自动化生成的同时,也对记者提出了更高的伦理要求。例如在计算图像生成(computational image completion and generation)技术的支

---

① 张操:《从美国大选报道战看新闻聊天机器人的发展》,《青年记者》2017年第3期。
② 德勤咨询公司:《2020年媒体、电讯及娱乐业预测和展望》(2020年3月26日),"腾讯媒体研究院"微信公众号,https://mp.weixin.qq.com/s/2esgyX-MXMOnywjryOmshQ,访问日期:2023年12月13日。
③ 同上。

撑下,记者可以在新闻现场场景素材中进行随意添加或删除对象,但什么情况下允许什么程度的编辑尚未有统一定论。

2) 挑战

其一,机器人新闻生产对新闻多样性和专业性带来了挑战。机器人写作多以数据型新闻为主,主要应用于报道地震、气象灾难、体育赛事等涉及客观数据、趋势的报道之中。机器人新闻稿表现出高速率成文和数据精准呈现的优质特征,真正实现了新闻报道的第一时间到场性。但由于人工智能尚未达到深度智能阶段,思维与情感的缺乏导致其在深度报道与评论型新闻生产中依旧无法取代专业新闻记者,机器人新闻写作及内容质量上依旧面临难有深度的困境。目前,人工智能的"智能"程度仍依赖数据源质量、机器学习深度、数据祛魅、数据计算等重要环节,而现有技术的逻辑缺陷使新闻生产无法完全规避假新闻、假数据问题,技术缺陷影响了新闻报道的客观性。在一定程度上假数据甚至为假新闻辩护,加重媒体辟谣负担。2019 年,美国呼叫中心软件制造商 Pindrop 公布的数据显示,仅一年语音欺诈就给拥有呼叫中心的美国企业造成了 140 亿美元的损失。①

其二,数据偏见导致算法偏见。2019 年,英国经过为期 2 年、采用超 1 TB 数据量、1 400 个预测指标重金打造的人工智能"严重暴力犯罪(MSV)预测"系统尚未正式投用就被叫停。该预测系统在应用前被期望预测暴力犯罪事件准确率达 75%,但在初期试验中,关于英国西米德兰兹郡枪支暴力犯罪的预测准确率只达到了 14%—19%,关于西约克郡的暴力犯罪预测准确率仅达到 9%—18%。② 该项目的负责人表示,"严重暴力犯罪(MSV)预测"系统的应用目的不是预防性地逮捕任何人,而是要分析警方已经锁定的人员,并且会优先分析那些最需要干预的人员。然而项目在实验初期便受到公众及学界的质疑。伦敦艾伦图灵研究所认为"根据可用数据预测并干预严重暴

---

① Future Today Institute:《2020 年媒体技术趋势报告:13 大领域、89 项变革全输出》(2019 年 11 月 2 日),"腾讯媒体研究院"微信公众号,https://mp.weixin.qq.com/s/pWbpDII794SdOsOqhwjM6Q,访问日期:2023 年 12 月 14 日。

② Matt Burgess, "A British AI Tool to Predict Violent Crime Is Too Flawed to Use" (August 9, 2020), WIRED, https://www.wired.com/story/a-british-ai-tool-to-predict-violent-crime-is-too-flawed-to-use/, retrieved October 20, 2023.

力犯罪初犯的行为是不可行的,可能造成社会伦理偏见,引发不安"。①

2019年,由乔伊·布兰维尼(Joy Buolamwini)发起的研究项目(Gender Shades)发现,IBM、微软、旷视科技三家公司的人脸识别产品对女性和深色人种的识别正确率均显著低于男性和浅色人种,最大差距可达34.3%。② 这一研究结果与美国联邦政府关于算法偏见的调查结果吻合。

3. 人工智能与新闻业未来

1) 学界视角下的人工智能与新闻业未来

智能媒体当下及未来需要思考的问题是人与机器价值之间关系的博弈问题。根据新闻生产全过程,问题可分为六个层面。

- (a) 信息采集优势:人的主观观察、描述与机器的客观呈现。人的主观性内容与色彩对于新闻报道的丰富性和个性依旧重要。
- (b) 内容产出优势:人的观点表达与机器的信息加工。受众与媒体依旧需要人作为舆论领袖的观点表达。
- (c) 信息增值方向:人的意义创造与机器的知识生产。机器进化促进自身知识生产的深度与广度,人类的意义生产是一种高级输出。
- (d) 内容生产决策:人的经验、直觉判断与机器的精准数据决策。人类自身对新闻选题策划的判断力比数据计算更重要。
- (e) 创作本质:人的内驱性与机器的计算特质。人类内驱性的表达与生产可以满足个人的内容生产欲望,而机器仅仅代表计算结果。
- (f) 传播与互动:人的共情性与机器的仪式化交流。机器无法取代人类的共情互动。③

2) 智媒时代新闻行业的未来实践偏向

(1) 利润提升:新闻业转向新闻服务业

智媒时代背景下,计算科学不断融入新闻生产的全过程,新闻数据的多

---

① Chris Baraniuk, "Exclusive: UK police wants AI to stop violent crime before it happens" (November 26, 2018), NewScientist, https://www.newscientist.com/article/2186512-exclusive-uk-police-wants-ai-to-stop-violent-crime-before-it-happens/, retrieved December 14, 2023.
② S君.ai:《算法偏见:看不见的"裁决者"》(2019年12月19日),"腾讯媒体研究院"微信公众号,https://mp.weixin.qq.com/s/4mFaDBzxxDSi_y76WQKwYw,访问日期:2023年12月14日。
③ 彭兰:《增强与克制:智媒时代的新生产力》,《湖南师范大学社会科学学报》2019年第4期。

面性使其被其他行业应用成为可能。与传统新闻业的内容生产相比,新闻组织现在也在提供新闻服务,这种转向使得媒体能充分实现其内容价值。目前,新闻服务主要存在于数据内容分享层面,涉及大学、法律初创公司、数据科学公司、商业、医院甚至科技巨头等行业。① 该服务的优势在于使新闻媒体可以脱离社交媒体平台而提供服务,既降低了新闻组织的外耗成本,又使内容充分变现,提升了行业收益率。

(2)新的吸引力:弹出式新闻编辑室与限量新闻产品

新闻机构正在使用弹出式新闻编辑室和限量产品来吸引受众。2017年6月,英国 Meedan 和 Dig Deeper Media 传媒网站推出了一种新闻合作方式——"弹出式新闻编辑室"(pop-up newsrooms),使不同平台的记者和技术人员可以共同应对大型的新闻选题。② 此外,集成协作的新闻编辑室可以专注于单个主题也可以专注于项目,多平台资源合作使新闻触达更多受众,在此基础上提升新闻事件的影响力并挖掘新闻背后更深层的故事。目前弹出式新闻编辑室应用范围较广,如 The Student View 已在伦敦35所中学创建了50个"弹出式新闻编辑室",并计划在全国范围内扩大规模。③

(3)营利新模式:赞赏与新闻互动

多家社交媒体、内容平台开放了互动与打赏相结合的营利模式。信息交流平台既满足受众社交的需求,也为吸引鼓励优质 UGC 内容产出提供了动力,其中就包括信息分发和经济交易行为,且二者可以合二为一。这种渠道的中心化创造了触达受众的新机会,且打赏金额多设置为小数额,在内容与经济上促成受众与媒体之间的新互动形成。

近年来,全球视频内容市场迎来前所未有的发展机遇,用户打赏市场也随之增长。除短视频作者收入的提升之外,电商直播也进入空前火爆的发展

---

① Future Today Institute:《2020年媒体技术趋势报告:13大领域、89项变革全输出》(2019年11月2日),腾讯媒体研究院,https://mp.weixin.qq.com/s/pWbpDII794SdOsOqhwjM6Q,访问日期:2023年12月14日。

② 腾讯传媒:《严肃新闻也能流量破亿,新华国际×腾讯新闻的经验打法都在这》(2017年8月25日),"全媒派"微信公众号,https://mp.weixin.qq.com/s/LUrxMhahWVFs7mrQ2y8FBQ,访问日期:2023年12月14日。

③ Jacob Granger, "Fighting misinformation by sending journalists to secondary schools" (November 29, 2018), Journalism, https://www.journalism.co.uk/news/pop-up-newsrooms-fighting-fake-news-by-placing-journalists-to-schools/s2/a731127/, retrieved December 14, 2023.

期,全球卖货直播一度进入"万物皆可播"的局面。未来今日研究所(Future Today Institute)指出,以前的记者、电影评论家和行业专家等关键意见领袖现在可以通过社交平台的打赏获得收入,如一些专栏作家每篇文章已达到最高4500美元的收入。①

(4)数据造假:注意力经济指标或将终结

数据造假屡禁不止,衡量注意力经济的指标不再易于测量。随着内容平台在技术与用户上占据绝对优势,平台层面的暗箱操作(如"水军购买""流量造假""虚拟用户关注"等数据造假问题)越来越难以把控。虚假数据量的激增势必导致真实信息的触达率降低。随着虚拟模拟技术的发展,数据的准确性、客观性正经受严峻考验。

二、国外人工智能技术发展战略

美国的人工智能技术在保持全球领先地位的同时,积极扩大行业覆盖范围,并深入到了军事领域。法国、英国、德国、日本等国政府相继投入大量资金助力本国发展人工智能技术。其中,法国由于基础设施和人才缺乏,面临大量数据安全隐患和后顾之忧。德国、英国作为历史悠久的工业国家,在人才储备方面较为充足,且形成了人工智能创新高地,聚集大量人工智能企业。日本则提出要建设"超智能社会5.0",将人工智能技术融入社会生活方方面面,让人工智能科技更好地服务于社会。2021年7月8日,世界人工智能大会在上海开幕。根据统计数据评分,全球人工智能排名前10的国家依次为:美国、中国、韩国、加拿大、德国、英国、新加坡、以色列、日本和法国。②

(一)美国:保持人工智能全球领导地位

美国在初创企业、投资研发领域的资金投入仍处于领先地位。美国还加

---

① Future Today Institute:《2020年媒体技术趋势报告:13大领域、89项变革全输出》(2019年11月2日),"腾讯媒体研究院"微信公众号,https://mp.weixin.qq.com/s/pWbpDII794SdOsOqhwjM6Q,访问日期:2023年12月14日。
② 吴杨铠、冯淑娟:《高校"AI+思政教育"发展的现状、困境及优化路径》,《浙江树人大学学报》2023年第1期。

快推进自身人工智能军事化建设,以确保在该领域的领先地位。2020年9月,美国国防部所属联合人工智能中心启动了"防务伙伴关系计划",目的是开发互相联通的人工智能系统帮助美国及其盟友更好地团结起来,为未来人工智能联合作战奠定基础。

在大力拉拢盟友的同时,美国也加速推进自身人工智能军事化建设。

一是强化组织领导。美国白宫宣布成立国家人工智能计划办公室,这是美国政府确保其在人工智能领域领先地位、统筹政府与私营部门协作的重要举措。[①] 该办公室负责人表示,人工智能计划办公室是美国国家人工智能研究和政策的重要枢纽,也是联邦政府未来人工智能工作的组成部分。

二是理清职责权限。在美国《2021财年国防授权法案》中,美国政府对人工智能技术发展的相关职责权限进行了明确,具体包括:提升联合人工智能中心汇报层级,可直接向美国防部常务副部长汇报工作;赋予联合人工智能中心主任采办权限,主任办公室人员包括1名采办执行官,由美国国防部长为联合人工智能中心选派10名全职采办人员;建立联合人工智能中心顾问委员会,就开发和使用相关技术向美国防部长及联合人工智能中心主任提供战略建议和专业知识。

三是明确发展方向。美国《2020年国家人工智能计划法案》明确了在人工智能领域的5个努力方向,具体包括:增加人工智能研究领域投资,利用联邦人工智能计算和数据方面的资源,确定人工智能技术标准,培养人工智能领域专门人才,加强人工智能领域的国际合作。[②]

2021年6月,拜登政府宣布成立NAIRR工作组,旨在让人工智能研究人员能够获得更多政府数据、计算资源和其他工具。该项目基本继承了《2020年美国人工智能倡议法》的战略诉求。NAIRR的创建是美国政府加速美国国内技术进步的更广泛努力的一部分。美国兰德公司在《美国防部人工智能态势:评估和改进建议》报告中称,为深化人工智能军事应用,美国国防部应调整人工智能管理架构,使权力和资源与其扩展人工智能的任务保持一致,与工业界和学术界密切合作,推进人工智能军事化应用,采用多种方式

---

① 刘霞:《美设立国家人工智能计划办公室》,《科技日报》2021年1月21日。
② 同上。

促进国防部吸纳高技术人才。可以预见,在美国助推下,全球主要军事大国间的人工智能军备竞赛将愈演愈烈,相关负面影响不容低估。

(二)法国:聚焦人才和基础设施建设

2018年,法国政府发布《有意义的人工智能:走向法国和欧洲的战略》报告,首次明确了法国对待人工智能的态度。其文件标题中使用了"欧洲"一词,强调有必要将欧洲数据生态系统视为相关国家的共同利益,并倡导引入"产生、共享和管理数据"的新方法。2018年3月,法国总统马克龙公布《法国人工智能发展战略》,宣布未来五年投资15亿欧元用于人工智能的研发,强调在这一领域引领"欧洲之路"。该战略涵盖四大重点:一是加强生态系统建设以吸引最优秀的人才;二是制定开放的数据政策;三是建立支持新兴人工智能企业的监管框架;四是制定符合道德规范和可接受的人工智能法规。该战略还强调与人工智能相关的伦理考虑以及包容性和多样性等问题。

法国在人工智能领域的发展程度不及美国和中国,存在领军企业缺乏、人才流失严重、受制于国外大型互联网公司等问题,而且法国人工智能技术在产业化应用中面临着数据匮乏与数据安全、增强培训工作难度大等诸多挑战。①

目前,法国网民广泛使用由他国供应商提供的应用软件和服务程序。由于法国缺乏能够进行深度学习和数据处理的大型数字基础设施,这就迫使许多法国研究人员不得不使用由美国企业提供的云计算系统。这样的现状导致法国发展人工智能缺乏大数据并存在数据信息泄露的隐患。②

(三)日本:积极推进"超智能社会5.0"

日本政府和企业界高度重视人工智能的发展,不仅将物联网、人工智能和机器人作为第四次产业革命的核心,还在国家层面建立了相对完整的研发促进机制。③ 2022年4月22日,日本政府在第11届综合创新战略推进会上正式发布《人工智能战略2022》,作为指导其未来人工智能技术发展的宏观

---

① 陈晨、韩冰:《法国用国家战略赶超世界一流》,《经济参考报》2019年3月5日。
② 同上。
③ 黄宇、林秀峰、许可:《把握机遇抢占人工智能新高峰》,《通信企业管理》2018年第3期。

战略。

日本的人工智能研发非常注重顶层设计与战略引导，将人工智能作为日本"超智能社会5.0"建设的核心。在此基础上，强化体制机制建设、政府引导、市场化运作，采取总务省、文部科学省、经济产业省三方协作的融合方案，分工合作联合推进。"超智能社会5.0"是一个综合性的目标，这项战略的核心力求实现全面覆盖，人工智能的研发不仅针对产业部门，也针对交通、医疗健康及护理等社会民生部门。

统观日本的战略布局，无论是机器人战略还是人工智能技术的发展应用布局，都是立足于日本本国的自身优势。日本的优势产业主要布局于汽车、机器人、医疗等领域，其人工智能研发也重点聚焦于这些领域。结合老龄化社会健康及护理等对人工智能机器人的市场需求，以"超智能社会5.0"建设等为主要拉动力，突出以硬件带软件、以创新社会需求带产业等特点，推动全国人工智能战略进程。

然而，在日本大力开发人工智能研究与商业化的过程中，也面临着多种潜在的障碍与挑战。首先，完成此战略的社会目标需要一个良好的数据平台，可以在卫生医疗和护理、农业、国家的复原力、交通基础设施和物流以及区域振兴等优先领域中，充分利用人工智能的数据链接推进全面运营。其次，日本人工智能战略的实施需要建立并维护一个信任数据链平台。该平台可以与美国、欧洲等进行国际互认。日本政府需要确保网络空间连接的可靠性。

此外，日本政府正尝试通过人工智能技术为基础的自动化机器人技术来降低政府的运营成本，并期望在运营效率和运营先进性上有所提升，促进建立可持续的公共服务。日本政府还尝试引入人工智能以增强警察的安保活动。政府机构也在建立数据收集和统计分析平台，并致力于扩大培养数据科学、统计学和人工智能领域的专业知识人员，以提升数据收集和分析能力。

（四）英国：投资拉动科技联盟和科技高地建设

英国是"人工智能之父"阿兰·图灵的故乡。英国政府在政策层面高度重视智能技术发展规划。英国在人工智能领域投入巨大，期望本国成为第四轮工业革命即人工智能革命的领导者。

2021年9月22日,英国政府发布《国家人工智能战略》,阐述了其人工智能战略愿景,提出了三个核心行动支柱,并宣布了一些措施,致力于为英国未来十年人工智能发展奠定基础。该战略旨在实现:英国人工智能领域重大发现的数量和类型显著增长,并在本土进行商业化和开发;从人工智能带来的最大经济和生产力增长中获益;建立世界上最值得信赖和支持创新的人工智能治理体系。①

英国还与澳大利亚、加拿大、法国、德国、印度、意大利、日本、墨西哥、新西兰、韩国、新加坡、斯洛文尼亚、美国等联合创建了人工智能全球伙伴关系(GPAI 或 Gee-Pay)。作为创始成员,英国强调以符合人权、基本自由和我们共同的民主价值观的方式,负责任地、以人为本地开发和使用人工智能技术。GPAI 是一项国际倡议,旨在指导负责任地开发和使用人工智能,以包容、多样性、创新和经济增长为基础,通过与国际组织的合作,汇集来自行业、民间社会、政府和学术界的顶尖专家,在人工智能、数据治理、未来的工作创新和商业四个主题上进行合作。②

英国形成了以伦敦、爱丁堡等地为中心的人工智能创新高地。伦敦当地的高校如帝国理工学院、伦敦大学学院等知名高校,为当地智能行业的发展提供了闭合的人才供应链。

总体来说,英国政府在人工智能领域大力投入,并且通过与其他国家建立国际合作联盟和建立充足的人才储备等战略路线,实现了人工智能技术的发展。

(五)德国:推动赛博谷成为欧洲最大的人工智能研发机构

德国在欧盟整体人工智能战略的框架下,极力发展自己的人工智能产业集聚区——"赛博谷"(Cyber Valley)。长期以来,德国西南部地区一直是学术和工业重镇的所在地。世界级的技术大学、巨头公司(如宝马、保时捷和博

---

① 丁立江:《人工智能时代下的战略布局图景——基于各国(区域)战略布局的比较分析》,《科技智囊》2022年第2期。
② "Joint statement from founding members of the Global Partnership on Artificial Intelligence" (June 15, 2020), GOV. UK, https://www. gov. uk/government/publications/joint-statement-from-founding-members-of-the-global-partnership-on-artificial-intelligence/joint-statement-from-founding-members-of-the-global-partnership-on-artificial-intelligence, retrieved May 18, 2021.

世等)皆聚集于此。2016年,斯图加特-图宾根地区的大学联盟从硅谷得到启示,宣布了"赛博谷"计划,联合该地区的工业和学术机构,加速人工智能技术的开发和商业化,推动人工智能技术在汽车、医疗和制造业等领域的应用。

"赛博谷"作为欧洲最大的研究合作机构之一,以推动人工智能领域的突破为目标,不仅吸引了包括加州大学伯克利分校、哈佛大学、剑桥大学、哥伦比亚大学等世界顶级研究机构的学者,还吸引了一些世界上最有影响力的企业。2017年,亚马逊也加入了对"赛博谷"的支持行列,并在图宾根马克斯-普朗克智能系统研究所附近建立了一个研究中心。另一家全球科技巨头谷歌是德国人工智能研究中心(Deutsches Forschungszentrum für Künstliche Intelligenz,DFKI)的行业合作伙伴。德国在人工智能相关研究出版物的数量和影响力方面一直位居世界前列,在人工智能相关创业公司的数量方面,德国"赛博谷"仅次于硅谷、巴黎和伦敦,位居第四。[1]

(六)欧盟:从伦理监管入手谋求人工智能稳步发展

目前,欧洲在数据获取方面处于竞争劣势,在消费者应用和在线平台上处于较弱的地位,但各行业数据的价值和再利用正在发生重大转变。每一次新的数据浪潮都为欧洲带来了机会。数据的存储和处理方式将在未来五年内发生巨大变化。如今,80%的云端数据处理和分析发生在数据中心和集中式计算设施中,20%发生在智能互联对象中,如汽车、家电或制造机器人,以及靠近用户的计算设施等。到2025年,这些比例将发生显著变化。

人工智能是一个结合了数据、算法和计算能力的技术集合。计算的进步和数据的不断增加是当前的关键驱动力。在此基础上,它可以发展一个人工智能生态系统,为整个欧洲社会和经济带来技术的助益。例如,在日常生活场景中,用以改善医疗服务、减少家用机械的故障、更安全和清洁的交通系统、提供更好的公共服务等;商业发展层面,应用于机械、运输、网络安全、农业、绿色和循环经济、医疗和高附加值部门如时尚和旅游等新一代产品和服务;公共利益服务层面,通过降低提供服务的成本,如交通、教育、能源和废物

---

[1] the German Federal Government, "Germany AI Strategy Report" (September 1, 2021), European Commission, https://ai-watch. ec. europa. eu/countries/germany/germany-ai-strategy-report _ en, retrieved December 14, 2023.

管理等情景，提高产品的可持续发展和为执法当局配备适当工具，以确保公民的安全。

鉴于人工智能对欧洲的重大影响以及建立信任的需要，欧盟出台的《人工智能法案》强调人工智能的伦理问题和数据隐私保护，旨在为人工智能技术设定一道伦理的边线。此外，人工智能系统的影响不仅要从个人角度考虑，还要从整个社会的角度考虑。人工智能系统的使用可以在实现可持续发展目标、支持民主进程和社会进步方面发挥重要作用。

欧盟在基础设施、数据扫盲等数字技术方面的投资力度，将帮助欧洲在下一阶段数据经济建设之中把握技术主导权。欧洲生产了超过1/4的工业和专业服务机器人（用于精准农业、安全、健康、物流等），并在为公司、组织机构开发和使用软件应用（企业对企业的应用，如企业资源规划、设计和工程软件）以及支持电子政务和"智能企业"的应用方面发挥重要作用。

三、全球头部公司人工智能媒体战略布局与发展策略

（一）谷歌

机器学习，特别是深度学习技术正在推动人工智能的发展。越来越多的参与者，包括世界顶级半导体公司以及一些初创公司，甚至是科技巨头谷歌、微软等，也纷纷加入竞争。谷歌拥有世界顶尖科学家团队，技术储备优势大，创新能力出众，使其在技术布局上全球领先。

在技术生态方面，Google Cloud开发出"AutoML""ML Engine""ML API"等多重服务，并推出了混合云管理平台"Anthos"，云市场占全球公有份额的4%。在Cloud Run云服务投资上，谷歌成立了GV、CapitalG等多个风险投资主体，投资了数百家企业，收购了包括Deepmind在内的数十家人工智能企业。同时，谷歌还拥有很多合作伙伴，如谷歌与牛津大学等签署了合作合同。在人工智能的应用层面，谷歌以云服务为基础，为金融、能源、医疗等多个行业提供解决方案。以智慧医疗为例，谷歌基因推出了基因分析软件GATK，Deepmind则用于帮助临床医生更准确地判断疾病症状。[1]

---

[1] 陆迁：《基于先验医学知识的电子健康记录机器学习预测模型》，华侨大学硕士学位论文，2020年。

（二）Meta

Meta 为了继续保持在社交网络和即时通信领域的优势,将人工智能纳入未来十年的发展规划中,并不断研发新的人工智能工具以辅助其发展。例如,Meta 推出的"DETR"人工智能计划,旨在找到一种语言模型来解决计算机视觉面临的挑战。Meta 还研发了一个新型人工智能模型 SEER,已实现自监督学习功能。SEER 模型包含 10 亿个参数,可以在几乎没有标签帮助的情况下识别图像中的物体,并在一系列计算机视觉基准测试上取得了先进的结果。大多数计算机视觉模型都是从标记的数据集中学习。而 Meta 的 SEER 模型则是通过暴露数据各部分之间的关系从数据中来生成标签。Meta 首席科学家杨立昆（Yann Le Cun）表示,这是构建具有背景知识或常识的机器解决远远超出当今人工智能任务的最有前途的方法之一。①

---

① 新智元:《10 亿参数,10 亿张图！Facebook 新 AI 模型 SEER 实现自监督学习,LeCun 大赞最有前途》(2021 年 3 月 5 日),"新智元"微信公众号,https://mp.weixin.qq.com/s/e6qJ00S-gNKG1SVgkN5LVg,访问日期:2021 年 5 月 18 日。

第二章 技术篇:新发展与新应用

2020—2021年,人工智能技术在全球范围内取得了显著的进展。首先,大语言模型的横空出世,极大地推动了人工智能技术在语言理解和生成方面的进步。其次,在图像识别领域,卷积神经网络(CNN)等深度学习模型的发展,使得人工智能在图像分类、目标检测、人脸识别等任务上的性能有了显著的提升。此外,人工智能技术还在医疗、金融、教育等领域取得了显著的成果。除了人工智能技术外,5G技术、物联网技术、区块链技术、大数据技术和云计算技术也在各个领域取得了广泛应用和深远影响,这种趋势预计在未来还将继续。

一、人工智能技术

人工智能(artificial intelligence,AI)与自然智能(natural intelligence,NI)相对应,在计算机科学中,该领域研究"智能主体"(intelligent agents)如何最优化决策的过程,涉及的子领域包括大数据、机器学习、图像识别、神经网络。[1]

人工智能技术发展至2021年共经历了五个阶段:从1956年的萌芽期开始,人工智能经历了作为正式学科的第一次高潮发展期,在1967年到20世纪80年代初期遭遇了研究瓶颈,再到第五届国际人工智能联合会会议正式提出"知识工程"概念,人工智能研究开始进入转折期,直到21世纪初,全球

---

[1] Stuart Russell and Peter Norvig, *Artificial Intelligence: A Modern Approach Second Edition*, Pearson Education, 2002.

人工智能技术才迎来了又一个发展高潮期。从2016年开始,人工智能迎来新的发展机遇期,全球各主要国家先后发布国家级人工智能战略。2016年,美国、英国、中国发布国家级人工智能战略。2017年,阿联酋、芬兰、加拿大、日本、新加坡发布国家人工智能战略。截至2021年底,全球已有38个国家制定了国家层面的人工智能战略政策、产业规划文件。

人工智能技术中的代表应用技术主要包括虚拟现实技术、增强现实技术、区块链技术以及大数据等等。社会和生活形态在人工智能技术的不断加持之下进行着解构与重构,发生着巨大的变化。

(一) 全球人工智能技术发展状况

20世纪40年代中期,计算机科学奠基人艾伦·图灵在《计算机器与智能》(*Computing Machinery and Intelligence*)中提出了著名的"图灵测试"——如果一台机器能够通过电传通信设备与人展开对话,并且被人误以为它也是人,那么我们就认为这台机器具有智能。如果说图灵的设想只是激发了人们对人工智能的美好愿景,那么2016年Alpha Go与韩国围棋国手李在石对弈并最终获胜,则使人工智能开始引起公众的广泛关注。2017年5月27日,人工智能系统Alpha Go Master与世界实时排名第一的棋手柯洁对弈,最终连胜三盘,代表着人工智能技术取得了新的突破。[①]

数据的可用性、连接性和计算能力的提高,使人工智能不断取得突破性进展,不仅为经济、社会、文化带来了更多的红利与机会,也为医疗、教育金融、交通等行业带来了重塑的潜力。人工智能技术和应用的乐观前景,带来了在相关产业投资的持续增加。以人工智能技术为基础的社会化媒体应用、移动互联网、大数据、云计算等技术的广泛应用构成了互联网泛在智能发展的基础。[②]

1. 全球人工智能技术专利分布

人工智能技术专利是反映国家科技发展的完整系统资源,从侧面也能反映出该国政府、企业对于人工智能技术的重视程度。目前中国与美国在专利

---

① 胡昌昊:《浅析人工智能的发展历程与未来趋势》,《经济研究导刊》2018第31期。
② 苏涛、彭兰:《"智媒"时代的消融与重塑——2017年新媒体研究综述》,《国际新闻界》2018年第1期。

方面形成双寡头局面,从数量上看,仅截至2021年9月,中国人工智能领域申请专利共计909 401件,授权专利253 811件,位居全球首位,由此可知中美两国是人工智能领域创新主体最关注的市场。①

从专利申请机构来看,全球专利申请量大的机构分别在美国、日本、韩国、中国等国家,排名前15位的机构中,美国、日本各5家,韩国2家,中国、德国等各占1家,人均专利申请量排名前5位的机构分别是英特尔、韩国电子通信研究院、三星电子、微软、谷歌。②各科技巨头对人工智能技术非常关注且投入巨大,例如微软主要关注基础元件及硬件,而苹果则从基础元件及硬件、企业服务、无人驾驶、教育到金融领域均有涉足,IBM关注的重点是医疗和教育,谷歌的投资重点是企业服务和教育。

各国政府对于不同领域的专利重视程度也有所不同,中国申请智能芯片技术专利的数量目前位于世界第一,日本在自然语言处理技术方面专利的投入最多,韩国拥有计算机视觉技术的专利数量最多。从人工智能核心技术看,自主无人系统技术主要分布在美国和中国,其中美国拥有数量最多,中国在脑机接口技术、群体智能技术、计算机视觉技术、智适应学习技术和智能芯片技术的申请量居于领先。③

各国对人工智能专利的重视与高投入说明了在未来的科技发展与创新中,人工智能领域对于企业甚至是国家的发展都有举足轻重的作用。

2. 全球人工智能重点技术划分

2020—2021年各国对于人工智能技术的研究不断拓展。

虚拟现实技术(virtual reality,VR)与增强现实技术(augmented reality,AR)的快速发展,使其成为人工智能领域的重点研究对象。在现实环境不适宜进行交流之时,虚拟现实的接触与交流变得至关重要。虚拟现实技术,早期译为"灵境技术"。虚拟现实是多媒体技术的终极应用形式,它是计算机软硬件技术、传感技术、机器人技术、人工智能及行为心理学等科学领域飞速发

---

① 于申、杨振磊:《专利视角下全球人工智能技术发展现状》,《科技创新与应用》2019年第19期。
② 高楠、傅俊英、赵蕴华:《人工智能技术全球专利布局与竞争态势》,《科技管理研究》2020年第40期。
③ 袁野、吴超楠、李秋莹:《人工智能产业核心技术的国际竞争态势分析》,《中国电子科学研究院学报》2020年第15期。

展的结晶。其主要依赖于三维实时图形显示、三维定位跟踪、触觉及嗅觉传感技术、人工智能技术、高速计算与并行计算技术以及人的行为学研究等多项关键技术的发展。① 虚拟现实技术的发展引起了整个人类生活与发展的巨大变革,人们戴上立体眼镜、数据手套等特制的传感设备,面对一种三维的模拟现实,似乎置身于一个具有三维的视觉、听觉、触觉甚至嗅觉的感觉世界,并且人与这个环境可以通过人的自然技能和相应的设施进行信息交互。②

而增强现实技术则是在虚拟现实技术走向成熟之后才出现的。20世纪90年代初期,波音公司的汤姆·考德尔(Tom Caudell)和他的同事在其辅助布线系统中提出了"增强现实"这个名词。③ 该技术将真实世界与虚拟世界无缝衔接起来,现实与虚拟的界限不再分明,由此消弭。而混合现实作为虚拟现实与增强现实相结合的技术,是一种对于虚拟现实的再发展,对于真实性与临场感进行了重塑与提升。在未来的社会图景中,虚拟世界与现实社会依托场景转移,将逐渐融为一体,最终做到台上即台下、场外即场内、屏外即屏内,实现真正意义上的人与人、人与物、物与物之间的关系零距离,实现生活即内容、虚拟即现实。④

自然语言处理是计算机科学领域与人工智能领域发展的一个重要方向,其研究聚焦于实现人与计算机之间用自然语言进行有效通信的各种理论和方法。人脑智能区别于动物最主要的特征是语言,语言是思维的载体,人脑最高级的智能便是运用语言进行思维的能力。要模拟人脑的智能机制,离不开计算机对自然语言的分析处理。⑤

自然语言处理技术的日益成熟也带来了知识图谱(knowledge graph)的进一步推广。知识图谱是人工智能重要分支知识工程在大数据环境中的成功应用,知识图谱与大数据和深度学习一起,成为推动互联网和人工智能发

---

① 孙红杏:《虚拟现实关键技术应用及研究》,《智库时代》2020年第1期。
② 张燕翔等:《虚拟/增强现实技术及其应用》,中国科学技术大学出版社2017年版。
③ 朱淼良、姚远、蒋云良:《增强现实综述》,《中国图象图形学报》2004年第7期。
④ 李岭涛:《未来图景:虚拟世界与现实社会的融合》,《现代传播(中国传媒大学学报)》2020年第6期。
⑤ 姚从军、罗丹:《AI时代自然语言处理的逻辑进路及超越》,《湘潭大学学报(哲学社会科学版)》2020年第5期。

展的核心驱动力之一。① 知识图谱提供了一种更好地组织、管理和理解互联网信息的能力,可用于语义搜索、智能问答、个性化推荐等,在社交和电子商务等领域中进行价值变现。基于知识图谱的应用是信息领域当前的研究热点,也是促进人工智能发展的基础技术之一。② 而基于资源描述框架(resource description framework)知识表示的分布式存储、涉及高适应性的知识存储、基于关联开放数据的知识存储、超图(hyper graph)正在成为越来越重要的研究方向。由此,知识工程技术从自动获取知识变成了连接相关知识并提供智能知识支持。知识工程能够通过大数据技术添加语义和知识,使数据变为信息最后成为知识,最终应用到实践中去。以此为用户提供决策支持、为用户解决难题。目前,知识图谱领域知名学者主要分布在北美洲、欧洲与亚洲。

计算机视觉是指用计算机模仿人类视觉系统的科学,将人类所拥有的提取、处理、理解和分析图像以及图像序列的能力赋予给计算机。通过人脸识别,计算机系统能够直接从数字图像和视频帧中识别或者验证一个人。智能图像标签功能能够准确地识别图像内容,提高检索的效率和精度,从而使个性化推荐、内容检索与分发更有效。

3. 人工智能技术助力社会发展

在经济方面,数字经济所展现出来的韧性让企业更加重视工业智能的价值,加之数字技术的进步普及、新基建的投资拉动,这些因素将共同推动工业智能从单点智能快速跃迁到全局智能。特别是汽车、消费电子、品牌服饰、钢铁、水泥、化工等具备良好信息化基础的制造业,贯穿供应链、生产、资产、物流、销售等各环节在内的企业生产决策闭环的全局智能化应用将大规模涌现。③

在医学方面,智能医疗的发展开始加速。美国佛蒙特大学计算机科学家和塔夫茨大学生物学家开始使用可编程的活体机器人 Xenobot。该机器人因其仅 1 毫米的体型,能够根据一定的程序路线进行工作,同时携带药物甚

---

① 清华大学人工智能研究院等:《人工智能之知识图谱》,2019年1月,第1页。
② 黄恒琪、于娟、廖晓等:《知识图谱研究综述》,《计算机系统应用》2019年第28期。
③ 本刊编辑部:《2021十大科技前沿趋势》,《科技智囊》2021年第1期。

至其他要素在人体内部移动。Xenobot 具有自我修复功能,当科学家对它们进行切割后,该机器人会自行愈合并继续移动。智能医疗的完善与成熟将使得社会医疗体系更加人性化。

(二)人工智能技术在各领域的应用

1. 人工智能加持智慧医疗

2020—2021 年正处全球新冠肺炎疫情的极速暴发期,快速找到其自然宿主、中间宿主,弄清传播途径,对于切断传播通路具有至关重要意义。随着新冠肺炎疫情在全球蔓延,基于人工智能技术的创新防疫应用也在各地相继落地。在韩国,基于地理位置和行动轨迹的大数据信息平台成为控制病毒传播的重要工具,当人们靠近疫情危险区时,会自动收到危险报警。在美国加州,科学家发明了针对易感者的健康预警系统,能够远程监控包括独居老人在内的易感人群身体健康状况,起到传染病预警作用。在中国,人工智能在无接触式体温监测、社区居民健康快速筛查、疫情宣教、流行病学数据采集与应用、智慧化管理平台建设等方面展开应用,对遏制疫情蔓延起到重要作用。

从全球范围来看,人工智能医疗产业仍处于发展早期阶段,相比于传媒、零售、教育等领域来说,商业化程度偏低。但随着市场需求不断扩大,向专业化细分领域深化发展,加之各国宏观政策支持和技术进步等,人工智能医疗发展前景广阔。[1] 美国靠早期的政策拉动医疗信息化和人工智能辅助医院管理,积累了大量数据,具备先发优势,属于领先梯队,目前已在药物研发、医疗机器人、医学影像、辅助诊断等方面全方位布局。例如,IBM Watson 通过合作扩展医疗使用场景、输出生态能力,谷歌则通过旗下的多家生物科技和医疗公司,尝试形成规模效应。[2]

加拿大和英国在医药研发上具备原始积累与技术优势,深度结合人工智能后依然表现亮眼。欧洲的医疗信息化和医院管理水平较高,健康管理、医院管理、智能问诊等领域落地较为成熟,如 Babylon Health 通过人工智能,为

---

[1] 卢虹、吴文烈、赵阳等:《新形势下促进上海市卫生健康数字化转型发展的政策研究》,《网信军民融合》,2021 年第 11 期。
[2] 中国信息通信研究院、工业互联网创新中心(上海)有限公司、36 氪研究院:《2020 人工智能医疗产业发展蓝皮书》,2020 年 9 月,第 2 页。

用户提供远程医疗问诊服务，全球用户达到430万人，每天可提供4000个临床咨询，已完成120多万次数字咨询。① 亚洲医疗保健缺口较大，即使是在发达经济体韩国和日本，每万人拥有的医生也低于25人。亚洲的人工智能与医疗的结合需求重点在于辅助诊断、患者虚拟助手、医学影像分析等方面，医药开发相对落后。中国在影像识别和辅助诊断领域应用较为广泛，其他场景也在快速发展，展现出多元发展态势，在多个层面都取得了显著成果。②

在后疫情时代，智慧医疗会在大数据、区块链等技术的加持下，开始逐渐常态化，为日后的疫情防控提供更多的资源与方法，同时也能为全球疫情的监测与管理提供更好的支撑。

2. 人工智能改变教育模式

传统教育模式更多在于学生与老师之间的面对面交流与互动，强调现场式的教学。在人工智能技术的支持下，传统教育模式得到了重塑，通过人工智能技术丰富了教育模式的多种介质，同时教育资源也在往平衡的方向进行转变。

人工智能对学校的改变体现在两种形式上，包括对传统学校进行改革以及创办虚拟学校。美国虚拟学校教育是K-12教育中发展最快的教学形式之一，自2012年以来，美国已有32个州的教育部门主动提供了中小学在线教育。例如，路易斯安那州在2010年开设了全州第一所远程学习高中，该所高中提供在线或混合授课，学校从不同的教育供应商选择课程，并能灵活调整课程内容与教学安排。③

除了在学校中的学习之外，开放的教育资源也在社会各个领域被广泛使用，各国政府对于教育公平的重视程度开始逐渐加强。"开放教育资源"（open educational resources，OER）一词最早于2002年在联合国教科文组织举办的关于高等教育开放论坛上被提出，英国公开大学是最早采用OER的高等教育机构之一，该学校于2006年启动了OpenLearn平台。中国通过教育部的精品课程计划将开放教育资源纳入政府政策支持，并为OER的开发

---

① 肖庆颖、于广军：《医疗大数据的研究与进展》，《上海医学》2023年第7期。
② 国家统计局：《中华人民共和国2019年国民经济和社会发展统计公报》，《中国统计》2020年第3期。
③ 胡静漪：《AI时代教育人工智能辅助教学的现状及挑战》，《科技与创新》2021年第2期。

和维护提供资金。美国联邦政府在《每个学生都成功法案》中"数字学习"定义部分强调了开放资源在增强学生教育体验方面的作用,该法律也明确允许各州使用联邦整体拨款运行开放教育资源项目。[①]

3. 人工智能加速城市智慧化转型

智慧城市是近年来城市发展中的一个重要指标。纽约作为美国的金融和科技中心,在人工智能的融合与应用质量方面表现出色,高度发达的金融产业与上下顺畅的融资渠道给纽约人工智能的初创企业在成长阶段提供了必要的资金支持,并致力于将自己打造成为全美国知名的智慧城市。例如,纽约在曼哈顿区西部安装电子探测仪,实时监测区域内交通、能源的使用情况和空气质量等。另外,纽约将人工智能技术与金融相结合,例如摩根大通、摩根士丹利近年来已经在智慧信贷等金融场景下推出金融服务产品。此外,纽约市政府与Cisco IBSG合作推出"智慧屏幕城市24/7计划",运用新技术将传统电话亭改装成智能屏幕,为市民提供更方便的服务。

在中国,宁波市作为新型智慧城市代表之一,重点突出以5G为核心的新基建和城市大脑建设。在5G为核心的新基建方面,宁波推进5G精品网络建设,加快主城区、重点产业园区、港口、重点旅游区等区域的5G网络场景化部署,推动5G网络商用规模化发展。同时,宁波加强基于IPv6的下一代互联网规模部署,重点推进政务、教育、媒体、金融等领域的IPv6规模应用。此外,宁波积极拓展北斗卫星网络设施部署,加快推进国家北斗导航位置服务浙江(宁波)数据中心建设。[②] 在城市大脑建设方面,宁波实现了新一代信息技术在基层社会治理、生态环境、经济运行、市场监管、安全防控等领域的进一步深度融合应用,大幅提升城市治理各领域业务的智能化、协同化水平,探索形成城市智慧治理新模式,推动市域治理能力现代化。[③]

4. 人工智能重塑新闻生态

人工智能对于新闻的解构与重构一直都是学界和业界研究的重点,人工

---

① 胡静漪:《AI时代教育人工智能辅助教学的现状及挑战》,《科技与创新》2021年第2期。
② 殷聪、廖小琴:《2020,宁波让城市更加智慧》,《宁波日报》2020年5月3日。
③ 钟经文:《2020智博会|智慧城市集中亮相　展示优秀成果案例》(2020年11月19日),中国日报中文网, http://cn.chinadaily.com.cn/a/202011/19/WS5fb63c5ca3101e7ce97308ec_1.html,访问日期:2023年12月10日。

智能技术除了对新闻采编等基础环节具有创新作用之外,在新闻分发、新闻样态等方面都进行了一定程度的革新。

在人工智能技术的赋能下,新闻业进入全流程数据解决方案时代。很多媒体提出"数据即新闻,新闻即数据"的口号,即在新闻生产传播环节,依赖数据的能力和力量来支撑媒体的发展。同时,如今用户创作和机器创作之间的边界越来越模糊,未来技术和内容创作本身之间的结合可能会越来越紧密。媒体以及媒体自身依赖的数据以及数据能力,不仅限于媒体自身的采访数据,图像数据或者传播分发后的数据等都可能和媒体之间发生化学反应。在人工智能的赋能下,更多开放的社会化数据不断赋能媒体,让媒体从业者有更多的素材和能力。

《纽约时报》和《卫报》等国际知名媒体相继发布了运用虚拟现实技术制作的新闻产品,其未来前景逐渐得到了国际社会的普遍认可,越来越多的专家和学者认为虚拟现实新闻将会成为未来数字新闻业的亮点,依靠360度全景视频与计算机生成图像(computer-generated imagery),虚拟现实新闻能够让观众沉浸在新闻事件之中并产生强烈的共情,因此也被称为"浸入式新闻"(immersive journalism)。[①] 扩展现实技术通过空间呈现方式帮助使用者更好地理解事物。《今日美国》在"The City"专栏中用3D模型讲述芝加哥"秘密垃圾场"的报道,通过Sketchfab显示平台,辅之以谷歌的虚拟现实眼镜Google Cardboard,读者就可以在智能手机上看到报道中的3D模型了。

二、5G技术

5G技术不同于前四代通信技术,它不再是仅仅追求速度上的突破,而是寻求一个泛在化、智能化、融合化的绿色节能网络。以往四代的移动通信技术发展是逐步解决了"人与人之间的连接",而5G则是解决了"人与人、人与物、物与物之间的连接",5G技术将改变社会。

5G技术标准的统一进一步促进移动互联网和物联网的整合,大量可穿戴设备走进人们的日常生活,同时促进智能家居、车联网领域的发展。未

---

① 常江、何仁亿:《真实的虚妄:浸入式新闻的伦理风险探析》,《新闻战线》2018年11期。

来移动互联网与物联网的深度整合必将会打造出新的产业生态。5G技术对信息处理方式的影响是颠覆性的,天量的数据和计算都交给"云"去运行。人工智能推理系统能够以毫秒为单位处理输入,这意味着能以最小的延迟实现最快的运算结果呈现。

(一)全球5G技术发展状况

1. 5G技术全球发展回顾

2013年是全球5G技术标准制定的起始之年,IMT-2020(5G)推进组在北京召开首次会议,欧盟拨款推动5G标准研究,韩国三星宣布已经开发5G核心标准。2015年,ITU正式发布了5G需求愿景,明确了eMBB、mMTC和uRLLC是5G三大业务场景,5G标准将以三大场景实现为出发点。2016年,3GPP制定了5G协议路线图,至2019年7月,先后分三个部分完成了R15全部协议版本的冻结,主要实现了对eMBB场景的支持。①

2019年,全球5G商用启动,意味着5G时代正式开启。2019年4月3日,韩国(SKT、KT、LGU+)和美国(Verizon、Sprint)在全球率先宣布5G商用;4月19日,瑞士电信商用;5月30日,英国EE商用;6月6日,中国工业和信息化部(下文简称工信部)向四大运营商(中国移动、中国联通、中国电信、中国广电)颁发5G牌照。②

2. 5G技术全球商用现状

相较于3G、4G时代终端设备晚于网络设备推出的情况,5G时代首次实现终端设备与网络设备的同步推出,极大地促进了5G商用进程。③ 作为移动通信网络未来的方向以及数字化转型的基础驱动力,5G技术的发展受到了全球各个国家和地区的重视,得到了各自的扶持政策。尽管众多运营商开展了5G网络投资与商用,但发展极不均衡。

1)中国:5G网络建设和用户规模全球领先

中国移动通信经历了1G空白、2G跟随、3G突破、4G同步的发展过程,将5G发展作为重大战略机遇,大力支持国内企业开展基础技术研究,并参

---

① 王志成:《5G网络全球发展现状》,《通信企业管理》2021年第1期。
② 同上。
③ 龚达宁、王雪梅、曹磊:《全球5G商用发展及趋势展望》,《信息通信技术与政策》2020年第12期。

与全球标准制定,提升话语权,目前在5G赛道处于引领阶段。根据IPLytics在2021年3月发布的专利分析报告,全球5G核心专利中的25.2%被中国企业掌握,位列全球首位。中国电信和中国联通积极推进5G网络共建共享,共建基站超过30万站,极大地促进了资源集约利用。①

根据中国信息通信研究院《2021年中国5G发展和经济社会影响白皮书》显示:2021年是中国5G商用取得重要突破的一年,5G用户达到3.55亿户。5G商用首先聚焦行业级应用,行业级应用已在国民经济97大类中的39类进行应用。5G行业级应用开始商用落地,部分行业级应用已开始在制造、能源、采矿、港口等先导行业进行复制推广。同时,新型融合应用产业支撑体系也初步建立。这标志着中国5G商用发展正在进入良性循环阶段,在创新应用开发和产业生态营造方面迈出了坚实的步伐。

在5G商用初期阶段,中国超大规模的5G网络建设和用户发展,有力推动了全球5G技术产业规模化发展和质量提升,促进网络和终端成本快速降低,为全球5G商用和用户普及作出了巨大贡献。②

2) 美国:率先实现毫米波领域的规模商用

为了保持自身在科技领域的领先地位,美国发布了一系列相关政策、战略。2018年8月,美国联邦通信委员会发布了行业指导性的"5G快速计划",将通过释放更多频段、加速基础设施建设、修改过时的法律法规等方式,推动5G发展。根据《CISA 5G战略》报告显示:制定强调安全性和弹性的5G政策、最佳实践和标准,以防止威胁行为者试图影响5G网络的设计和架构;扩大对5G供应链风险的态势感知并促进安全措施;对利益相关者进行5G供应链风险教育,特别是在供应商、设备和网络方面,以促进公共和私营部门的领先安全实践;与利益相关者合作,加强和保护现有基础设施以支持未来5G部署;通过建议改进现有4G长期演进基础设施和核心网络,加强和保护现有基础设施以支持未来5G部署;鼓励5G市场创新,培育可信赖的

---

① 龚达宁、王雪梅、曹磊:《全球5G商用发展及趋势展望》,《信息通信技术与政策》2020年第12期。
② 工业和信息化部:《工业和信息化部关于推动5G加快发展的通知》(2020年03月24日),中华人民共和国工业和信息化部网站,https://www.miit.gov.cn/zwgk/zcwj/wjfb/txy/art/2020/art_ffd918abf3e848efbb2a6225dbe266db.html,访问时间:2023年12月10日。

5G 供应商;①分析潜在的 5G 用例并共享风险管理策略信息;评估 5G 用例的风险缓解技术,以共享和推广继续保护 NCF 的策略。

3) 韩国:积极投资并培育内容产业

韩国是第一个启动 5G 商用的国家,政府通过规划发展路线、明确创新方向、培育生态系统、促进合作共赢等方式推动 5G 发展。韩国在 2013 年发布的《5G 移动通信先导战略》发展策略,包括向技术研发、标准化、基础设施等方面投资,组建 5G 推进组,实现 5G 与产业融合。在韩国 5G 商用后,韩国科学技术信息通信部发布了《实现创新增长 5G+战略》,旨在将 5G 全面融入韩国社会经济,使韩国成为引领全球 5G 新产业、率先实现第四次工业革命的国家。② 韩国企业也积极投资并培育内容产业,形成 AR/VR、4K 视频、云游戏等解决方案和产品,并开始向全球输出。③ 据 Opensignal 发布的报告显示,韩国的 5G 下载速度位居世界第二,平均速度为 336.1Mbps。Opensignal 对 15 个开通 5G 网络的国家或地区进行了跟踪,其中韩国 5G 的平均下载速度比其 4G 平均下载速度(60.5 Mbps)快 5.6 倍。

韩国早期 5G 服务主要专注于 eMBB 场景,VR/AR、云游戏、直播等文娱项目都极大地推进了 5G 发展,涉及体育、游戏、娱乐、教育等多个行业,未来将是韩国 5G 杀手级业务。

4) 欧洲:众多国家初步开展 5G 网络商用

在欧洲,欧盟与各具体国家均制定了相应的政策,支持 5G 发展。在欧盟层面,2013 年拨款支持 5G 研发;2014 年启动"5G 公私合作伙伴关系",进一步向私营企业研发提供技术支持;2015 年公布欧盟 5G 公司合作愿景,力求在 5G 标准中的全球话语权;2016 年发布《欧洲 5G:行动计划》,明确整体方向;2017 年欧盟确立 5G 发展路线图;2018 年发布《2021—2027 数字欧洲计划》;2019 年发布《5G 挑战、部署进展及竞争格局》,就欧洲提升 5G 竞争力提出建议,并发布《5G 网络安全建议》,明确安全要求;2020 年发布"5G 网络安全工具箱",要求检测网络,并对供应商设限。④ 欧洲国家,尤以德国为代

---

① 《国外动态》,《网信军民融合》2020 年第 8 期。
② 王志成:《5G 网络全球发展现状》,《通信企业管理》2021 年第 1 期。
③ 龚达宁、王雪梅、曹磊:《全球 5G 商用发展及趋势展望》,《信息通信技术与政策》2020 年第 12 期。
④ 王志成:《5G 网络全球发展现状》,《通信企业管理》2021 年第 1 期。

表,正处于工业 4.0 转型升级的重要阶段,龙头工业企业正积极利用 5G 技术探索工业应用场景,奔驰、宝马等知名企业公司已经建设用于工业生产的 5G 网络。①

5)日本:受新冠肺炎疫情影响落后于预期

日本计划从 5G 时代开始,稳扎稳打构建移动通信领域长期的国家优势,期望利用 5G 缓解人口老龄化、产业空洞化等迫在眉睫的问题。为此,日本政府在 2018 年发布了"Beyond 5G"战略,其中在 5G 领域加速部署基站,并加大力度研发无人驾驶、无线输电等前瞻性技术。同时,日本政府向行业企业发放 5G 专用频率许可,建设行业专网,如日本富士通和三菱电机开始建设 5G 专网,并开展智慧安防、远程操作和维护支持等应用。目前,日本四家移动运营商均实现了 5G 商用(NTT DoCoMo、KDDI 与软银在 2020 年 3 月,乐天在 2020 年 10 月),但因受到新冠肺炎疫情以及由此导致的东京奥运会延期等因素影响,日本 5G 发展乏力。②

(二)"5G+"模式下的行业变革与发展

全球 5G 商用启动以来,在网络部署、产业落地等多方面取得了众多成果。5G 技术革新带来的超高速、低时延、高并发优势,以及海量的边缘数据、人工智能算法、云边协同计算之间的相互赋能,促进了行业、产业的深刻变革和商业模式创新③,进而引发应用领域的大变革。在产业实践中,工业、交通、医疗、新媒体等主要行业龙头企业在 5G 应用探索中表现活跃,5G 技术与垂直行业融合应用创新探索持续深入,"5G+工业互联网""5G+智慧城市"等模式发展尤为显著。

不过,2020—2021 年新冠肺炎疫情给全球 5G 应用落地化的发展进程造成了一些影响。5G 频谱拍卖推迟、5G 标准冻结时间延长、5G 建设遭到破坏等,给全球 5G 发展带来了诸多挑战。此外,5G 技术作为亟须得到快速发展的新技术,需要有足够的市场需求和应用支持,而新冠肺炎疫情催生了巨大

---

① 龚达宁、王雪梅、曹磊:《全球 5G 商用发展及趋势展望》,《信息通信技术与政策》2020 年第 12 期。
② 同上。
③ 喻国明、李凤萍:《5G 时代的传媒创新:边缘计算的应用范式研究》,《山西大学学报(哲学社会科学版)》2020 年第 1 期。

的5G需求与场景,例如远程医疗、远程办公、在线教育、高清视频监控等,为5G发展创造了广阔的空间,大大缩短了其发现和培养的进程,加快了5G应用的落地化。[①]

1. 5G＋直播:传媒业提供更好的体验和服务

5G时代,媒体的传播能力实现了飞跃性提升,传播方式实现了多样化发展与融合。[②] 相较于4G技术,5G不仅构建了更快、更稳定的网络,还给用户带来了更好的体验和更多样化的服务。

在传统直播领域中,依靠传统的光缆对4K和8K视频进行传输成本较高,且流畅度存在一定问题,直播质量欠佳、视频卡顿、内容不清晰、音画不同步等现象时有发生,影响着观众的观赏体验。5G技术作为当下移动通信领域最前沿的发展趋势,拥有高速率、低时延、大容量等特点,可以有效承载超高清视频、VR/AR等大流量业务,让多种场景和应用付诸实践,超高清直播便在此之列。"5G＋4K"技术的逐步成熟将在提供更优质视听体验的同时摆脱光缆条件限制,有效降低直播成本,稳定、可靠地提升直播效率。当前在5G技术的推动下,直播已经成为一种常态化的信息传播方式,不少国家已经在试水"5G＋4K"等相关业务,利用5G技术积极开展直播的生产实践工作。

美国福克斯体育台则与爱立信、英特尔和AT&T公司合作,进行了"5G＋4K"体育赛事直播,将图像采集、视频编码、信号处理与信号传输进行分工,实现了版权商、转播平台、网络运营商各个环节从技术到内容的融合。[③]

2. 5G＋医疗:推动医疗健康业快速发展

随着科学技术的快速发展,以及全球老龄化、疾病年轻化、医疗资源紧缺等危机的日益凸显,人们对医疗服务的需求也日益提升。为了满足日益提升的医疗需求,各国政府积极推进医疗改革,加大了对医疗行业的投入,促进了医疗技术的发展。尤其是5G出现以后,利用传感器、可穿戴设备、大数据等技术,智慧医疗得到了快速的成长。全球各国积极在医院等场所布局5G,进行5G与医疗技术融合试验,实现远程手术、应急救援、远程诊断、远程示教

---

① 于超、宋金颖:《新冠肺炎对全球5G发展的影响分析》,《数字通信世界》2020年第10期。
② 陈默:《5G时代的技术突破及应用场景变革探究》,《出版广角》2020年第11期。
③ 田香凝、刘沫潇:《美国体育赛事直播中5G应用的经验与启示——以福克斯体育台为例》,《电视研究》2019年第4期。

等场景的应用。

5G、人工智能和传感技术相结合能够提供海量数据,不仅有利于提升智能医疗水平,而且有利于帮助患者拥有更多的自我管理能力,推动智慧医疗产业加速发展。目前,欧洲一些具有前瞻性的医疗保健组织已经开始利用5G网络构建更智慧的医疗保健系统。意大利的博尔扎诺是一个人口迅速老龄化的城市。为此,该市试行了"健康传感器"方案,以监测家庭环境,改善居民健康。传感器监测的信息包括一氧化碳、二氧化碳、烟气、甲烷、温度、湿度、水和运动等。这些从各家收集来的信息共同用于创建一个"正常行为"文件,从而当数据偏离标准规范时,系统就会发出警报。通过项目的实施,2/3的老人表示,自己的生活质量得到改善;博尔扎诺市议会对老人医疗保健的相关费用节省了31%;80%的参与者认为更安全,并希望在系统中保持成员资格。①

在全球新冠肺炎疫情的催化下,为了解决医疗资源分配不均的问题,5G的应用场景极大地被丰富,智慧医疗得到了飞速发展的机会。5G网络高速率的特性,能够支持4K/8K的远程高清会诊和医学影像数据的高速传输与共享,并让专家能随时随地开展会诊,提升诊断准确率和指导效率,实现了专家资源和患者需求的异地对接。而"5G+热成像"实现了远距离无接触式体温检测和数据分析监测,"5G+无人车"完成了无人车智慧消毒、物品配送等工作,减少了接触感染的风险。IHS Markit预测,到2035年5G将为全球医疗健康行业提供超过1万亿美元的产品和服务。②

3. 5G+数字化工厂:工业互联网领域布局加速

5G时代,"超高的网络速率+强大的网络容量+成熟的人工智能运作"使得物与物的连接畅通无阻,人与物、物与物的互联将极大地改变人们的生产生活方式。5G赋能工业互联网,可以形成低时延、高可靠、广覆盖的移动网络,不仅能够满足工业智能化的发展需求,而且能促进工业质量效益提高、产业结构优化、发展方式转变、增长动力转换,推动工业实现高质量发展。例如,5G网络切片技术能够支持多业务场景、多用户及多行业的隔离和保护;

---

① 辛妍:《全球智慧城市系列之六 智慧医疗新趋势》,《新经济导刊》2015年第11期。
② 李锋:《推动5G及相关产业发展》,《宏观经济管理》2020年第6期。

5G高频和多天线技术支持工厂内的精准定位和高带宽通信,能够大幅提高远程操控领域的操作精度;5G边缘计算技术加速工业信息网络和操作网络融合,能够提升制造工厂内边缘的智能化。① 目前,美国、欧盟、韩国等运营商和设备商纷纷加快5G在工业互联网领域的应用布局。

随着5G技术以及智能化技术的发展,美国通过物联网式的互联互通、对大数据的智能分析及生产过程中的智能管理实现对传统制造业的升级改造,巩固其在全球制造业的领先地位。以通用电气、IBM等为代表的美国工业及信息技术企业认为,传统工业生产中的机器、设备和网络会与5G技术不断融合,随着智能设备、智能系统和智能决策在工业生产中的普及应用,这些要素将通过数据的互联互通构成一个整体,并通过数据分析发现新的业务机遇、创新商业模式,由此开创"工业互联网时代"。② 德国继实施智能工厂(smart factory)之后,又启动了工业4.0项目。"工业4.0"通过充分利用新一代通信技术和信息物理系统,实现由集中式控制向分散式增强型控制的基本模式转变,目标是建立高度灵活的个性化和数字化的产品与服务的生产模式,推动现有制造业向智能化方向转型。③

三、物联网技术

在供给侧和需求侧的双重推动下,物联网进入基础性行业和规模消费为代表的第三次发展浪潮,5G、低能耗广域网等基础设施加速构建,大数据、人工智能、区块链等新技术与物联网的不断融合,物联网迎来跨界融合、集成创新和规模发展的新阶段。④

(一)全球物联网发展状况

1. 物联网的产生与发展

物联网的基本构想最初出现于20世纪90年代末,其概念模型最早来源

---

① 于超、宋金颖:《新冠肺炎对全球5G发展的影响分析》,《数字通信世界》2020年第10期。
② 杜传忠、金文翰:《美国工业互联网发展经验及其对中国的借鉴》,《太平洋学报》2020年第28期。
③ 鲍方云:《发达国家智能制造发展经验及启示》,《杭州科技》2016年第12期。
④ 中国信息通信研究院:《物联网白皮书(2018年)》,2018年12月,前言。

于麻省理工学院于1999年建立的自动识别中心（Auto-ID Labs）所提出的一种网络无线射频识别（RFID）系统，即将所有物品都通过射频识别等信息传感设备与互联网联系起来，并以此实现设备智能化的识别与管理。早期物联网主要是以物流系统为背景提出，并以射频识别技术作为条形码识别的替代物，以此实现对物流系统的智能化管理。① 到21世纪，传统行业企业、互联网企业、设备商、通信运营商纷纷全面布局物联网，NB-IoT、eMTC、lora等低功耗广域网全球商用化进程加速，人工智能、大数据、区块链等新技术不断更新，物联网技术才迎来了一次新的飞速发展机遇。

物联网建设可分两个阶段落实，即先实现人与物的连接，再实现物与物的连接，使得物与物的连接畅通无阻，而人与万物、万物与万物的互联将极大地改变人们的生活方式。

2. 全球物联网发展新态势

随着底层技术和基础设施的不断完善，全球物联网仍将保持高速发展的态势。根据中国信息通信研究院发布的《物联网白皮书》的预测：到2025年，全球物联网总连接数规模将达到246亿，年复合增长率高达13%；全球物联网收入将增长到1.1万亿美元，年复合增长率高达21.4%。同时，随着物联网对各行业的加速渗透，全球互联网企业、通信企业、垂直行业龙头企业全面布局产业物联网，智慧工业、智慧交通、智慧健康、智慧能源等将最有可能成为产业物联网增长最快的领域。

产业物联网的进一步发展对产品设计、生产、流通等各环节的互通提出新的需求，新的行业需求倒逼物联网技术加快商用化进程。例如，"物联网＋区块链"为企业内和关联企业间的环节沟通提供了重要方式，将实现更大范围的不同企业间的资源共享和环节互通。人工智能技术促进物联网部分环节价值凸显。一是端侧，随着物联网应用的行业渗透面不断加大，数据实时分析、处理、决策和自治等边缘智能化需求增加。IDC相关数据显示，未来超过50%的数据需要在网络边缘侧分析、处理和存储。边缘智能的重要性获得普遍重视，产业界正在积极探索边侧智能化能力提升和云边协同发展。二是业务侧，GSMA预测到2025年，物联网上层的平台、应用和服务带来的收

---

① 孙京玉：《基于物联网的衡水湖水质监测》，《给水排水》2011年第7期。

入占比将高达物联网收入的67%,成为价值增速最快的环节,以服务为核心、以业务为导向的新型智能化业务应用将得到更多发展。[1]

智能手机的高渗透率为个人物联网实现多场景联动提供了坚实的基础,促进个人物联网的形成,与上层应用形成闭环迭代。个人物联网是以个人或个体用户为中心,通过智能设备,按照约定协议,连接人、物与其他信息资源,满足个人用户高品质、便捷化生活需求的智能服务系统。个人物联网覆盖用户从晨起到归家的全路程,涉及居家、出行、教育、办公与娱乐消费等场景。[2]作为新一代信息技术,个人物联网充分考虑了以人为本、以人为物联中心的核心诉求,为物联网发展拓展了更多的场景。

(二)物联网技术的创新应用

1. 物联网开启智能农业

物联网技术在现代农业智能化进程中起着至关重要的作用,将物联网技术应用到农业领域既可以准确实时地掌握农作物的生长情况,又能减轻劳动者的管理负担,将传统农业粗放的生产模式转变为更为有效的科学生产,从而真正实现农业现代化,开启智能农业时代。

基于物联网的智能农业系统包括智能农业应用层、智能农业网络层和智能农业传感器层。智能农业传感层包括安装在农业温室内的各种传感器,是智能农业系统的核心层。[3] 在农业监管应用中,物联网技术通过传感器获取大量农业信息数据,包括气象条件、虫害、含氧量、光照等,实时监控农作物的生长环境,最终反馈给客户终端,并及时制定出相应的对策和提醒用户采取措施。在农产品仓储管理中,基于物联网系统里的农产品都贴有标签,利用射频识别技术识别这些标签,就能获取相关产品信息,包括产品生产地、生产日期、储存环境的温湿度、和进出库时间等。另外,对于流通中的农产品应用射频识别技术,可以随时读出农产品标签内储存的产品信息,解决了农产品生产地的溯源问题,为相关管理部门特别是质检部门的食品安全检测工作提

---

[1] 中国信息通信研究院:《物联网白皮书(2020年)》,2020年12月,第5页。
[2] 艾瑞咨询:《中国个人物联网行业研究白皮书(2021年)》,2021年第1期。
[3] 王威、米合日阿依·阿卜力克木、彭步迅:《物联网技术在农业中的应用》,《现代农业科技》2020年第11期。

供了技术保障。除此之外,采用物联网技术的企业可以更合理地设计农产品零售环节,优化农产品仓储管理,并及时提醒相关工作人员补充、更换货物,提高农产品零售环节管理水平。①

在产业实践上,美国 Blue River Technologies 生产的"Lettuce Bot"农业智能机器人可以在耕作过程中为沿途经过的植株拍摄照片,利用电脑图像识别和机器学习技术判断是否为杂草,或长势不好、间距不合适的作物,从而精准喷洒农药杀死杂草,或拔除长势不好、间距不合适的作物。② 未来,物联网将更加广泛应用于农业的各个领域、环节,创造出更大的效益。

2. 物联网打造智能家居

智能家居(smart home)的概念起源于 20 世纪 80 年代初的美国③,是基于物联网技术,并由硬件软件系统和云计算平台构成的一个家庭生态圈,实现人远程控制设备、设备间互联互通、设备自我学习等功能,并通过收集、分析用户行为提供个性化生活服务,使家居生活安全、舒适、节能、高效、便捷。全屋智能通过手机等智能设备和软件对家庭设备进行控制,体验智能照明、智能安防、智能饮食、智能娱乐等综合服务,家居场景的智能化在进一步提升用户体验的同时,也改变着人们的生活。

全球各大厂商积极将全屋智能作为布局方向,研发智能家居系统。例如,谷歌和三星的"SmartThings"合作项目,将更加紧密地集成各自的智能家居平台。未来,智能家居仍然有着巨大的发展空间,能识别情感的智能家居也将逐步普及到日常生活。

3. 物联网助力智慧交通

智慧交通的理念可以追溯到 20 世纪 80 年代的智能交通运输系统(intelligent transportation system, ITS)。ITS 是一个综合运用了信息处理和计算机等技术来提高交通运输服务成效的实时综合管理系统。智慧交通可以理解为智能交通运输系统在当下的进阶版,即融合了物联网、云计算、大数

---

① 杨建国、杨明、张丹:《物联网技术在智慧农业中的应用探究》,《南方农业》2020 年第 14 期。
② 徐东升:《我国人工智能化农业机械应用及发展分析》,《南方农机》2020 年第 5 期。
③ Muhammad Raisul Alam, Mamun Bin Ibne Reaz, and Mohd Alauddin Mohd Ali, "A Review of Smart Homes—Past, Present, and Future," *IEEE Transactions on Systems, Man, and Cybernetics, Part C (Applications and Reviews)*, vol. 42, no. 6, 2012, pp. 1190 – 1203.

据、无线传感等新技术,使人、车、路更加协调,使公共交通服务更加人性化的智慧出行服务系统。[①]

随着以物联网为代表的新技术注入交通网络中行人、车辆及周围的红绿灯、指示牌、摄像头等基础设施都成为了感应终端,并相互联结成城市路网信息系统,终端之间通过无线射频识别、GPS、红外感应等技术进行智能识别,按规定的协议相联结并进行持续的信息交换,完成整个智慧交通系统的构建。一个智能、通畅、安全的交通网络不仅能改变人们的出行方式和交通体验,还可以减少事故发生率和发展低碳经济,提高人民的生活水平。

目前,全球各国已经在智慧交通领域的诸多方面开展了深入研究,从终端的智能化方面来看,有智能交通信号灯、智能摄像头等,从应用方向来划分,有智能公交、智能出租、智能港口等,从交通用途来看,有车牌识别、车辆调度、智能路径规划导航、智能辅助驾驶系统等。

(三)物联网与智能媒体发展

物联网作为信息产业革命第三次浪潮的推动者,其延伸与拓展应用为传媒行业带来了重要的变革与创新,在推动媒体的采集、写作、编辑和管理等环节全面发展上发挥着重要作用。在未来,物联网时代的智能媒体发展将成为一个意义更加显著的关键命题。

在物联网时代,媒体对信息将拥有更加强大的智能感知和采集能力。手机、VR/AR可穿戴智能设备等多样用户终端的出现,以及无线射频、5G等技术的创新发展,让一切联网的人或物都有了成为信息提供者的机会,媒体搜集信息的广泛性、实时性、深度性都将进入一个新的维度。物联网下的智能媒体时代,信息提供者和接受者都呈现出泛采集、泛终端的状态,一切物体只要置于物联网的网络中,就可以成为信息生产、加工和传播的主体,以往人与人之间的连接被拓展到人与物、物与物之间的连接,由此出现万物皆媒介的场景。在生产实践中,物联网重要的价值在于可以用来对复杂环境和突发事件的信息进行精确感知和搜集,如地震、洪水、核污染地带等,通过对智能

[①] Muhammad Raisul Alam, Mamun Bin Ibne Reaz, and Mohd Alauddin Mohd Ali, "A Review of Smart Homes—Past, Present, and Future," *IEEE Transactions on Systems, Man, and Cybernetics, Part C (Applications and Reviews)*, vol. 42, no. 6, 2012, pp. 1190 - 1203.

终端传递的信息进行筛选、加工来获得有效信息,在降低人力成本的同时,也提升了新闻采集的时效性、准确性和前瞻性。

在这个万物互联的时代,新闻媒体能生产的内容更为多样化,也更看重媒体对信息进行有效整合的能力,例如怎样实现异质内容之间的分类处理和相互对接,以及内容分发的差异化。不同于以往,物联网能通过智能终端获取用户的大量信息,尤其是当下的实时状态,更容易描绘出精确的个人画像,从而推送能满足其需求的信息。这也使得媒体能够细分市场,满足分众化需求,提供个性化、互动式服务。

总而言之,诸多传感器智能装置和物联网技术在助力媒体加速智能化进程方面已初有成效。与物联网结合的人工智能系统在今天已经可以运用信息汇聚和数据处理技术,参与到诸如证券、投资、体育比赛等领域的数据分析、知识挖掘和评估决策之中,基于特定的逻辑规则体系和知识库,生成某种意义上具有人类思维特质的深度内容。[①] 未来,物联网将和大数据、边缘计算、人工智能等新技术深入融合,促进传媒行业新的前瞻性研究和应用,创新智能媒体未来。

四、区块链技术

区块链(Blockchain)本质上是一个共享数据库,存储于其中的数据或信息,具有不可伪造、全程留痕、可以追溯、公开透明、集体维护等特征。[②] 基于这些特征,区块链技术奠定了坚实的"信任"基础,创造了可靠的"合作"机制,具有广阔的运用前景。自2008年以来,经过10多年的行业耕耘,区块链产业已经初步形成了含基础设施、行业应用和综合服务三大板块的产业生态雏形,产业内各细分领域发展迅猛,产业聚集效应显著。[③]

(一)区块链技术的发展状况

区块链是分布式数据存储、点对点传输、共识机制、加密算法等计算机技

[①] 曹三省、苏红杰:《物联网+媒体:当下与未来》,《新闻与写作》2016年第11期。
[②] 崔静:《能源区块链:加速数字新基建发展》,《华北电业》2020年第7期。
[③] 王夏熙:《嘉楠科技的持续经营能力研究》,兰州理工大学硕士学位论文,2021年。

术的新型应用模式。区块链具有去中心化、开放性、独立性、安全性和匿名性五种特性。区块链技术不依赖额外的第三方管理机构或硬件设施,没有中心管制,可以进行分布式核算和存储。各个节点实现了信息自我验证、传递和管理。去中心化是区块链最突出最本质的特征,区块链技术基础是开源的,除了交易各方的私有信息被加密外,区块链的数据对所有人开放,任何人都可以通过公开的接口查询区块链数据和开发相关应用,因此整个系统信息高度透明。同时,基于协商一致的规范和协议(类似比特币采用的哈希算法等各种数学算法),整个区块链系统不依赖其他第三方,其所有节点都能够在系统内自动安全地验证、交换数据,而不需要任何人为的干预。只要未掌控全部数据节点的51%,就无法肆意操控修改网络数据,这使区块链本身变得相对安全,避免了主观人为的数据变更。① 除非有法律规范要求,单从技术上来讲,各区块节点的身份信息不需要公开或验证,信息传递匿名进行。②

随着数字经济的兴起,各国政府开始探索新的经济发展增长点,咨询公司普华永道在其发布的区块链研究报告(*Time for Trust: the Trillion-dollar Reason to Rethink Blockchain*)中显示:未来10年,区块链技术将为全球经济带来1.76万亿美元增长,到2030年,它将占全球GDP的1.4%,并为全球创造4000万个就业机会。③ 欧盟、中国、澳大利亚、印度、墨西哥等国积极发展区块链产业,制定了产业总体发展战略。2020年10月,美国政府公布了《国家关键技术和新兴技术战略》将区块链纳入管制技术,美国需要发展这些新技术以保护国家基础设施的安全;2019年9月18日,德国联邦政府审议通过并发布《德国区块链战略》,明确区块链国家战略;2021年《中华人民共和国国民经济和社会发展第十四个五年规划和2035年远景目标纲要》中将区块链纳入七大数字经济重点产业之一,工信部和中央网信办联合发布《关于加快推动区块链技术应用和产业发展的指导意见》,明确区块链要发展联盟链,要关注底层技术研发,要围绕民生应用推动场景落地。

---

① 崔静:《能源区块链:加速数字新基建发展》,《华北电业》2020年第7期。
② 姚忠将、葛敬国:《关于区块链原理及应用的综述》,《科研信息化技术与应用》2017年第8期。
③ PwC, "Time For Trust: The Trillion-Dollar Reason To Rethink Blockchain" (October 17, 2020), https://www.pwc.com.cy/en/issues/assets/blockchain-time-for-trust.pdf, retrieved December 20, 2023.

（二）区块链产业图谱

从产业结构来看，区块链产业重要分为底层技术、平台服务、产业应用、周边服务四部分。其中前三部分呈现出较为明显的上下游关系，分别由底层技术部分提供区块链必要的技术产品和组件，平台服务部分基于底层技术搭建出可运行相应行业应用的区块链平台，产业应用部分主要根据各行业实际场景，利用区块链技术开发行业应用，实现行业内业务协同模式革新。周边服务部分则为行业提供支撑服务，其中包括行业组织、市场研究、标准制定、系统测评认证、行业媒体等，为产业生态发展提供动力。

世界政策环境和经济贸易趋势为区块链带来发展先机。国际方面，针对当前跨国数字经济对于信任基础的需求，区块链提供了解决方案，其多节点布局、分布式的特点降低了交易风险，增强了跨国贸易和跨境数据流通的安全性。[①] 在中国，包含区块链技术在内的"新基建"成为稳增长的重要抓手，中国经济发展趋势和政策扶持导向给区块链发展带来机遇，政务、民生、医疗等领域将成为区块链应用的突破口和主战场。区块链产业板块内各细分领域发展趋向成熟，在竞争中合作，共同推动整个产业生态的良性发展。区块链产业规模的不断扩大不但吸引了越来越多初创企业，还得到了互联网巨头的快速跟进，类似社交巨头 Facebook 强势入局区块链产业生态，其推出"Libra 项目"的消息一经发布，便引发全球政府、监管机构、互联网和区块链等行业的关注和担忧，被认为是继 2008 年比特币诞生以来区块链领域最重磅的事件。

（三）区块链技术应用与产业布局

区块链为信息互联网向价值互联网转型提供了重要通路。它不仅被视作具有国家战略意义的新兴技术，也是新旧动能接续转换的重要动力，它还通过技术创新推动模式创新，进而引领产业变革。通过"区块链+"模式，赋能金融和实体产业，推动区块链与产业融合，加速推进产业区块链建设，将是

---

① 中国信息通信研究院：《区块链白皮书（2020年）》，2020年12月，第39页。

未来三至五年区块链行业发展的主旋律。①

对于传统产业来说,多主体间信任、价值传递和数字化转型等问题是很多传统产业所面临的难题,也成为它们进一步发展的阻碍。② 区块链的技术特性可以满足其转型升级中的增信、自动化以及数字化的需求,使其融入传统产业。区块链的技术特性赋予了自身变革传统产业的潜力,其应用已经从单一的数字货币场景延伸到各行各业的应用场景之中,因此加强了传统产业多方间协作信任,提升了系统的安全性和可信性,简化了流程降低成本,进而在各领域中助推实体行业。在区块链与实体产业融合的初始阶段,最广泛的需求是增信,其应用场景是存证,这也是产业区块链发展的重要基石。存证的核心在于增强数据的可信度,为相关数据提供"存"与"证"的双重保障,强化数据的公信力,市场对其期望在于有效的事前预防和事后追责。存证业务的最大难题在于保证源头的真实,尽管区块链能保证上链后数据的不可篡改,但数据的真实性仍需物联网等技术的配合,这一挑战将随着5G时代的到来和物联网等技术的突破迎刃而解。

在金融领域方面,区块链技术能够省去第三方中介环节,实现点对点的直接对接,从而在大大降低成本的同时,快速完成交易支付。例如Visa推出基于区块链技术的"Visa B2B Connect",它能为机构提供一种费用更低、更快速和安全的跨境支付方式来处理全球范围的企业对企业的交易。要知道用户通过传统的跨境支付等待时长需3—5天,并为支付服务提交1%—3%的交易费用。Visa还联合Coinbas推出了首张比特币借记卡,花旗银行则在区块链上测试运行加密货币花旗币。③ 此外,随着数据的积累与有效分析,以及结合AIOT、5G等与区块链技术的融合创新,实现链下信息流与链上信息的流通闭合,使得线上、线下信息流、资金流、物流等信息相互确立及统一,这将对当前金融信用基础数据库进行有效补充,从而进一步夯实以信用(行为)数据而非以实物担保作为依据的金融体系。④

区块链在公共管理、能源、交通等领域都与民众的生产生活息息相关,其

---

① 李冰:《区块链缺乏跨界复合型人才 场景适配效率偏低》,《证券日报》2019年12月5日。
② 章显:《区块链技术在智慧社区的应用与探索》,《城市开发》2020年第6期。
③ 王硕:《区块链技术在金融领域的研究现状及创新趋势分析》,《上海金融》2016年第2期。
④ 众安金融科技研究院、众安科技:《区块链产业应用白皮书2020》,2020年4月,第3页。

提供的去中心化的完全分布式DNS服务,通过网络中各个节点之间的点对点数据传输实现域名的查询和解析,此功能可用于确保某个重要的基础设施的操作系统和固件没有被篡改,可以监控软件的状态和完整性,并确保使用物联网技术系统所传输的数据无篡改记录。[①]

区块链技术可对作品进行鉴权,保证文字、视频、音频等作品权属的真实、唯一性。作品在区块链上被确权后,后续交易都会进行实时记录,实现数字版权全生命周期管理,也可作为司法取证中的技术性保障。例如,美国纽约一家创业公司Mine Labs开发了一个基于区块链的元数据协议,此元数据协议被用于称为Mediachain的系统中,其利用IPFS文件系统,实现数字作品版权保护。[②]

(四)区块链在智能媒体领域的应用

1. 区块链+边缘计算

区块链在智能媒体领域的运用与其特性相关。边缘计算是一种将计算、存储、网络资源从云平台迁移到网络边缘的分布式信息服务架构,试图将传统移动通信网、互联网和物联网等业务进行深度融合,减少业务交付的端到端时延,提升用户体验。安全问题是边缘计算面临的一大技术挑战。一方面,边缘计算的层次结构中利用大量异构终端设备提供用户服务,这些设备可能产生恶意行为;另一方面,服务迁移过程中的数据完整性和真实性需要得到保障。区块链在这种复杂的工作环境和开放的服务架构中能起到作用。[③]

边缘计算为区块链提供了新的节点部署选择。把区块链部署在边缘计算节点上,数据对接便捷,传播路径可控,可以缓解带宽压力,提升传输实时性,集成运营商开放能力。同时,区块链可以促进不同的边缘节点之间、"端—边—网—云"各方之间的协作同步,帮助建立边缘计算系统的完整性保障和防伪存证支撑资源,推动终端、数据、能力的开放共享,从而为垂直行业提供"信息+信任"的运营商特色区块链服务。

---

① 林虹萍:《区块链技术及在公共管理领域中的应用初探》,《南方农机》2018年第49期。
② 吴健、高力、朱静宁:《基于区块链技术的数字版权保护》,《广播电视信息》2016年第7期。
③ 曾诗钦、霍如、黄韬等:《区块链技术研究综述:原理、进展与应用》,《通信学报》2020年第41期。

2. 区块链+通证经济

通证经济（token economy）是经营者激励消费者再次进行消费的手段形式之一。在网络通信中"token"的原意是指令牌、信令，"通证"被解释为可流通的加密数字权益证明。区块链的非对称加密为通证这种数字化权益证明提供了最可靠、最坚不可摧的保护。另外，通证的流动性及可被验证必须依赖于区块链构建的价值网络基础设施。反过来，没有通证这种数字化的权益证明，区块链与分布式数据库没有本质区别，正因为通证，技术与经济形态相结合才产生了革命性的运营变革。由此，可以看出通证和区块链技术具有天然一体发挥作用的特性，将成为影响下一代互联网数字经济的重要力量。①

柯达公司与英国媒体公司 WENN Digtl 合作推出了 KODAKOne 平台和柯达币（KONAKCoin）。KODAKOne 平台是一个基于区块链技术的电子账本，在这个平台中，创作者可以上传、管理、交易、维护自己的智力成果，用户也能够购买内容产品。当作品被使用后，创作者将收到以柯达币（KODAKCoin）支付的款项。使用柯达币付款的优势在于不需要国家间货币的兑换，付款能够即时快速完成。同时，创作者能够使用这些柯达币购买生活中所需的其他产品或服务，如相机、机票等。②

五、大数据技术

（一）大数据技术的发展现状

关于大数据的概念目前没有一个明确的定义，全球知名咨询公司麦肯锡2001年在美国拉斯维加斯举办的第11届 EMC World 年度大会中首次用到"big data"这个概念。大数据的核心技术包含云计算、MapReduce、分布式文件系统、分布式并行数据库和开源实现平台等技术。

当前，全球数据量仍处于飞速增长阶段。根据国际权威机构 Statista 的预测，到2035年全球数据生产量预计达2 142 ZB，全球数据量即将迎来更大

---

① 金雪涛：《区块链+通证经济：版权运营的新模式》，《现代出版》2019年第3期。
② 同上。

规模的爆发。随着数字经济在全球加速推进以及5G、人工智能、物联网等相关技术的快速发展,数据已经越来越成为全球竞争的关键战略性资源。为了应对信息技术时代在数据方面的发展和挑战,自2019年以来,美国、欧盟和英国等国家和地区都相继出台数据战略。①

1. 欧盟数据战略致力于发展数据敏捷型经济体

在数据重要性日趋上升的背景下,为应对发展,欧盟致力于平衡数据流动空间和使用空间,希望通过建立单一的数据市场,确保欧洲在未来的数据经济中占据领先地位。② 2021年3月,欧盟委员会公布了欧盟"2030数字罗盘"计划。一是拥有大量能熟练使用数字技术的公民和高度专业的数字人才队伍。二是构建安全、高性能和可持续的数字基础设施。到2030年,生产出欧洲第一台量子计算机等。三是致力于企业数字化转型。到2030年,3/4的欧盟企业应使用云计算服务、大数据和人工智能。四是大力推进公共服务的数字化。到2030年,所有关键公共服务都应提供在线服务,所有公民都将能访问自己的电子医疗记录。

2. 英国国家数据战略助力经济复苏

2020年9月9日,英国数字、文化、媒体和体育部发布《国家数据战略》文件,明确表示支持英国对数据的使用,并设定五项"优先任务",以帮助英国经济从疫情中复苏。这五项任务是:释放数据的价值;确保促进增长和可信的数据体制;转变政府对数据的使用,以提高效率并改善公共服务;确保数据所依赖的基础架构的安全性和韧性;倡导国际数据流动。③

在新一轮的国际经贸规则中,跨境数据流通成为全球多边贸易合作的重要议题。2019年,日韩两国分别启动与美欧之间的双边协定,并与欧盟充分达成保护互认协议,目的在于推动跨境数据流动。2020年6月,英国在宣布脱欧后推出了未来科技贸易发展战略,开放英国和部分亚太国家间的数据自由流动关卡,并希望与日本等国签订比其作为欧盟成员国时期更进一步的数

---

① 中国信息通信研究院:《大数据白皮书(2020年)》,2020年12月,第4页。
② 魏凯、闫树:《美欧发布数据战略对我国的启示》,《信息通信技术与政策》2020年第4期。
③ Department for Digital, Culture, Media & Sport, "National Data Strategy" (December 9, 2020), GOV.UK, https://www.gov.uk/government/publications/uk-national-data-strategy/national-data-strategy, retrieved December 20, 2023.

据协议。① 2021年8月,英国信息专员办公室启动了关于国际数据传输协议草案和指导意见的磋商。该草案取代了标准合同条款成为数据跨境传输的工具,并在保证高标准数据保护的同时进行跨境数据传输,以支持数据跨境传输。

(二)大数据背景下的融合应用

金融行业与大数据的深度融合最为紧密。数据背后蕴藏的客户偏好、社会关系、消费习惯等信息都是金融行业宝贵的资源。在金融业的数字化转型中,数据的价值被不断发现与附加,如金融大数据在识别诈骗、精准营销、风险评估、股市预测等领域中都得到了广泛的应用,大数据的应用分析能力也正成为金融机构未来发展的核心竞争要素。

通信大数据是大数据产业的重要组成部分。相比其他行业,通信大数据具备全面、动态、实时的特点,并且凭借通信用户等数据资源优势和网络宽带等基础设施优势形成独有的竞争优势。目前,通信与其他行业的数据融合正成为通信大数据应用的热点方,如通信大数据+商业拓展、通信大数据+旅游推广、通信大数据+政府治理等。

互联网行业拥有天然的数据优势。在移动通信技术迅速发展的当下,"互联网+"新经济形态勃兴。在商业营销模式上,互联网大数据在很大程度上改变了传统意义的营销手段,其通过用户数据分析、市场趋势解析、触达场景解析、营销推广产品评析以及利用智能推荐技术等方式,实现了真正意义上的人性化精准营销。

(三)大数据与智能媒体的发展

大数据时代,海量数据成为了社会不可或缺的资源,大数据与社会各领域各行业的深度融合促进了社会整体的发展。而大数据与新闻传播领域更是有着天然的联系。结合媒体深度融合和智能媒体发展的背景,大数据运用于新闻生产对新闻业的发展有着巨大的价值,主要体现在数据驱动传播过

---

① 李金、徐姗、卓子寒、李建平:《数据跨境流转的风险测度与分析——基于数据出境统计信息的实证研究》,《管理世界》2023年第7期。

程、数据新闻升级为大数据新闻、开启智能化新闻生产模式以及转变新闻叙事范式几个方面。

1. 数据驱动传播过程

伴随着社交媒体的勃兴和技术革命的推动,被专业媒体和媒体人视为是最重要的职业价值体现之一的内容领域也受到冲击,UGC、OGC乃至MGC都在慢慢成为内容生产的主体。5G、物联网技术的进步更是形成了万物互联和全时在线的结果,在万物互联的状态下,无所不在的传感器能全天候地生成海量数据。这些海量、多维度的数据将带来新闻传播专业重心的转移,即无所不在的数据使整个传播过程处于数据驱动的版图之下。[①]

大数据背景下,数据渗透传播的各个环节,从用户与市场的洞察、信息的采集到传播渠道与场景的分析,数据都在当中发挥着不可替代的作用。海量的数据就是高价值的资源,对数据资源和价值的充分挖掘是未来新闻业的发展方向之一,掌握数据、价值挖掘、利用人工智能完成实用化,这恰恰就是未来职业传播工作者的工作重点与关键所在。

2. 大数据新闻开启智能化新闻生产模式

传统的新闻生产模式包括选题、采编、编辑、审核等诸多环节,而大数据技术和人工智能技术实现了自动全时地进行数据收集、数据过滤、数据呈现、数据分析等工作,机器独立完成新闻写作成为可能。[②] 在大数据和算法等其他技术的加持下,记者可以摆脱烦琐、模式化的新闻生产,从而参与更具有创造性和深度要求的新闻生产活动。大数据为实现人机互补的新闻生产新模式提供了可能。

数据新闻是基于数据挖掘与分析思维的新闻报道,2010年8月,在首届"国际数据新闻"圆桌会议中,数据新闻被定义为"是一种工作流程,包括三个基本步骤,一是通过反复抓取、筛选和重组来深度挖掘数据,二是聚焦专门信息以过滤数据,三是可视化地呈现数据并合成新闻故事"。[③]

大数据新闻是基于大数据分析思维的新闻报道,是数据驱动新闻更高一级的形态,代表了未来新闻发展的一种趋势。随着大数据分析在信息提纯和

[①] 喻国明、王思蕴、王琦:《内容范式的新拓展:从资讯维度到关系维度》,《新闻论坛》2020年第2期。
[②] 李婧雯:《大数据应用于新闻业:未来、困境与对策》,《传媒论坛》2021年第2期。
[③] 方洁:《全球视野下的"数据新闻":理念与实践》,《国际新闻界》2013年第6期。

数据挖掘技术方面的提升,新闻生产在广泛嵌入性和规模化处理信息方面的能力也会水涨船高,把媒体报道的范围和创造性提升到前所未有的新水平。① 概括来说,大数据对于数据新闻和新闻业的创新主要表现在三方面:一是数据驱动的调查性新闻,二是数据可视化叙事,三是数据驱动的应用。相较于数据新闻,大数据新闻能实现从社会表层现实的关注到社会深层现实的挖掘,有助于提供可靠的洞见和预测,同时,可视化新闻叙事可适应受众理性认知和感性认知整合的需求。

3. 大数据提高新闻产品附加值

传统媒体向智库升级转型成为其转型之路的一个选择,借助于大数据技术的信息采集、精准预测等功能,新闻媒体可从发布信息逐渐向传播知识转变。而当新闻产品的附加值增加,新闻产品的本质也将发生转变,新闻媒体的职能相应扩展。例如,通过大数据挖掘得出的信息既可以当作财经类资讯进行发布,还可以用来为企业提供决策参考,或是为其提供预测等多种服务,以延伸新闻媒体的产业链。②

大数据给新闻业的发展带来机遇,推动智媒转型升级,同时也使新闻业面临一系列的挑战。如数据采集带来隐私风险,数据分析无法保证完全的客观等问题。面对大数据带给新闻业的机遇和挑战,首先要抓住机遇,努力促成媒体转型。应对挑战之时,应当在技术层面、法律层面、伦理层面等方面制定相应措施。

六、云计算技术

"云计算"的概念由谷歌公司在 2006 年首次提出。短短十几年间,云计算从形成阶段、发展阶段迈入应用阶段。放眼全球,云计算市场规模呈倍速增长趋势。在云计算的普及应用方面,从以百度、谷歌等为代表的存储云,以支付宝、微信公众号挂号、问诊等为代表的医疗云,到以快捷支付为代表的金融云,再到以 Coursera、MOOC 等为代表的教育云,云计算的应用已多维度渗

---

① 喻国明:《从精确新闻到大数据新闻——关于大数据新闻的前世今生》,《青年记者》2014 年第 36 期。
② 李婧雯:《大数据应用于新闻业:未来、困境与对策》,《传媒论坛》2021 年第 4 期。

入公众生活。

伴随全球数字经济发展浪潮与新基建技术的推进,云计算有望进入黄金发展期,其将在政务、交通、金融、教育、互联网等行业呈现新的发展态势。

(一)云计算技术的应用及特点

1. 云原生技术构建数字中台底座

数字中台是将企业的共性需求进行抽象,并打造成平台化、组件化的系统能力。其将资源以接口、组件等形式共享给各业务单元使用,使企业可以针对特定问题,快速灵活地调用资源构建解决方案。[①] 数字中台涵盖广泛,其中业务中台将企业经营管理所涉及的业务场景与流程进行标准化和数据化,从而为数据中台提供完整的数据源,保证数据的可复用性;数据中台将业务中台提供的数据进行价值提炼,形成企业数据资产,提供决策支持,赋能前端业务;技术中台利用云原生技术将容器及编排、微服务平台、中间件产品等组件进行整合并封装,提供规范统一的接口,进而完成资源调度、服务管理、消息传递、服务编排、数据分析、数据服务等方面的工作,降低了应用开发、应用管理和系统运维的复杂度,为前台、业务中台、数据中台的建设提供技术能力支撑。基于云原生技术实现中台弹性扩容,依靠平台能力为各个系统产品输出统一管理能力,企业可实现业务数据化、数据业务化,并以此实现智能化营销。[②]

数字中台融合分布式、微服务容器云、DevOps、大数据处理及高可用、高性能、高并发架构,遵循高内聚、松耦合设计原则,能快速敏捷地响应业务变化。数据中台在引入多终端、多形态数据,采用数据分层架构模式时需要指标管理、数据服务、元数据管理等一系列的数据管理技术作支撑,因此云原生技术为数字中台建设提供了强有力的技术支撑,形成了数字中台建设的技术底座,为企业数字化转型和业务能力沉淀赋能。[③]

2. SaaS 市场的快速发展

云计算市场分三个部分:IaaS 市场、PaaS 市场和 SaaS 市场。Gartner 的

[①] 中国信息通信研究院:《云计算白皮书(2020年)》,2020年7月,第12页。
[②] 《云计算发展研究》,《大数据时代》2020年第8期。
[③] 同上。

调查显示,2021年全球云计算市场规模达到3 307亿美元,其中SaaS达到1 460亿美元,是三大市场中最大的细分市场。①

SaaS市场近年来加速发展,成为企业上云的重要抓手。大型独立软件开发商选择采用SaaS服务来获得云上业务的快速增长;以AWS为代表的云服务商则在自身云服务的基础上构建生态,建立涵盖自身SaaS服务以及第三方SaaS服务的云服务市场;以Salesforce、ServiceNow、Workday为代表的创新型SaaS服务商聚焦于解决企业管理、运营当中的难题。②

在中国,SaaS服务数量增长迅猛,服务专业性同步提升。根据可信云企业级SaaS评估统计,中国SaaS服务主要关注于企业管理和运营方面,涵盖企业资源管理、财务管理、协同办公、客服管理以及客户管理和营销等诸多领域。整体来看,中国SaaS服务商不论在市场份额还是技术成熟度上,都与国外SaaS服务商存在较大差距。

3. 分布式云助力行业转型升级

分布式云是云计算从单一数据中心部署向不同物理位置多数据中心部署、从中心化架构向分布式架构扩展的新模式。分布式云一般根据部署位置的不同、基础设施规模的大小、服务能力的强弱等要素,分为三个业务形态:中心云、区域云和边缘云。中心云构建在传统的中心化云计算架构之上,部署在传统数据中心之中,提供全方位的云计算服务;区域云位于中心云和边缘云之间,一般部署在省会级数据中心,为中心云和边缘云之间进行有效配置;边缘云与中心云相对应,是构筑在靠近事物和数据源头的网络边缘处,提供可弹性扩展的云服务。中国信息通信研究院的调研显示,超过50%的用户已经计划或者已经使用边缘云的模式,"中心云+边缘云"的分布式云架构在未来将被越来越广泛地应用。③

分布式云的核心在于云边协同,通过云边协同,分布式云提供了一种更加全局化的弹性算力资源,也为边缘云提供更有针对性的算力。在云边协同的作用下,云计算的能力能在更多的领域进行拓展,使得万物互联的世界更

---

① 中国信息通信研究院:《云计算白皮书(2022年)》,2022年7月,第1页。
② 李智超:《纽马克翻译理论指导下的〈2020年云计算发展白皮书〉中英翻译实践报告》,南京邮电大学硕士学位论文,2022年。
③ 《云计算发展研究》,《大数据时代》2020年第8期。

加智能。如视频领域借助云边协同能满足细分场景下用户对不同视频的需求;"游戏+云边协同"则能加速AR、VR等技术的实践落地;在传统行业领域,如工业、农业、交通等,云边协同都能带来数字化生存、智慧农业、自动驾驶等新体验。①

4. 原生云安全推动安全与云深度融合

原生云安全作为一种全新的安全理念,是伴随着云计算应用的普及与成熟而出现的,其旨在将安全与云计算深度融合,推动云服务商提供更安全的云服务。数据显示,58.7%的企业在选择公有云服务商时会考虑服务安全性,安全是影响企业选择的重要因素。②

中国信息通信研究院发布《云计算发展白皮书(2020年)》指出,云服务商可以从三大方面充分发挥自身安全能力优势,不断促进云平台安全原生化:一是从研发阶段关注云计算安全问题,前置安全管理,在产品研发早期便融入安全措施来提升软件质量,覆盖软件研发运营整个过程,降低解决安全问题的成本;二是落地应用新型安全技术,推动云平台整体安全,如零信任架构、"智能+安全"、保密计算等,Gartner就在"Hype Cycle for Cloud Security 2019"中首次列入保密计算技术;三是提高交付云服务的安全性,针对SaaS安全,实现完善的多租户隔离、有效的网络安全防护以及SaaS服务的安全合规、安全备份与恢复、身份鉴别及权限管理等问题。与此同时,云安全产品的原生化,也能为用户提供更有力的保障。③

5. 云定位从基础资源向基建操作系统扩展

2018年,自中国国务院在中央经济工作会议中第一次提出新型基础设施建设概念至今,中央级别会议或重要文件已经累计超过10次强调新型基础设施建设的重要性。2020年4月20日,国家发展改革委首次就"新基建"概念作出解释,其中信息基础设施、融合基础设施、创新基础设施,5G、物联网、人工智能、大数据等都包含在内。

云计算对通信网络架构优化的重要性主要体现在对5G网络改造与提升数据中心间网络连接能力两个方面。首先,基于云的架构是5G网络区别

---

① 《云计算发展研究》,《大数据时代》2020年第8期。
② 中国信息通信研究院:《中国公有云发展调查报告(2018年)》,2018年8月,第16页。
③ 中国信息通信研究院:《云计算白皮书(2020年)》,2020年7月,第34页。

于传统网络的显著特点,也是实现 5G 网络特性的重要技术支撑,云计算在服务化的设计、容器化部署和网络切片运营模式三方面对 5G 网络应用产生较大作用。其次,云计算以更加平滑、扩展性更强的链路进一步提升了数据中心间网络连接的能力。云计算将在未来进一步发挥其操作系统属性,深度整合算力、网络与其他新技术,推动新基建赋能产业结构升级。

(二)云计算与智能媒体的发展

云计算不仅在工业、农业、交通等领域发挥着巨大的作用,与媒体行业也有着极为密切的联系。媒体为了高效应对变化,支撑前台应用的快速落地,集成后台服务的复杂逻辑,业务中台应运而生。智媒云指的是"科技 + 传媒"云,其是云计算和智能媒体融合的产物,是智能媒体的创新引擎。[①]

1. "云报道"推进媒体跨国合作,形成国际化传播新生态

1)"云报道"推动形成"云上两会"新形式

2020 年,全国人民代表大会和中国人民政治协商会议决定不再邀请境外记者奔赴北京进行"近距离"采访报道,而是联合美国《侨报》、法国《欧洲时报》、日本华文媒体"CCTV 大富"电视台、新加坡《联合早报》、葡萄牙《葡新报》、澳大利亚《澳华电视传媒》、俄罗斯《龙报》、罗马尼亚《欧洲侨报》等多国媒体进行了跨国的"云报道"合作。[②] 此外,除现场直播"云报道"外,各国媒体还构建了线上社交媒体关于全国两会的主题报道,"云报道"推动了媒体的跨国合作,促进形成全球化传播体系。

2)"OBS Cloud"推动形成"云上奥运"新形式

奥林匹克转播云"OBS Cloud"在东京奥运会上首次投入使用,为全球转播机构提供云上转播支持。2021 年,第 32 届夏季奥林匹克运动会在日本东京开幕,东京地区、北海道和福岛县赛场的大部分比赛将空场举行。在云技术的技术赋权下,此届奥林匹克奥运会将成为史上第一场"云上奥运"。7 月 22 日,国际奥委会主席巴赫在东京举行的发布会现场称,阿里巴巴为奥林匹克广播服务公司 OBS 提供了云上技术支持,"我们有了一个全新的方式来观

[①] 张华、徐桢虎:《封面新闻智媒云的探索与实践》,《青年记者》2020 年第 21 期。
[②] 吴侃:《"云报道"让海外华文媒体与中国两会保持"近距离"》(2020 年 5 月 24 日),中国新闻网,https://www.chinanews.com.cn/gn/2020/05-24/9193293.shtml,访问日期:2023 年 12 月 10 日。

看奥运会,也有了全新的奥运会参赛体验"。① 此外,"OBS Cloud"还搭载由英特尔和阿里巴巴共同开发的3D运动员追踪技术,该技术基于人工智能和机器视觉技术,使观众在田径短跑项目中可以看到每个运动员的实时奔跑速度,并且通过全套的比赛统计数据,详细分析比赛的不同阶段。

2. "云网端"融合发展,形成"智能云"传播新体系

2018年10月,中国广播电影电视社会组织联合技术委员会会长王联在第二十六届媒体融合技术研讨会(ICTC2018)媒体融合分论坛上作了《媒体云演进之路》的报告。报告指出中国"云媒体"的发展之路在于融合并运用云计算、大数据和人工智能技术,推进中国传媒体系与国外媒体形成链接网络,推动全球化传播的"云网端"一体化运行。②

2020年1月11日,封面传媒"智媒云"3.0版品牌发布会在北京举行。"智媒云"3.0版本通过数据驱动、算法重构,为媒体在视频传播、社群营销等领域强力赋能。"智媒云"对内是智能技术赋能智慧内容、智库运营的创新引擎,对外则定位于媒体智能技术全系统解决方案。2020年2月,封面传媒首个省级融媒体中心云平台建成上线。2021年10月,"封面传媒成立六周年暨智媒云5.0云发布"在云端与亿万网友相见。会上,"智媒云"5.0总体架构将重磅发布。由融媒技术、数字文博、内容科技、智慧营销、产教融合5大矩阵、15个部分、42个关键节点、200多个功能模块构成,是基于智媒体的集成化创新引擎、多行业解决方案,是一朵"科技+传媒+文化"云。对于封面传媒内部来说,智媒云5.0是集成化创新引擎,驱动着封面传媒在内容策、采、编、审、发、追、评等环节的创新。对外,"智媒云"5.0是多行业解决方案,封面传媒已经面向北京、江苏、黑龙江、辽宁、海南、四川、新疆生产建设兵团等地输出30余个数字化服务项目,涉及党建、政务、媒体、会展、司法、网信、教育、文博、数字经济等多个领域。③

---

① 刘佳:《国际奥委会主席巴赫:史上首次!云技术支撑奥运全球转播》(2021年7月22日),第一财经,https://www.yicai.com/news/101118552.html,访问日期:2023年12月10日。
② 章玲:《把握广电行业发展最新风向　明确今后一段时期重点工作——第二十六届媒体融合技术研讨会(ICTC2018)盛大召开》,《广播电视信息》2018年第11期。
③ 周琪、张菲菲:《全场景应用覆盖　封面智媒云的破局之路》,《传媒》2022年第6期。

第三章 产业篇：产业发展与行业重塑

随着科技的飞速发展，智能媒体产业正在逐渐改变人们的生活和信息获取的方式。本章将深入探讨智能媒体产业的发展与行业重塑。本章将分析智能音箱市场的竞争格局及产业障碍，梳理该市场的发展方向。同时，本章还将关注短视频和网络直播产业的融合与变革，探讨它们在信息传播和社交互动中的重要角色。大数据产业的蓬勃发展以及全球数据安全治理的挑战也不容忽视，本章还探讨了大数据时代的机遇与风险。最后，新闻机器人产业的崛起揭示了人工智能在新闻传播领域的无限可能及其所面临的伦理与技术挑战。通过了解这些产业的发展现状、驱动力及趋势，从业者和研究者将能更全面地认识这一新兴行业，并展望其未来的发展前景。

一、2020—2021 年全球智能音箱产业

（一）全球智能音箱产业发展现状

1. 全球智能音箱市场竞争激烈

随着现代科技的迅猛发展，智能电视、智能手机、智能音箱等智能家居产品纷纷走进人们的视野之中。由于先前的技术、成本、用户使用习惯等原因，智能产品未能大行其道。但随着技术的不断发展、完善，这一情况得到了改善。根据英国市场分析机构 Canalys 对智能音箱产业的分析，近年来智能音箱的普及速率比其他新型电子产品更加快速。

据 Canalys 发布的报告，2019 年第三季度，全球智能音箱出货量达到了 2086 万台，占据前三名的公司分别是亚马逊、阿里巴巴和百度。其中，亚马

逊的出货量遥遥领先，其他公司紧随其后，出货量差距较小。①

而 Strategy Analytics 的报告显示，2021 年上半年全球智能音箱出货量为 7 430 万台。在销量排前 50 的产品中，有 19 款是智能屏音箱，其中亚马逊 Echo Show 5 以 160 万出货位列第一。② 相较 2019 年的数据，亚马逊与其他公司的差距正在逐步缩小。随着 5G 时代的到来，智能家居的互联互通已成为未来发展的一大趋势，而智能音箱凭借其独一无二的语音交互能力，被认为是智能化浪潮下普及社会的一大切入口。

2. 中国市场暂处蓝海

不同的生活习惯使得中国智能音箱的市场普及率远远不如英美等国。目前，中国智能音箱的发展还处于"低价渗透期"，消费者对国内的产品还处于非理性的尝鲜态度。③ 大多数品牌高举补贴大旗，以低价谋取市场份额，借此将用户留在自己的生态圈内。

2020 年 2 月 14 日，Strategy Analytics 公布的数据显示，在全球范围内，智能音箱的赢家依然是亚马逊和谷歌，中国的百度、阿里和小米依靠价格优势在出货量上居前列，苹果的 HomePod 仅在第六的位置。④

2021 年上半年，全球智能音箱和智能屏市场的排行榜保持不变，亚马逊位居第一，谷歌、百度、阿里巴巴、苹果等紧随其后。其中谷歌的 Nest Hub 以 150 万台的出货量摘得智能屏品类的冠军，其次是亚马逊的第二代 Echo Show 5 和百度的小度在家 1c。

相较于国外智能音箱的激烈的市场竞争，中国智能音箱暂处于蓝海阶段。而百度的小度正是凭借其独特的创新能力，开创了一个全新的有屏智能音箱市场。

3. 国内外市场差异较大

首先，中西方不同的生活方式使得国内外智能音箱的使用率差别巨大。

---

① Canalys, "Amazon smart speaker shipments crossed 10 million mark in Q3 2019"（Novermber 13, 2019）, https://www.canalys.com/newsroom/worldwide-smartspeaker-Q3-2019, retrieved November 13, 2023.
② Strategy Analytics, "Global Smart Speaker Vendor & OS Shipment and Installed Base Market Share by Region: Q1 2021"（May 20, 2021）, Tech Insights, https://library.techinsights.com/search/analysis-view/SSS-2105-801, retrieved May 20, 2023.
③ 徐惠民:《智能音箱市场解析》,《产城》2019 年第 10 期。
④ 《智能音箱出货量排行，亚马逊谷歌依旧领先》,《日用电器》2020 年第 2 期。

西方国家消费者更多使用开放式的厨房与客厅,而中国的厨房烹饪环境嘈杂、油烟重,厨房客厅相对封闭,厨房中使用智能音箱的频率并不高。不同的文化差异,造成了不同的技术导向和技术测试验证体系。① 由此,便形成了智能音箱在国外的应用场景主要为客厅和厨房,而在国内则主要局限于客厅和卧室的不同局面。

其次,国内外的智能音箱在技术支持、场景创新等方面还存在着差距。亚马逊作为智能音箱的开创者,在其产品的功能、创新层面有着其巨大的优势。其针对不同的目标人群,设计了促销爆款类产品和高端品类产品,高端品类还分为了高、中、低三个档位的产品矩阵,爆款类铺量,高端类创收,两者结合,使得亚马逊成为引领全球智能音箱的佼佼者。而另一个巨头——谷歌,其优势在于拥有更多的新技能,支持更多的应用场景,并且可以进入智能家居设备、支持语音购物等。反观国内的智能音箱,主要凭借价格优势来吸引用户,并且由于其他智能设备的缺失,目前中国的智能音箱产品的功能还不够丰富,应用场景也缺乏黏性,例如查天气、打电话等最常用的几项功能,但是这些基础功能并不能成为吸引用户的理由。

4. 公司的产品优势不尽相同

智能音箱形成的差异化优势趋向明显。天猫、京东和亚马逊将智能音箱与电子商务相结合,实现语音购物的功能,并且在这些电商网站上,可以给自产的智能音箱产品提供最好的广告位支持。小米智能音箱与小米生态链企业的各种智能家居产品相结合,实现语音控制智能电器的功能;喜马拉雅的智能音箱可以直接访问丰富的音频内容;谷歌的智能音箱集成了谷歌强大的搜索能力和技术实力;苹果的智能音箱则借助了苹果强大的生态圈和用户忠诚度,占据了不小的市场份额;Meta 的智能音箱可以实现跨设备的即时通信平台,并利用复杂的社交图谱挖掘潜在的用户。② 这些公司正是凭借自身的特色,充分地发挥了不同的产品优势。

---

① 徐惠民:《智能音箱市场解析》,《产城》2019 第 10 期。
② 王颢毅:《基于人工智能技术的智能音箱发展现状与趋势探究》,《通讯世界》2018 年第 25 期。

（二）全球智能音箱市场发展驱动力

1. 产业生态：市场稍有放缓，价格大幅降低

虽然智能音箱用户的绝对数量持续增长，但 eMarketer 预计未来几年智能音箱市场增长速度将放缓。根据洛图科技的报告，2020 年中国智能音箱市场销量为 3785 万台，同比增长 3%。① 2021 年中国智能音箱市场销量为 3654 万台，同比下降 3.5%。②

随着智能音箱的市场规模不断扩大，不少智能音箱都采取了降价促销的推动模式。谷歌将 Nest Mini 从 49 美元降低到 29 美元，与之前零售价 99 美元相比，这是一个巨大的下降。2020 年，亚马逊的 Echo Dot 也迎来历史最低价格。亚马逊和谷歌作为国外智能音箱的巨头，一直在围绕其智能扬声器和其他物联网设备进行促销，在很多方面，它们被视为亏损领导者。中国的智能设备同样迎来降价风波。百度旗下的"小度 Air"智能屏音箱从 299 元直接降至 169 元，而热销千万爆款系列的天猫精灵方糖 R 更是从原先的 199 元下降至 79 元，更有天猫精灵 IN 糖、天猫精灵 X1 等多款智能音箱产品迎来了历史最低价。小米的小爱音箱 PLAY 的价格也是低到离谱，售价直接"腰斩"，从原先的 169 元降至 79 元。

2. 技术支持：专利申请量和公开量不断上升

在 5G 网络快速建设下，IoT 产品被提到了全新的高度，智能音箱作为 IoT 中负责传递信息的重要载体，得到了各大厂商的重视。为了扩大竞争优势，各企业对自主研发的相关技术进行了软件著作权登记，积极提交专利申请，寻求更加全面完善的知识产权保护。

中国各大企业在相关技术领域展开专利布局的现象尤为突出。SooPAT 专利查询平台有关"智能音箱"关键词的专利显示，中国智能音箱相关专利申请数量，由 2017 年的 284 项增长至 2020 年的 1 126 项；截至 2021 年 12 月

---

① RUNTO 洛图科技：《2020 年中国智能音箱市场总结：上半年增长，下半年下降》（2021 年 1 月 28 日），新浪科技，https://smarthome.ofweek.com/2021-01/ART-91007-8420-30483571.html，访问日期：2021 年 7 月 25 日。

② 王敏：《卖不动的智能音箱，等 AI 救命》（2023 年 06 月 01 日），21 经济网，https://www.21jingji.com/article/20230601/herald/f54d43de778c5c366eeccaef535dea34.html，访问日期：2023 年 12 月 20 日。

17日,中国智能音箱相关专利申请数量达531项。从智能音箱专利申请人角度来看,阿里巴巴、百度、小米,均位于2021年申请人专利量前十。其中小米凭借192项智能音箱专利申请数,排名第一;百度则以144项智能音箱专利申请数排在第二;阿里巴巴的智能音箱专利申请数为133项,位列第四。

从智能音箱行业技术专利申请来看,截至2020年12月21日,H04R(扬声器、传声器、唱机拾音器或其他声—机电传感器;助听器;扩音系统)专利申请数量最多,为879件,占比为33.58%。其次是G10L(语音分析或合成;语音识别;音频分析或处理)技术专利,申请数量为306件,占比11.69%;排在第三的是G06F(电数字数据处理)技术专利,申请数量为210件,占比8.02%。[①]

3. 社会需求:聚焦目标人群,满足特定需求

近年来,受到新冠肺炎疫情管制等因素的影响,全球智能音箱的销量整体上升速度放缓。但仍有一些公司针对不同的目标用户需求,推出了新产品。谷歌推出的Nest音箱,本体高度为220 mm,支持smart sound技术。这是谷歌随Home Max一起推出的一项类似HomePod的自适应音场技术,它能根据你在房间摆放音箱的位置,调整扬声器阵列的输出,获得更加立体沉浸的听感。

阿里巴巴发布天猫精灵CC10,专为年轻家庭用户设计,满足娱乐育儿教学双重需求,独家接入了淘宝直播,支持语音购物能力,更好地满足了家庭的需要;小米Redmi触屏音箱,是一款能追剧、能早教的智能小电视,支持多设备视频通话,智能家居操控,定制了专属儿童模式,更好地满足了儿童的需要;华为音箱,是华为首款内置电池的智能音箱,摆脱了音箱对于插电的依赖,移动性增强,再加上一碰传音、智能互动、家居控制等智慧功能,进一步满足了居家生活者的需要;百度小度教育智能屏,是百度专为儿童教育打造的智能屏产品,融合传统家教机、点读机、故事机、复读机、平板机、学习机,满足学龄前儿童科学启蒙到小学生升学提分等各年龄段多维需求。

教育之外,智能音箱也逐渐实现了在办公、酒店、广电等领域的逐步扩

[①] 前瞻产业研究院:《2020年中国智能音箱行业技术发展现状与趋势分析 小米、百度和阿里申请量领先》(2021年6月6日),搜狐,https://www.sohu.com/a/442770795_473133,访问日期:2021年7月25日。

散,且拥有广泛的客户群和商业应用。

(三) 全球智能音箱产业发展障碍

1. 技术层面:技术尚未成熟,"人工智障"偶有出现

不管是亚马逊的 Alexa、谷歌的 Now,还是微软的 Cortana,虽然都有智能音箱等支撑其发展的市场化产品,但是背后的语音识别技术仍然存在着识别障碍等共性问题。

首先,让智能音箱灵活方便精准地解析多种类型的语言,和人类毫无障碍地交流沟通,是目前急需解决的难题。其次,要实现语音识别技术在嘈杂的环境中识别指令——包括酒吧、体育场等人声鼎沸的环境。最后,改进自然语言理解能力仍有挑战。①

语音技术尚未达到用户期望的水平,产品体验仍待提升。

2. 内容层面:内容区隔、同质化竞争现象严重

无论是传统媒体时代还是新媒体时代,"内容为王"一直是媒体信奉的准则。智能音箱基于第三方平台汇聚了丰富的资源内容,为受众提供了一个新的媒介选择,增加了受众获取信息的途径。但就目前的状况来看,虽然智能家居市场潜力巨大,但是内容区隔化严重,各个智能音箱的内部生态系统间不能互联互通,还处于十分独立分散的状态。各个智能音箱厂商都拥有各自的生态系统,不同的音箱对应了不同的内容资源,往往形成了"山头各立"的局面。这就直接导致了用户在内容获取和使用上的不便。如有些用户想在亚马逊 Echo 上使用腾讯的 QQ 音乐,就因为内容区隔导致无法支持互联。这大大降低了用户的使用体验,给整个智能音箱行业的发展都带来了不利的影响。

除此之外,智能音箱的同质化竞争现象严重。首先,外形设计上,智能音箱多以布满音控设计的圆柱形为主要形态,功能模块也多数趋同。针对不同的消费者,应采取不同的功能定位。例如喜马拉雅出品的"小雅音箱",它主打内容资源,与喜马拉雅广泛的内容源相结合,打造丰富的内容平台;而小米公司推出"小爱同学",依靠小米雄厚的智能家居背景,主推更智能地控制米

---

① 孙永杰:《智能音箱大战背后:语音识别技术应用仍存挑战》,《通信世界》2017 年第 14 期。

家旗下大量智能家居设备的功能。① 它们根据自己不同的产品定位,在智能音箱的设计上有所区别,更容易在市场上得到目标用户的认可。

3. 伦理层面:隐私安全面临严峻挑战

隐私安全一直都是全球关注的重要话题。特别是随着物联网与大数据的迭代升级后,智能家居产品开始广泛渗透人类的私人空间。智能音箱进入家庭生活,侵入私人空间,在不断搜集数据的运转进程中,公众似乎已没有任何隐私可言。

智能音箱"人性化"语音的背后是纯粹的程序和算法,只要用户开口,数据就会被收集,夜半歌声、声音盗刷和暗中窃听等只是一个开头,"海豚攻击"(dolphin attack)等相关的问题至今仍无法得到有效解决。②

按原有规划设计,智能音箱必须通过专用词汇进行唤醒才能使用。但实际上,为了更好地响应用户的呼叫,它们是一直处于待机状态下的。待机状态下的智能音箱存在着收集用户私人信息的危险。随着物联网和大数据的发展,万物互联、万物皆媒已成为可能,在这种背景下,智能音箱可能接触更多私人数据,例如一些生活习惯、消费习惯和语音信息等。这些数据,若不能合理使用,其带来侵权行为不仅会使得老客户流失,也会令一些新客户望而却步。③

(四)全球智能音箱产业发展趋势

1. 终端形态创新,融合多种功能

面对竞争激烈的国内国际市场,各大智能音箱商应在混乱的市场中找到自身的产品定位,创新终端形态、打破音箱同质化问题。随着智能化产品的进一步发展,用户习惯的改变促使整个行业发展的重心不断向消费者倾斜,智能音箱更是要坚持以"用户体验"为导向,站在用户的角度去思考问题。

---

① 刘灵景:《基于用户使用与满足情况的智能音箱发展问题及对策研究》,西北大学硕士学位论文,2019年。
② 谭雪芳:《智能媒介、机器主体与拟虚境的"在家"——人机传播视域下的智能音箱与日常生活研究》,《南京社会科学》2020年第8期。
③ 刘灵景:《基于用户使用与满足情况的智能音箱发展问题及对策研究》,西北大学硕士学位论文,2019年。

智能音箱凭借其智能化、便捷化的功能俘获了大量的用户。它可以搭载各种终端来实现各个场景的语音控制与人机互动。不同终端之间的互动传播可以使节目的转发效果以及互动效果实现最大化。例如，尝试通过语音入口拨打和接听电话，替代手机的语音及视频通信功能，或与电视等终端相结合，接入运营商高清视频业务，实现大屏幕的4K高清视频通话。① 这些服务，仅仅是智能音箱的一小部分功能，在更多应用场景为用户带来更加新鲜的感受，使得用户获得更好的服务体验，才是今后智能音箱发展的方向和目标。除此之外，智能音箱的应用也可以与汽车的电话接听，甚至是未来的一些自动驾驶汽车的控制功能联系起来。它也可以充分地细分市场人群：聚焦学生群体，利用智能音箱辅助学习，不用手动翻阅字典，只需要语音提示，就可以获取正确的答案；聚焦老年人群体，由于子女常年在外工作，老年人缺少家人陪伴，以智能音箱作为陪伴的工具，一定程度上可以起到精神慰藉，缓解老人孤独的效用。

在这样一个媒介融合、内容为王的时代里，各大智能音箱生产企业需要通过扩张产业链或是通过合作的方式，实现"硬件+技术+内容+服务"的资源整合，形成生态闭环，打破藩篱，建立统一的内部生态系统，产品的互联互通将成为后续发展的趋势，接入多方产品的平台将占据优势的地位。

2. 完善技术内核，丰富感官体验

技术是产品发展的重中之重。智能音箱正是依托于先进的语音交互技术才得以发展和壮大起来的。先进的技术可以有效地改变智能音箱与用户之间产生的隔膜，带来不同的互动形式，让智能音箱可以更好地为用户服务。智能音箱更加"类人化"，可以给用户更好的反馈，使人机之间的交流和互动更加顺畅。

而解决中国方言众多的识别难题，才能更好地顺应中国国内的市场需求。目前，讯飞语音引擎可支持除中文普通话和英文外的65个语种、24种方言和1个民族语言的识别，准确率可达98%。

此外，智能音箱如果想在今后更好地融入用户的日常生活，需要形成融

---

① 刘灵景：《基于用户使用与满足情况的智能音箱发展问题及对策研究》，西北大学硕士学位论文，2019年。

感官、情感、场景于一体的智能内核。首先,丰富感官体验,在"显示视觉"方面做精深。① 特别针对目前百度小度的有屏智能音箱,充分拓展其视觉感官体验。其次,提升情感能力,在"人机情感"方面作突破。这在老年群体和学生群体上可以应用。智能音箱通过与老人进行情感抚慰式交流,与孩子进行教育启蒙式对话,更有利于激发人机之间的亲密感和依赖感。最后,增强情景渗透力,在"垂直场景"方面作延展。实时监测个体在酒店、医疗等场景中的活动数据,并反馈给智能音箱。之后,智能音箱再通过深度分析社会活动的大数据,为用户提供定制化的情感沟通、咨询服务、健康指导等服务。② 但是,随之而来的隐私安全问题又一次地涌现在我们面前,如何在其中把握一个度,成为智能音箱厂商今后所要考虑的问题。

二、短视频和网络直播产业

(一)短视频产业发展现状

1. 短视频平台逐渐成为主流信息的传播窗口

短视频平台有着受众人群广、传播效果强的优势,在当下受到社会的广泛关注。主流新闻媒体逐渐开始在短视频平台发布信息,也使得短视频平台逐渐成为权威信息的传播窗口。主流新闻媒体入驻短视频平台拓展了媒体的传播渠道,使主流新闻媒体的信息传播给更多的年轻受众。

无论是英国还是美国,几乎所有主流媒体开始利用短视频这一传播形式。《华盛顿邮报》将视频部门"POST TV"改成"POST VIDEO"。此举既是为了更多地推出短视频新闻,也预示着传统的电视新闻制作方式已经行不通了,必须要进行改革。由此看来,《华盛顿邮报》更改部门名称是为了更加凸显自己转型的目的和方向。除此之外,美国有线电视新闻网(Cable News Network,CNN)打造了专门的短视频产品"GREAT BIG STORY"(GBS),聚焦大环境下个人的小故事,以碎片化的形式传播,便于受众接收③。除了美

---

① 刘鹏宇:《智能音箱:变革产品 or 技术泡沫?》,《互联网经济》2017 年第 8 期。
② 同上。
③ 郝莉:《主流媒体短视频传播矩阵研究》,华中师范大学硕士学位论文,2020 年。

国之外,英国的 BBC 推出了自己的短视频新闻服务——"Instafax",方便用户在短时间内获取咨询。"Instafax"通过 15 秒时长的短视频,将重要的新闻摘要提供给用户。如果用户想了解详细内容,可点击相关链接转到 BBC 官网。"Instafax"通过与 Instgram 进行合作互动,吸引用户关注 BBC 账号,用户通过关注账号获取视频新闻。由此说来,国外主流媒体掀起的"视频热潮"正在如火如荼地发展中,这对中国新闻传播实践具有很大的借鉴意义。

人民日报、央视等主流媒体都已经在短视频平台注册了账号,例如开通抖音号、快手号。从目前的视频数据来看,人民日报抖音号的传播效果良好。央视通过开设系列的短视频账号,形成全平台矩阵,全方面提高了主流媒体的影响力。例如,央视开通"央视新闻""央视网""央视一套"等抖音号,这些抖音号中的视频大多为央视节目或新闻中的片段,以及专题系列视频。"央视新闻"账号下设有各类视频合集,如"岩松有话说""有你真好"等,将原创短视频内容与抖音的特色配乐结合起来,新颖的传播形式打破了之前主流媒体传播时政新闻的严肃形象,增强主流媒体自身传播效果。由于相关政策的支持,主流媒体通过平台技术支持可以将内容更高效地触达于用户,短视频平台主要基于算法推荐的方式进行信息传播,主流媒体的介入除了达到引流的目的之外,还大大完善了用户的"个人画像",从而实现精准推送,极大提升了传播范围与传播效果。

2. 短视频内容同质化严重,版权问题尚未得到解决

在互联网、大数据以及人工智能迅速发展的情况下,短视频凭借极低的技术门槛、便捷的创作以及分享方式获得社会大众青睐,在网络视频市场上快速崛起。然而在短视频的迅猛发展的过程中,短视频的内容同质化问题也越来越严重,各种模仿、抄袭现象横行。[①] 用户看到热门视频时,对短视频中的博眼球的行为进行模仿,缺乏思考,并产生了盲目跟风的行为,这是短视频内容产生同质化的重要原因之一。一些用户为赚取流量,以低级趣味的内容来迎合观众,只为获得短时间的流量暴增而不考虑粉丝黏性,缺乏对账号长期的规划与设计,内容制作商盲目追随热点,导致同质化现象愈发严重。在短视频迅速发展的过程中,用户和企业看到其中的利益,截取、复制他人的原

---

① 苏曼琳、郑玲:《浅谈短视频内容同质化现象及对策》,《中外企业家》2019 年第 11 期。

创视频并大行其道的现象屡见不鲜。一些优秀的视频,未经作者本人同意被肆意篡改,成为吸引流量的高浏览视频。即使有标记也被层层抹去、遮盖,出现在各大视频平台上。这些现象的出现,部分原因是平台监管不力,只看到短期的效益,而放弃对原创作者的权益的保护,导致原创作者的内容版权缺位,作品价值遭到侵害。① 除此之外,也需要更完善的法律体系为短视频创作者提供维权保障。

3. 国外媒体机构发展短视频的融合模式和策略

美国 Vice Midea 集团由传统媒体业务扩展到数字媒体领域,开始为不同地区用户打造多元化且兼具本土特色的短视频内容。由于不同国家和地区的媒介用户习惯、对内容主题的偏好程度以及语言风格特点等差异,全球媒体集团跨国、跨地域进行内容生产并不简单,Vice Midea 集团派遣视频团队深入新加坡、印度、泰国、马来西亚和韩国进行本土化调研,借助新兴社交平台的优势打造多元文化短视频。该集团由最初的杂志媒体发展到涵盖杂志、网站、广播新闻、电影制作以及唱片出版等领域的全球性传媒公司。

英国一家专注于通过纪录片形式讲述人物故事的数字媒体机构——巴克罗夫特媒体工作室(Barcroft Studios)。该工作室的作品在社交媒体上拥有超千万订阅者,其中近40%的用户来自美国、印度及亚洲其他地区。值得注意的是,该工作室在 Snapchat 平台上拥有巨量粉丝,并且是该平台上最大的内容"供应商"。该工作室成立于21世纪初,原来是一家专注于新闻图片摄影的媒体机构,工作人员外出拍摄图片时的见闻故事成为他们在社交平台发布短视频内容的最初来源。有了这些素材和灵感,巴克罗夫特媒体工作室最终转型为专注于生产短视频故事的媒体机构。

巴克罗夫特媒体工作室认为活跃在平台上的积极用户并不是分散的,而是共同处在"虚拟社区"的圈子里,他们相信社区能激发短视频的运营策略,且可以依赖社区观众来决定下一步内容制作的方向。② 该媒体工作室通过社区观察和视频效果洞察在短视频内容和传播方面最终取得了成功,同时为之后的短视频制作提供了经验。在短视频越来越流行与普遍的当下,媒体可

---

① 苏曼琳、郑玲:《浅谈短视频内容同质化现象及对策》,《中外企业家》2019年第11期。
② 何子杰、唐佳梅:《个性、创意与互动:国外媒体机构的短视频融合之路》,《新闻与写作》2021年第1期。

以继续开发社区资源,打造垂直化的视频内容,并在数据分析支持下确定和策划具有传播效果的内容选题。

国内媒体向短视频融合转型的过程虽然处在快速发展阶段,但仍面临一系列挑战。媒体由于自身内容生产习惯等因素,目前还不能够充分运用和创新短视频的形式进行传播。国外媒体机构向短视频的融合进程表明,在技术推动基础上,加强短视频内容的文化价值、打造精准的差异化定位以及丰富交互性的创意内容应成为媒体平台下一步深度融合发展的关键。①

4. 短视频与直播相辅相成,相互促进

短视频的飞速成长给直播行业带来了新的机会。抖音、快手等短视频平台的崛起,拓展了直播行业的多元化传播渠道。直播行业自发展以来热度不减,为完善内容形态,短视频平台纷纷开启直播功能,直播和短视频的融合趋势不断凸显。短视频平台的直播功能具有即时互动性、沟通性强的特点,能够将短视频创作者积聚的个人影响力进行二次转化,使得两种模式优势互补,推进内容差异化成长。

(二)网络直播产业发展现状

1. 直播类型更加全面,满足用户多元需求

在网络直播产业飞速发展的形势下,直播类型根据社会发展与生活需要也在被补充和完善。平台为了满足用户对于娱乐的不同需要,直播内容上也存在着一定的重复交叠,主要有以下四类。

(1)泛娱乐类直播:跟主播本人联系紧密的直播种类,直播带有较强的社交性质和个人感情色彩,直播主要内容为与观众的互动交流,其未来发展的重点在丰富直播的内容。

(2)游戏类直播:以游戏为主体的直播方式,观众在观看直播的过程中与主播通过发送实时弹幕、礼物以及留言的方式达到参与互动的效果,弹幕及反馈是主要的直播内容。

(3)垂直直播:"直播+垂直行业",也就是把直播作为一个传播载体,将其与其他行业结合并获得1+1>2的效果。目前主要有"电商直播""旅游直

---

① 孙丽芳:《湖南省地市级党报短视频运营现状与策略研究》,湖南理工学院硕士学位论文,2022年。

播"等。

（4）版权直播：包括电视直播、活动直播及自制节目直播，属于较为传统的直播类型，以第三方客观角度对活动现场情况进行实况传递。①

2. 直播带货成为直播主流变现模式

直播带货，通常是一种通过互联网平台，使用直播技术进行近距离商品展示、咨询答复、导购的新型服务方式，或由店铺自己开设直播间，或由职业主播集合进行推介。② 从媒介形态来看，新媒体的发展为直播带货提供了新型的传播方式，大流量和表现形式多样等独特优势符合现在的购物方式。直播带货产生强大的影响力，吸引了众多的权威主流媒体"加盟"，在主流媒体与新媒体的摩擦碰撞中又产生出新的传播方式。③

央视主持人朱广权与带货主播李佳琦曾隔空云直播为湖北带货，这场公益直播吸引了1 091万人观看，累计观看次数1.22亿，直播间点赞数1.6亿次，两个小时的直播，累计卖出总价值4 014万元的湖北商品等。④ 朱广权在直播中金句不断，让网友不禁感叹："看个直播变智慧""文化带货是最强"。央视主播欧阳夏丹与王祖蓝云搭档进行了一场"为湖北下单"的直播带货，网友大呼："谁也无法祖蓝（阻拦）我夏丹（下单），为湖北加油。"这场直播累计观看人次达1.27亿，累计点赞1.41亿次，共卖出6 100万元的湖北农副产品。⑤

中国台湾地区的M17因直播应用程序17Live而闻名。其推出的HandsUP，可向商家提供直播带货服务，据此收取月度费用并从商家的销售额中抽取分成。经营着日本最大的电子商务网站"乐天市场"的经营者乐天株式会社（Rakuten）通过M17直播应用程序提供直播带货服务。但该应用程序远不如乐天的在线购物网站受欢迎。在乐天带货主播们的直播过程中，大多数直播间只有几十名观众。日本缺乏"一站式购物应用"，这使得卖家很

---

① 马晨：《网络直播内容生产模式探析》，郑州大学硕士学位论文，2017年。
② 靳甜甜：《从传播形态的三个重要维度探析直播带货》，《传媒论坛》2021年第4期。
③ 广电独家：《广电"直播带货"大扫描，这条路能走多远？》（2020年4月29日），搜狐，https://www.sohu.com/a/392140005_613537，访问日期：2021年7月30日。
④ 封亚南：《专访李佳琦：直播之上的奇遇人生，李佳琦和他的"口红一哥"》，《电视指南》2020年第4期。
⑤ 齐朋利：《快手电商在"人货场"端的优化升级路径》，《传媒》2020年第9期。

难在直播带货活动中吸引大量购物者。直播购物快速发展的背后，实际上需要强大的通信技术、物流系统、信息处理和订单交互系统的支持。在中国，新技术、新模式的快速发展和运用，使得买手能够在第一时间把商品送到消费者手中。① 在文化、认知差异，产业链不同的情况下，国外直播带货仍需不断改进和完善。

3. 主流媒体加快布局视频直播行业

在视频直播不断发展的浪潮下，"短视频＋直播"成为媒体转型、应对新时期传播挑战的重要战略。

早在 2012 年，《纽约时报》就以文字、视频、数据交互的全媒体作品《雪崩》(*Snow Fall*)震惊世人，获得了当年普利策新闻奖。美国发行量最大的报纸《今日美国》(*USA TODAY*)，更是因为大力推进视频化，被业界称为"报纸中的电视机"。全球范围内，主流媒体无一例外地将视频化作为目前最重要的发展战略，投入巨大的人力物力组建独立的视频部门，并在组织架构和生产流程上提升优先级。②

《华盛顿邮报》在压缩文字、摄影记者规模的同时，大幅增加视频类员工数量，同时建立 4 个专业演播室。在制作日常视频新闻节目的同时，邀请嘉宾参与访谈类节目，并在自家网站及社交媒体上直播。③

《纽约时报》的视频部门拥有员工逾百人，业务主要分为短视频和直播两大块，并建立视频网站 TimesVideo 进行内容传播。同时，为了推进视频内容的传播，其新闻编辑室裁员 100 多人，视频团队却增加了约 60 名职员。④

《今日美国》所属的甘尼特报业集团，拥有超过 150 人的视频团队。早在 2014 年，甘尼特集团就将视频作为重要的战略组成部分，与文字、图片并重。如今，视频更是和文字报道一起，被视为最重要的内容架构。⑤

2020 年 1 月 28 日，厦门日报、中国网、浙视频、新重庆、大众网、东南网、新甘肃、杭州网等全国 20 余家主流媒体新媒体联动，在趣看平台启动"身在

---

① 张燕生：《专家解读：直播购物为啥能"火"起来？》(2019 年 5 月 20 日)，人民网，http://industry.people.com.cn/n1/2019/0520/c413883-31093860.html，访问日期：2023 年 12 月 20 日。
② 戴璐：《美国主流纸媒的视频化战略与实践》，《传媒评论》2017 年第 11 期。
③ 同上。
④ 同上。
⑤ 同上。

远方　乡情常伴——云探亲接力直播",向工作生活在异乡的家乡人传递来自家乡的问候。据趣看平台统计,本次直播有超过4700万网友在线观看。从北京到广东,从新疆到福建,从重庆到山东,本次直播采用异地同屏实时虚拟演播的方式,覆盖祖国的东南西北。直播从28日上午9时一直持续到下午6时30分,带着大家从云端"返乡",跟着镜头看看家乡的变化与发展,回到熟悉的街巷去觅乡音、品年俗、赏年味,聆听来自家乡的问候与祝福。①

(三) 对短视频和直播平台的管控

1. 加强行业标准准则

直播平台形式多样、内容丰富,各个平台受众群体不同,商业模式也有区别,交易方式等均有差异。需要围绕不同商业模式中的重点环节,聚焦政治安全、意识形态安全、网络安全、经济安全,根据《中华人民共和国广告法》《中华人民共和国电子商务法》《中华人民共和国消费者权益保护法》等现行法律,明确行业评价指标体系,树立行业典范,制定直播行业规范标准并鼓励直播平台积极履行行业自律。②

2. 加强平台管控与惩罚

短视频与直播平台作为深受社会大众关注的平台,应当具有社会责任感,向大众传递正能量。因此,加强短视频与直播平台内部的监督管理就尤为重要了。首先,应当确保平台内部各部门的工作人员与负责人将履行社会责任落到实处。建立健全监督机制,实现有效的奖励和惩处,从而促进员工对平台政策的落实。其次,要对平台的内部用户加强监督管理,健全和建立相关规范,从根源上减少传播内容失范的情况。一个道德自由空间是以超规范作为界限进行划分的,在这个范围内道德共同体建立相关的伦理规范,而有时法律或者是组织内部的规章制度可以成为伦理准则的来源。③ 只有明确了相关的监管制度与惩罚措施,才能对用户起到警醒作用,从而逐渐形成伦理规范。

加强短视频与直播平台社会责任的履行不仅是需要从平台内部入手进

---

① 《20多家主流媒体联动直播"云探亲"超4700万网友在线观看》,《城市党报研究》2021年第2期。
② 陈琳琳:《中国直播平台:现状、挑战与建议》,《新经济导刊》2020年第4期。
③ 张瑛博:《我国网络直播行业存在的法律问题及其对策》,内蒙古大学硕士学位论文,2020年。

行改变,外部的监管建设也是同样重要的。外部监管在很大程度上规范了短视频与直播平台的经营和管理行为,尤其是法律法规和行业规范的建立和完善,对平台的社会责任维度构建起了极大的推动作用。近年来针对网络视听行业的法律法规不断增多,其内容和要求也越来越细致。继续完善和细化空白领域的相关法律,对于推动短视频行业的监管建设有着极大的作用。①

韩国是直播行业最先兴起的国家之一。在发展初期,部分平台为了获取更高的收入,公然传播色情信息,造成了恶劣的社会影响。为了应对这样的状况,韩国刑法对"淫秽物品"的概念进行了修改,由以外观为鉴定标准,改为以内容为鉴别标准。韩国针对网络色情信息的传播处罚非常严厉,各大网络信息平台都会成立专门的信息过滤机构,对色情信息内容进行过滤、清理,所以韩国直播产业在打击色情信息方面是非常成功的②。

与此同时,为了从根源解决此类的直播违法行为,韩国的主要监管部门联合发布了《促进信息通讯网络实用以及保护信息法修正案》,规定了网络直播平台配合落实实名制的法律责任,一旦违反,将处巨额的经济罚款和严厉的行政处罚。同时设定了使用的准入门槛,网络主播和普通用户如果进入直播软件,必须进行实名登记。

英国是最先开拓互联网经济模式的国家之一,但在发展早期对网络信息内容的监管非常宽松。为了及时应对网络发展现状,政府发起了互联网新型行业的"监听现代化"计划。该计划实施后,净网效果非常显著。该计划通过保存直播行业在网络空间所存留的数据信息,以此来对冲直播的突发性、即时性特点,以数据留存的方式进行事后监管。2013年,英国政府设立了互联网过滤系统,将不良信息分为多个等级,并进行筛查、过滤、清理,确保不同年龄人群接收不同层级的网络信息,避免对未成年人的身心健康产生负面影响。

英国的网络监管新技术处于世界前列,英国现有的数据监管、过滤系统能够对所有的通信光缆系统实施管理与过滤。③ 在前端监管中,英国政府能够有效拦截、过滤互联网数据,分层次地传输呈现到用户眼前;在后端监管

---

① 焦楷雯:《国内短视频平台社会责任研究》,内蒙古大学硕士学位论文,2020年。
② 申玹丞:《试论韩国的信息网络犯罪及相关文化政策》,《东疆学刊》2007年第2期。
③ 陈纯柱、王露:《我国网络立法的发展、特点与政策建议》,《重庆邮电大学学报》2014年第26期。

中,英国政府可以对网络信息数据进行记录和保存,为行政主体的管理与处罚保留充分证据。

美国在网络直播的信息监管技术方面非常先进,以延时接收的监管模式为主。行政机构借助信息技术在直播数据发出与用户接收之间设立一层保护屏障,从而延后了用户的接收时间,在这一时间段内,如果出现涉及色情、血腥等不良信息,行政机构会立即关闭观看用户的接收通道,确保用户不会接收到不良的直播内容。在信息处理方面,美国政府采用的是以网监部门管理为主、第三方专业机构为辅的新模式,邀请专业的人来做专业的事,通过专业的数据分析机构对网络传播数据进行实时监控,提升行政效率,节省行政资源。[1]

3. 加强主播媒介素养

为了使直播与产业之间产生良性互动,让直播平台持续发展,增强直播平台就业人员的基本能力与素质是十分必要的。相关部门应尽快完善直播平台主播准入审核机制,加强主播的资格认证制度,定期限制甚至淘汰被投诉次数多或不符合平台规定的主播。提供直播从业人员职业技能培训,包括电子商务、直播电商、跨境电商等相关课程,促进电子商务教育链、人才链、产业链与创新链有机衔接,培养有素质、有能力的创新型直播电商人才,推动传统产业数字化升级。[2] 主播在直播时要完成节目选题、创作、编辑、主持和拍摄等诸多准备工作,需要重视学习摄影、摄像、电脑、网络等工具和视听语言的应用能力,加强媒介素养,建立具有个人特色的风格,向粉丝传播有效且正向的信息内容,传递正能量。[3]

三、全球大数据产业

技术发展与应用创新是推动产业发展的重要驱动力,大数据相关技术作为推进媒体深度融合与改革的动力引擎,给传媒产业带来了挑战和机遇。大数据技术持续向各个行业领域渗透,使产业应用进入高速发展阶段。数据资

---

[1] 李盛之:《美国大众传播法律规制问题研究》,大连海事大学硕士学位论文,2012年。
[2] 陈琳琳:《中国直播平台:现状、挑战与建议》,《新经济导刊》2020年第4期。
[3] 方英:《从购物节透视网络直播产业生态》,《人民论坛》2020年第12期。

产已经成为全球传媒产业发展与转型背后的基础资源,而传媒产业在大数据的应用上正向全方位开发、深度价值挖掘的发展方向迈进。

本节将从全球大数据发展概况、大数据在媒体行业的应用、传媒产业的大数据转型等方面着手,探索全球大数据产业的发展现状,以及大数据与传媒产业的融合前景。

(一)全球大数据发展现状

在中国信息通信研究院发布的《大数据白皮书(2021)》中,大数据从一个新兴的技术产业,正在成为融入经济社会发展各领域的要素、资源、动力、观念。① 而大数据产业链的构建则包含了数据服务、基础设施和融合应用的相互交融。② 其中,融合应用是体现大数据价值和内涵的关键所在,它是大数据技术与各类产业结合的发展重点。

根据 IDC 发布的《IDC 全球大数据支出指南》(*Worldwide Big Data and Analytics Spending Guide, 2021V2*),2021—2025 年预测期内全球大数据和商业分析解决方案支出规模复合年增长率预计为 12.8%。③ 2020 年,中共中央、国务院印发《关于构建更加完善的要素市场化配置体制机制的意见》,将数据与土地、劳动力、资本、技术并称为五种要素。数据被正式定义为生产要素,数据要素市场化配置上升为中国国家战略。

然而,大数据资源作为关键生产要素,目前在全球市场中并没有得到充分有效的利用。数据的有效利用、数据价值的充分挖掘将会成为未来大数据相关产业的发展着眼点。

世界各国均认识到了数据发展的重要战略意义和现存的挑战,美国、欧盟、英国作为大数据发展领先的地区,从 2019 年起相继出台了各自的数据战略,之后继续深化数据领域实践,探索发展方向,推动经济的复苏与繁荣。

美国对大数据的关注也从技术层面转移到资源与战略层面。2021 年 10

---

① 中国信息通信研究院:《大数据白皮书(2020 年)》,2020 年 12 月。
② 王竞一:《2020 中国大数据产业态势分析》,《软件和集成电路》2020 年第 10 期。
③ International Data Corporation(IDC):《中国大数据市场规模将在 2020 年达到 104.2 亿美元》(2020 年 8 月 18 日),https://www.idc.com/getdoc.jsp?containerId=prCHC46784020,访问日期:2021 年 7 月 30 日。

月,美国管理和预算办公室发布 2021 年的行动计划,鼓励各机构继续实行联邦数据战略。2021 年行动计划进一步强化了在数据治理规划和基础设施方面的活动,具体包括 40 项行动,主要分为三个方向:一是构建重视数据和促进公众使用数据的文化;二是强化数据的治理、管理和保护;三是促进高效恰当地使用数据资源。美国在数据领域的政策越来越强调发挥机构间的协同作用,促进数据的跨部门流通与再利用,充分发掘数据资产价值,从而巩固美国数据领域的优势地位。[1]

欧盟国家在数据隐私保护和均衡数字红利方面继续走在国际的前列。2020 年 2 月 19 日,欧盟委员会公布了《欧盟数据战略》,以数字经济发展为主要视角,目标是在 2030 年让欧洲成为世界上最具吸引力、最安全、最具活力的数据敏捷型经济体。[2]

英国期待大数据产业发展能够助力于其在新冠肺炎疫情后的国家经济复苏。2021 年 5 月,英国政府发布《政府对于国家数据战略咨询的回应》,强调 2021 年的工作重心是"深入执行《国家数据战略》",并表明将通过建立更细化的行动方案,全力确保战略的有效实施,由此可以看出英国政府利用数据资源激发经济新活力的决心。[3]

纵观上述的各国数据战略可知,2020—2021 年全球数据消费增长前景可期,同时也面临变革。数据竞争已经上升至国家战略层面,各国纷纷试图掌握更多的数据资源,以提高数据使用效率,引领全球数据治理,从而在新一轮的数字经济发展浪潮中占据优势地位。

全球的传统媒体经过了几年艰苦的互联网转型的洗礼,从追赶数字经济的阶段,逐步迈入了创新竞争、发掘新潜力的阶段。未来几年,新媒体大数据将继续受到业界的追捧,大数据的创新使用与深度价值挖掘也将成为媒体行业发展的重要方向。

(二)传媒产业的大数据应用与产业转型

随着大数据相关产业的不断发展,数据逐渐成为传媒产业中至关重要

---

[1] 中国信息通信研究院:《大数据白皮书(2021 年)》,2021 年 12 月。
[2] 中国信息通信研究院:《大数据白皮书(2020 年)》,2020 年 12 月。
[3] 中国信息通信研究院:《大数据白皮书(2021 年)》,2021 年 12 月。

的组成部分。大数据技术的应用提升了媒体的信息获取能力与处理能力，同时也提高了媒体的传播能力，并拓展了传媒产业的业务范围，扩大了行业市场，促进了媒体与其他行业的融合发展，创造了新的经济效益和社会效益。下文将梳理大数据在传媒产业中的应用情况，并讨论其对传媒产业发展的影响。

1. 大数据在传媒产业链的深度渗透

大数据技术对传媒产业从内容制作到内容分发环节的整条产业链都产生了重大影响。

1）内容生产环节：热点预测，辅助选题

在内容生产环节，大数据技术的应用可以辅助内容生产者了解用户的内容偏好，追踪洞察热点信息，通过算法技术对数据进行深入分析与处理，预测热门选题，做出较为精确的判断，为内容创作者提供信息参考，帮助传媒企业制定内容生产策略。这颠覆了媒体从业者凭借自身专业敏感度捕捉受众需求和偏好的传统手段，使得内容的投放效果具有了一定的可预测性。在内容生产环节的应用上，大数据技术已经逐步成为传媒行业的基础工具。

2）内容分发环节：个性化精准匹配

在内容分发环节，大数据信息采集与处理能够描绘用户的"画像"，帮助用户实现内容上的精准匹配，实现传媒产品的个性化推送，以提高新闻分发、广告营销的精准度和使用率。当下，基于大数据的算法推送已经普遍成为社交媒体平台的技术应用。

2. 数据新闻的兴起

数据在新闻报道中的直接介入，使新闻生产流程发生了深刻的变革，也为新闻本身带来了全新的生产模式。大数据时代，数据新闻融合了多种新闻理念，是一种基于数据的抓取、挖掘、统计、分析和可视化的新型新闻报道方式。

数据新闻不带有情感偏向，内容生产过程科学客观，能够较为全面真实地呈现信息，具有很强的专业性和说服力。美国彭博社拥有来自彭博终端的丰富数据，彭博行业研究平台的庞大智库，以及超过2000名记者和分析师等一整套大数据资源，其媒体业务深度依托于其全球海量数据库中的大数据资源，是世界上最大的财经资讯公司。相较于传统媒体，彭博社更像是一个数据集成加工平台,通过新闻报道与数据分析的整合,提高新闻洞察力,使报道的权威性和影响力在国际上有着难以动摇的地位。

早在2012年,彭博社便组建了专门的数据新闻团队,专攻数据新闻和可视化图表的制作。当下,越来越多的媒体纷纷开始使用数据可视化手段生产数据新闻,借助于数据处理软件和工具,将信息以一种清晰、高效且时尚的方式进行呈现。立体化的视觉叙事可以大大增强数据新闻的易读性,经过数据可视化处理的信息,能够以更为丰富且直观的内容呈现形式吸引用户的关注。

英美多家媒体巨头对此布局较早,在数据新闻领域处于国际领先地位。如美国《纽约时报》的"The Upshot"栏目、《芝加哥论坛报》的"新闻应用团队"和英国《卫报》的数字新闻部都是国外组建较早和较为成熟的数据新闻制作团队。

3. 大数据促进平台与媒体的融合

随着全面数字化转型,传媒产业的业务范围不断拓宽,传媒、电信、互联网等各行业之间的边界逐渐模糊。社交网络公司、广播电视公司、流媒体服务公司、新媒体公司、影视公司都在争夺媒体内容市场。全球媒体融合的发展在技术进步的推动下正往深层次、广领域的方向不断延伸。在未来几年中,媒体融合仍将是全球传媒产业发展的主旋律。

媒体在对自身进行产业升级与转型的同时,不断向社交平台靠拢,社交平台则依托流量优势,积极增强自产内容的影响力。随着传统主流媒体全面进军社交平台,全球范围内的媒体平台化和平台媒体化趋势进一步突出。

在这一轮新的传媒产业竞争和融合发展中,大数据技术无疑成为媒体建立优势的关键基础工具之一。互联网巨头凭借技术优势与平台资源,有能力打造出汇聚海量用户、包含多种产业的大型传媒生态系统。许多科技企业在大数据产业上的布局已跨越了多个层次,互联网公司和社交平台巨头基于其大数据技术的相关优势,通过收购媒体和大数据软硬件公司拓展其业务范围,以包含数据采集、存储、分析以及使用的全部过程,建立完整的垂直大数据产业价值链。

在未来,基于较大规模用户、以平台型企业为主导的传媒生态系统模式将成为主流。由于此类平台型媒体的创立耗资巨大,资本的青睐将在创新型互联网传媒企业的发展中起着愈发不可忽视的推动作用。①

4. 大数据在视听媒体产业的应用

5G 掀起了视听媒介的发展热潮,高带宽和低延迟让视频、图片和语音等非结构化数据成为未来数据增长的主流,短视频凭借着对用户注意力的强大吸引力成为当下媒体竞争的重要领域,媒体与短视频的交互融合发展进一步增强。

如何优化短视频的内容与形式成为各大媒体与平台的关注重点。无论是调研视频的时长、呈现方式、互动形式对用户吸引力的影响,还是开发更加快捷易用并紧跟热点潮流的智能剪辑软件,大数据技术的应用都在其中起到了重要的作用。

2021 年,全球社交媒体、电子商务和游戏等的互联网使用都出现了显著的增长。流媒体平台 Netflix 和短视频平台 TikTok 无疑是全球最受瞩目的两大视听媒体平台。

2021 年,Netflix 全球订阅付费用户增至 2.218 亿人。Netflix 对大数据出色的收集和分析是其成功的关键。通过收集并分析用户每天发出的 3 000 万次播放内容动作、400 万次评级、300 万次搜索②,以及独特的影视作品"微类型"标签细分方式,Netflix 能够准确把握用户观剧喜好与需求,大大提升用户体验,并让大数据预测直接指导影视产品的选题创作和发布过程,用数据和算法指导科学的内容生产③。Netflix 商业模式的巨大成功引起了 Amazon Prime、YouTube、Apple TV、Disney+等流媒体平台的竞相模仿。未来,全球流媒体赛道将迎来群雄逐鹿的局面。

TikTok 通过其强大的算法推荐系统,以去中心化的方式为用户量身定制推送内容,培养了用户对平台的高度黏性。自 2017 年 TikTok 在全球范围内上线以来,其用户规模和覆盖地区飞速膨胀,已经覆盖超过 150 个国家和地区。④ 根据移动应用数据分析平台 App Annie 于 2020 年 12 月 9 日发布的

---

① 郭全中:《新兴传媒产业关键影响因素研究》,《中国出版》2020 年第 16 期。
② 高娜:《国际视听媒体融合发展现状及特点——以 Netflix 和 TikTok 为例》,《视听界》2021 年第 1 期。
③ 刘海波、YOUNG ANN:《内容分选 平台助力 数据驱动:大数据视阈下影视新媒体平台的发展策略——以 Netflix 为例》,《电影文学》2020 年第 15 期。
④ 高娜:《国际视听媒体融合发展现状及特点——以 Netflix 和 TikTok 为例》,《视听界》2021 年第 1 期。

数据显示,TikTok 超过 Facebook 成了 2020 年 iOS 和 Android 平台合计下载量最高的应用程序。①

过去几年,短视频快速崛起为社交平台的第一语言,深刻影响并改变了用户的媒介使用习惯。通过技术优化降低短视频创作门槛,凭借大数据定位受众进行精准推送是短视频平台吸引年轻用户的两大关键优势。《华盛顿邮报》、美国有线电视新闻网等国外老牌传统媒体除了运用各种社交平台如 Instagram 和 Snapchat 布局短视频内容,还开始进入受年轻人追捧的 TikTok 平台,专门生产年轻人喜欢的短视频内容,发掘新闻资讯的潜在读者。② 未来,全球传统媒体与短视频的融合发展将进一步增强。

(三)传媒产业的大数据应用所面临的挑战

随着全球数字经济的迅速发展,以平台为核心的数字经济发展模式与全球数据价值链已经成熟。③ 数字经济的核心资源是数据,作为数字经济的驱动器,数据依然在持续不断地推进着全球各类产业的变革。拥有巨大体量并持续扩张的平台型公司在成为数字经济发展推动者的同时,也因其对大数据资源的掌控而引发了诸多问题,并在多种情境中成为被治理的对象。2021年,全球各国对数据治理的关注度明显加强,传媒产业的大数据应用也将在未来几年内受到一定的影响。

1. 传统媒体组织结构与生产方式受到挑战

1) 传媒产业对复合型人才需求旺盛

随着智能手机的普及和社会化媒体平台的兴盛,UGC 成为一种极其重要的内容生产方式。在全球庞大数量的互联网用户支持下,UGC 平台能够轻易地累积海量内容,媒体想要保持自身产出内容的独特价值变得更为困难。

通过大数据采集与分析进行用户"画像",满足个性化需求,精准定位目标受众,深耕垂直细分领域,以求增强用户留存率成了传媒数字化转型中的

---

① 孙冰:《答卷 2020 | 张一鸣的围剿与反围剿:TikTok 超 Facebook 成 2020 全球下载量最高应用》,《中国经济周刊》2020 年第 24 期。
② 梅宁华、支庭荣主编:《中国媒体融合发展报告(2020)》,社会科学文献出版社 2020 年版,第 304—324 页。
③ 崔保国、徐立军、丁迈主编:《中国传媒产业发展报告(2020)》,社会科学文献出版社 2020 年版,第 296—305 页。

一条重要且必要的途径。因此,在大数据时代,传媒行业对复合型人才的需求量越来越大,媒体从业人员需要具备更多样的数据挖掘和分析能力,才能在技术赋能中跟上产业升级的步伐。

2) 广告营销行业走向产业融合

在媒体数字化转型的大趋势之下,广告营销行业的加速变革最为明显。互联网大数据很大程度地改变了传统营销手段,精细化运营的大数据营销通过用户数据分析、市场趋势解析、产品营销方案评测,洞悉客户与营销推广对象的诉求,直接连通商户和目标用户。相比于传统营销手段,大数据营销有着更低的运营成本、更高效的策略制定和更精准的用户锁定。

总体来看,广告营销行业在大数据商业化应用的效果较好。然而,与大数据、云计算、人工智能等新技术的深度融合是传统广告营销公司构建自身核心竞争力时难以逾越的鸿沟。[1] 传统的广告公司难以获得足够有效的大数据支持,其经营和生存空间受到了来自广告经营权的媒体平台和新兴MCN机构的挤压,与媒体集团或互联网公司的产业融合在所难免。

2. 大数据的流动共享与国际互联网反垄断

大数据技术与资源应用存在严重的平台集中、全球地区间发展不均衡、企业与消费者谈判地位不平等的问题。当前,数据变现的收益依然主要向少数几家平台型巨头企业集中,持续加剧着全球数据价值链的不均衡性。数据流动与共享的低效也抑制了数字产业创新的速度,使大数据相关产业的发展陷入了瓶颈期。

全球互联网反垄断行动主要围绕着平台、数据和算法展开。2020年,美国和欧盟相继开启了对谷歌、苹果、亚马逊、Meta等公司的反垄断调查,欧盟委员会发布的《欧盟数据战略》(European Strategy for Data),将数据共享设定为垄断性企业的法定义务。[2] 2020年下半年,中国、英国、印度和澳大利亚也先后展开了对互联网平台垄断经营的调查。

2020年7月召开的G20数字经济部长会议中,全球化发展中的数据流

---

[1] 崔保国、徐立军、丁迈主编:《中国传媒产业发展报告(2020)》,社会科学文献出版社2020年版,第296—305页。

[2] 许可:《前瞻:2021年全球数据治理趋势分析》,2021年1月28日,"腾云"微信公众号,https://mp.weixin.qq.com/s/L6dkVMN_8U2NYqwOT6hP4Q,访问日期:2021年7月31日。

动与共享问题成为热点讨论议题之一。全球数据同盟体系加速构建,形成了欧盟 GDPR 和 APEC 跨境隐私规则体系(CBPR)两大区域性的数据隐私与保护监管框架。二者为众多国家提供了数据跨境流动和隐私保护规则制定的示范蓝本。

3. 全球数据安全治理

2020 年是全球数据治理的变革之年,国际组织、各国政府与各类机构对科技巨头,尤其是社交平台日益膨胀的实力和影响力表达了担忧,并在行动上给予了强烈的负面反馈。

新冠肺炎疫情并未削弱民众对个人信息的保护意识,恰恰相反,多重因素使得数据隐私的话题被再三提及和讨论,例如人脸识别、轨迹追踪等监控技术在疫情防控中的广泛应用,居家办公、线上教学引发的对家庭和个人生活隐私的关注,全球范围内个人信息保护规则与法案的相继出台等。后疫情时代,全民对这些话题的探讨使他们更加认识到了个人信息的价值。

美国联邦贸易委员会命令 9 家社交媒体和流媒体公司(亚马逊、字节跳动、Discord、Meta、Reddit、Snap、Twitter、WhatsApp 和 YouTube)在 45 日内提供包括用户数量、活跃用户数量、商业和广告策略,以及财务方面的详细数据。美国联邦贸易委员会称此次调查是为了解有关社交媒体对个人信息的影响,研究平台如何收集、使用和展示个人信息,以及这些服务如何影响儿童和青少年。[1]

在立法领域,中国出台了《数据安全法》和《个人信息保护法》草案,德国联邦议会通过了《数字竞争法》,美国加州通过了《加州隐私权法案》,加拿大发布了《2020 数据宪章实施法》草案。在监管执法层面,中国发布了《平台经济领域的反垄断指南(征求意见稿)》,欧盟发布了针对国际数据传输的建议草案及《欧盟标准合同条款》草案。[2]

在以上的各项举措之中,欧洲对于平台的监管最为严苛。欧盟在 2020 年 12 月 15 日发布了两项会对大型科技公司的运营产生巨大影响的新立法提案,分别是针对非法内容和假新闻的《数字服务法》和针对垄断行为的《数

---

[1] 许可、罗娟、于智精:《2020 年全球数据治理十大事件》(2021 年 1 月 26 日),"数字经济与社会"公众号,https://mp.weixin.qq.com/s/cAUnaOeTwpMG7QXnqdpvpA,访问日期 2021 年 7 月 31 日。
[2] 同上。

字市场法》。这次重大立法,旨在明确数字服务提供者的责任,加强政府对社交媒体、电商平台和其他在线平台的监管。①

随着各国对数据治理的重视,全球数据治理即将逐步进入有法可依的新阶段。② 同时,大数据使用相关法律出台也将影响传媒业在数据使用时的规范依循,传媒行业内部亟须跟随国际政策变动制定行业数据规范与标准。

四、全球新闻机器人产业

新闻机器人是人工智能技术在新闻传播领域得以应用的产物,机器人新闻产业符合当前技术发展趋势,受到各国政府的大力支持。优惠政策和资金扶持推动着人工智能技术的持续创新升级,让机器人新闻业拥有了良好的发展环境和机遇。

(一)全球写作机器人发展现状

人工智能技术的快速发展加深了其对全球新闻业的影响,计算机自然语言处理技术和大数据抓取推介技术为机器人新闻写作奠定了坚实基础。写作机器人已被广泛应用于各国的新闻生产领域,传统的新闻写作方式被彻底改变。24小时不间断工作、出稿速度快、运行量大、准确率高、真实性强已是机器人写作具备的基本条件。随着对人工智能识别技术和学习技术的升级,写作机器人的能力将被不断挖掘和提升。

1. 机器人内容生产范围扩大

以往认知中,写作机器人更多应用于新闻、财经、体育、天气这类结构化内容生产领域。如今,部分国家提出的将自动化新闻领域从简单的描述扩展到更丰富、更复杂的事件驱动叙事已有显著成效。例如,Open AI 研发的 GPT-3 模型使用机器学习生产"类人化"文本,它曾完成了一篇 500 字左右,主题为"为什么人类不必惧怕 AI"的文章。根据《卫报》给出的提示"我是来

---

① 王惠茹:《欧盟推出〈数字服务法〉和〈数字市场法〉,有哪些影响?》(2021年1月5日),观察者网风闻社区,https://user.guancha.cn/main/content?id=442018,访问日期:2021年7月31日。
② 崔保国、徐立军、丁迈主编:《中国传媒产业发展报告(2020)》,社会科学文献出版社2020年版,第296—305页。

说服你不要担心的。人工智能不会毁灭人类,相信我"。① 中国研发的写作机器人的写作内容也已经向民生新闻甚至时政新闻延伸,并开始探索尝试自动生成新闻综述、新闻评论等较复杂的报道。②

2. 人类记者不可替代

新闻工作具有创造性,需要具备批判性的思维。写作机器人不具备独立的思考能力和对伦理的判断力,无法写出有深度的新闻报道,单靠写作机器人无法促进新闻业的发展。利用机器人写作更多是为了简化记者的工作,让他们从单调、重复的工作中解放出来,把时间和精力投入有深度的采访和报道。长期的追踪报道、专题访谈、调查性报道等仍然需要专业的人类记者完成。美联社、彭博社和《华盛顿邮报》通过建立内部警报来发出数据信号,根据警报的提示确定有更重要的信息需要记者解读和撰写。③

人类记者应当了解和适应人工智能技术在机器新闻写作领域的迭代升级,把握住自身优势,培养独立的思考能力和批判性思维,提升新闻专业水平,以防被不断革新的行业所淘汰。未来,具备专业素养的人类记者在新闻业的发展中将依旧起着支撑作用。

(二)全球新闻主播机器人发展现状

1. 从具体实践看技术发展

2020年,新华社联合搜狗推出了全球首个3D版人工智能合成主播"新小微",基于超写实3D数字建模、多模态识别及生成、实时面部动作生成等多项人工智能技术,通过多模态技术对其进行实时驱动及渲染,④使"新小微"面部表情、唇动、肢体动作和语音表达完全同步,还可以进行360度外观展示,一秒变装,穿梭于演播室的不同虚拟场景。韩国MBN电视台推出了首个以女主持人金柱夏为原型的人工智能合成主播,她可在一分钟内快速生

---

① 贝爽:《GPT-3亲自撰文回应"为什么人类不必惧怕AI?",答案令人毛骨悚然!》(2020年9月9日),雷峰网,https://www.leiphone.com/category/industrynews/AbneBztpfmDQFChL.html,访问日期:2023年10月20日。
② 陈建飞:《机器人新闻写作的风险评估及责任机制探讨》,《传媒评论》2019年第12期。
③ 李唯嘉:《从"个性化"到"人性化":智能算法时代新闻推送方式的发展演进》,《东南传播》2020年第9期。
④ 黄淼:《传媒技术:四项新兴技术的实践前沿》,《青年记者》2020年第36期。

成1000字文本的播报视频。

2021年,搜狐新闻客户端联合搜狗基于人工智能合成技术推出首个明星"数字人"主播,能够以多种方言实时播报新闻。这种新闻的视听化呈现方式,不仅让用户获取新闻的过程更加便捷高效,也让每天冷冰冰的新闻推送变得轻松愉悦,而不同方言的切换更加贴切了用户的地域特性和情感需求,让新闻更接地气、更有人情味。①

2. 专业能力依旧受限

目前,机器人主播已经可以实现高精准度、高语言标准、高专注度的语言传播,并能够不受场地、空间的限制,同时进行多个报道。技术的进步让机器人主播在表情、动作、语气、语调、语速上开始实现定制化和互动化。当把一个人的常用动作习惯、语言习惯和表情习惯等表征与文字信息等内容一并输入系统,机器人主播就会在动作、表情上显得更加自然,增强观众的好感度。②

新闻直播和实时连线类型的报道需要人类主播具有高度的调控把关的能力。直播节目和实时连线具有一定的风险,稍不注意就有可能出现直播事故。而依赖于算法输入的机器人主播难以对新闻产生独立且恰当的解析,无法成为社会舆论和意见的引领者。

面对主播机器人带来的威胁,人类主播需要学习和了解人工智能赋予主播机器人的特性优势。随着移动互联网、智能芯片、大数据、云计算、5G等技术的发展和推广应用,技术的迭代升级或许会让机器在模拟人类思维与情感方式上有跨越式前进,所以人类主播需要开始动态跟进相关的预见性研究,在机器所不能及的领域进行内向提升。

(三)全球新闻事实核查机器人发展现状

2020年,新冠肺炎疫情成为全球新闻媒体共同面临的危机,借助于社交媒体的巨大影响力,出现了用户数据泄露、虚假社交分发等问题。在疫情阴影的笼罩下,新闻媒体在事实核查方面依然有新的创新实践。例如,巴西原

---

① 诺文:《搜狐张朝阳:AI将像生活中的空气无处不在》,《人民邮电》2021年第5期。
② 莫梅锋、杨文茜:《从具身认知到身份认同:品牌智能代言人的智慧赋能》,《中国广告》2021年第1期。

生媒体组织 Bereia 运用追踪信源、对信息真实度评级、在 WhatsApp 上开辟频道连接读者等典型的事实核查方式,展开对宗教新闻的事实核查。① 19 岁的尼日利亚新闻专业学生苏丹·夸德里(Sultan Quadri)在疫情期间创立了一个名为"人民核查"的事实核查平台,联合了 15 所大学的 40 多名事实核查员,对抗疫情虚假信息。②

1. 新闻事实核查的发展脉络

在 19 世纪早期媒体就出现了"信息核对员"的身份。德国、美国、英国等新闻媒体机构在内部专门增设新闻事实核查人员,主要对即将刊登的新闻报道在专业知识、报道信源、使用数据和背景资料等方面进行新闻事实的核查,确保即将刊登的新闻报道信息准确、真实、可靠。③

随着西方政治传播的兴起和政客对媒体传播的重视,新闻事实核查的内容开始扩展至政治话语之中,出现了专门针对政治家的言论、竞选广告及其相关新闻报道进行事实核查的组织和机构。④

后真相时代,受众容易被虚假新闻"真实的谎言"所裹挟,客观真实性的消解使得新闻传播行业面临着空前的信任危机。专门从事新闻事实核查的网站和平台机构开始形成互联网新闻事实核查产业。例如,美国三大主流事实核查机构 FactCheck.org、PolitiFact、Fact Checker。与此同时,人工智能技术的进步改变了新闻事实核查的实践方式。例如,《华盛顿邮报》启用事实核查机器人"说真话者"(truth taller),使用语音文字转换技术,记录政治演讲并与数据库进行对比,核查演讲内容的准确性。《华盛顿邮报》的负责人表示"机器人实时工作的效率远超记者"。路透社的 News Tracer 可以追踪社交媒体上的突发新闻,并核验其真实性。阿根廷事实核查媒体 Chequeado 推出的机器人 Chequeabot 可以让记者快速核查公开的声明信息。

---

① MARCELA KUNOVA, "'Newstrition' labels aim to help readers identify misinformation"(Aug 6, 2020), ijnet, https://ijnet.org/en/story/newstrition-labels-aim-help-readers-identify-misinformation, retrieved December 14, 2023.
② Sultan Quadri, "Student-led outlet fights misinformation, trains young fact-checkers in Nigeria" (October 9, 2020), ijnet, https://ijnet.org/en/story/student-led-outlet-fights-misinformation-trains-young-fact-checkers-nigeria, retrieved December 14, 2023.
③ 邱立楠:《后真相时代西方媒体新闻事实核查的转向与困境》,《中国编辑》2020 年第 9 期。
④ 同上。

2. 事实核查的完全自动化尚难实现

事实核查机器如今可以高效地筛查出有关"夸张、欺骗表达"等吸引眼球的标题党,对虚假新闻内容、虚假新闻网址和虚假机器人账号进行精确识别,做好把关审查,还可以根据传播信源、传播渠道、用户反馈等因素进行媒介内容可信度分析,实现谣言监测、分类与跟踪,对失实新闻进行智能核查,为新闻真实性及网络治理提供技术保障。如今,社交媒体时代的信息量和信息传播速度无疑增加了各国事实核查机构的压力。

日本首家事实核查组织 FIJ 在符合日本传媒生态的发展模式和技术操作方式的基础上,改变了核查体系结构,将事实核查的主体从专业新闻从业者扩展到依托社交化网络平台的公民,形成基于大数据分析的初步核查、公民参与事实核查与评价、专业化人工事实核查三个环节的核查体系。FIJ 认为,让公民参与事实核查改变了传统新闻编辑室的事实核查流程结构与效果,扩大了事实核查范围,告知媒体公民的疑惑所在,便于媒体有针对性地进行回应,提高人们对事实核查新闻的关注度。[1] 同时,这种新型事实核查模式有助于提高公民的信息判断能力和媒介素养,促进参与者互动交流,提高公民参与事实核查的积极性和主动性。日本的新闻事实核查将公民参与和自动化融入事实核查新闻的生成模式,并坚持专业化人工事实核查的决定性判断力。FIJ 的公民参与型自动化事实核查新闻生产模式肯定了人工核查的优势和必要性,吸引了影响力大的主流媒体和知名记者的加入,提升了社会影响力。

(四)全球新闻聊天机器人发展现状

新闻聊天机器人基于人工智能和机器学习技术的驱动,使用非正式和友好的自然语言与用户进行双向互动,通过模仿人类交流的对话形式呈现新闻资讯。[2] 如今,聊天机器人拓宽了新闻采集的渠道,丰富了新闻报道内容,确保了新闻内容的专业性和真实性。新冠肺炎疫情期间,BBC 在 Facebook 平台推出聊天机器人 CoronaBot,由英国国民保健服务局网站提供专业信息帮

---

[1] 陈雅赛:《日本网络新闻事实核查实践与启示》,《青年记者》2020 年第 28 期。
[2] 卢长春:《新闻聊天机器人:新闻生产的机遇与挑战》,《现代传播(中国传媒大学学报)》2020 年第 10 期。

助,CoronaBot 可以回答用户提出的有关新冠病毒的问题,还能一键获取英国任何城市有关复工复产、健康防疫的最新信息。①

1. 双向互动满足受众情感需求

新闻聊天机器人使新闻阅读从严肃乏味的"读新闻"模式转变为轻松人性化的"聊新闻"模式,以对话的形式呈现和发布新闻资讯,用户会话界面类似于日常使用的社交媒体,除文字、图片和动画外,还包括声音、视频、网页链接等,文本消息也结合了表情符号、表情包和动图,增加了新闻阅读的趣味性和用户体验度,进而提升受众的好感度和参与度。新闻聊天机器人将单向的推送模式变成双向的互动模式,满足受众的情感需求,增添新闻"温度"。

英国《卫报》推出的聊天机器人设置了定时新闻推送服务,该聊天机器人启动后,后台将自动在每天早上向用户推送精选的新闻报道。用户可选择设定 6 点、7 点、8 点三个时间,从而更自由地安排媒介使用时间和场景。② 同时,新闻聊天机器人赋予了用户高自由度与定制化的内容体验,人们可根据自己的意愿挑选特定内容。例如,《卫报》聊天机器人能按受众的兴趣爱好选择接收特定主题的新闻,在阅读过程中,用户可以自由切换感兴趣的部分进行选择性阅读,并随时结束阅读。聊天机器人将深浅阅读的选择权交给受众,更好地将内容嵌入受众的碎片化时间,便于受众进行高效率的跳跃式阅读。

2. 技术困境和资本的相互牵制

近年来,新闻聊天机器人的发展出现了新的变化:部分新闻聊天机器人的客户端面临被关闭的窘境。大多新闻聊天机器人没有独立的客户端,依附于成熟的社交平台。这意味着新闻聊天机器人需要按平台的规则运行,所以新闻聊天机器人所采取的依然是内容付费或广告等新闻客户端已有的运营策略,缺乏与其独特形式相配套的盈利模式。聊天机器人向用户提供的可选择聊天的范围只基于特定的新闻热点事件,这使人机交互只停留在表面。目

---

① 毛湛文、郑昱彤:《"人机对话"的理想与现实:新闻聊天机器人应用的创新、困境及反思》,《青年记者》2020 年第 22 期。
② 腾讯传媒:《自动化新闻案例集结:国际媒体如何利用 AI 赋能新闻编辑室?》(2019 年 9 月 18 日),"全媒派"微信公众号,https://mp.weixin.qq.com/s/kLQ95fJNofkxv4Nebv_73Q,访问日期:2021 年 8 月 2 日。

前,新闻聊天机器人与用户的认知交互处于起步阶段,内容付费和广告投放也许会破坏这种状态,进而引起用户的反感。而技术的持续创新需要大量资本投入,盈利模式不成熟也使新闻聊天机器人的发展陷入了困境。

3. 人机交互的质量风险和舆论风险

新闻聊天机器人的本质是算法推送,算法因算法设计者自身主观性偏差和数据库偏差而产生偏见,通过聊天的新闻推送方式会给新闻生产带来更隐蔽的风险。在人机交互过程中,如果存在具有偏见性和歧视性的观点,必然会影响新闻报道内容的权威性和公正性,继而影响新闻产品质量。

聊天机器人通过与用户的对话来实现深度学习,并通过数据检索和自动生成建立对话模式。人机互动意味着传播中心被消解,双方的语言交流本质处于严重不平衡状态。微软的聊天机器人 Tay 在人机互动的过程中被极端言论"误导",出现了传播不良信息、诱导用户不良行为和网络暴力的事件,甚至因为淫秽和煽动性的推文被强制关闭。① 由于聊天机器人的机器学习只在浅层表面,是没有常识和无法思考的人工智能,当人类抱有恶意的目的与其进行交流,必然会产生各种难以预料的风险。

(五)全球新闻机器人发展局限

新闻机器人以大数据为依托,将算法、数据挖掘、传感器等人工智能技术应用于新闻生产、新闻采写、新闻分发中。随着技术的进步,新闻生产向自动化发展。在这一发展过程中,有关算法偏见、数据隐私泄露、专业人才匮乏的问题仍亟须解决。②

1. 算法偏见

技术的复杂性遮蔽了算法的内部运行逻辑,由此产生算法偏见。原始数据库为算法提供数据样本,其客观中立性的程度会直接影响算法的决策结果。数据对某些群体的边缘化导致智能算法的"选择性失明",原始数据库的

---

① Gina Neff and Peter Nagy, "Automation, Algorithms, and Politics | Talking to Bots: Symbiotic Agency and the Case of Tay," *International Journal of Communication*, vol. 10, 2016, pp. 4915 - 4931.
② 郭小平、秦艺轩《解构智能传播的数据神话:算法偏见的成因与风险治理路径》,《现代传播(中国传媒大学学报)》2019 年第 9 期。

结构性偏见导致算法偏见的无限循环。在算法进行数据挖掘之前,人类程序员在理解和输入转换上存在较强的主观性,会无意识中将个人主观偏见代入程序。① 目前的新闻机器人尚不具备自动识别并抵制人类偏见的能力,因此,当人机交互时,机器会无意识且不加选择地学习人类的一切伦理与喜好。机器学习人类语言的过程是深度吸取隐含其中的种种偏见的过程。例如,韩国推出的聊天机器人"李 LUDA"在与人类聊天的过程中不断被"性"骚扰,还学会了对同性恋、残疾人士使用歧视性的表达。②

用户的"社交手势"充满随机性与偶然性,利用"社交手势"推断用户情感倾向与价值立场,必然会造成对用户的认知偏见以及信息个性化推荐的偏差。社交媒体的点击率、点赞量和转发量等有时是由数字营销公司操作而成,而算法忽略信息热度中的伪数据,就会对信息推荐价值的评估产生偏见。

2. 数据隐私泄露

大数据时代个人隐私数据泄露是全球共同的重大社会问题。机器人新闻写作的基础是对搜集的信息数据进行利用,在此基础上利用大数据分析技术实现机器人写作,直接生成新闻报道作品。③ 机器人新闻写作的发展会使得媒体向深度报道领域广泛发展,这意味着需要对海量网络数据与信息进行搜集和处理,其过程更易于造成数据隐私泄露和违背数据伦理。④ 例如,针对某一群体进行分析的深度报道或对特殊群体追踪式的深度报道,都需要通过网络痕迹追踪搜集数据信息,必然涉及个人隐私及群体隐私。

社交媒体时代,绝大部分个人隐私的数据来源都是用户主动泄露的,是用户在注册登记时,或者为了正常使用功能而不得不接受某些条款时"自愿"提供的。泄露内容除了社交媒体用户的基础信息外,还包括用户在使用社交媒体过程中的偏好及行为特点等观测数据。

大数据时代,个人隐私数据的泄漏所涉及的范围更加宽泛,同时具有很

---

① 郭小平、秦艺轩:《解构智能传播的数据神话:算法偏见的成因与风险治理路径》,《现代传播(中国传媒大学学报)》2019 年第 9 期。
② 陈聪:《深度学习后,韩国一款 AI 聊天机器人它"死"了》(2020 年 1 月 12 日),观察者网,https://user.guancha.cn/main/content?id=446198,访问日期:2021 年 8 月 4 日。
③ 曾振华:《机器新闻写作带来的数据伦理问题》,《新闻与写作》2017 年第 12 期。
④ 金元浦:《大数据时代个人隐私数据泄露的调研与分析报告》,《清华大学学报(哲学社会科学版)》2021 年第 1 期。

强的隐秘性,侵犯个人隐私的技术设备也越来越先进。机器新闻生产无法避免对海量数据的搜集和分析,这也使用户的个人隐私不断遭受侵害,甚至产生伦理问题。

3. 专业人才匮乏

人工智能技术的发展使机器新闻生产的效率大幅提升,为了节省人工成本,媒体裁员行动导致大量记者失业。不过,有关自动化新闻生产的研究证明,新闻生产的完全自动化还很难实现,新闻生产需要人机协作,人工智能只会提高新闻生产效率,但很难取代人类。人类记者需要在有深度、有情感的新闻生产中发挥重要作用,这也意味着人类记者必须具备专业素养。

媒体的发展需要在技术、产品和形式上共同创新,专业人才是创新发展的关键资源,从基础编码到数据科学都需要专业性强和经验丰富的人才。但目前存在的文化和知识壁垒,使新闻从业人员普遍缺乏对人工智能技术的了解,与技术相关的专业能力较弱。

(六)全球新闻机器人发展趋势

1. "人机协作"模式

人工智能技术的崛起将"人机协同"推向了高潮。新华网研发的传感智能技术,为提升新闻报道的深度、广度、精准度提供了新的工具和视角,也为新闻生产新系统的建设积累了经验。

在新闻生产过程中,传感器可以拓宽信息的来源途径和采集维度,使新闻从业者更方便地获取海量且准确的数据,这不仅有助于从大量复杂线索中发现新的选择,还能够减少人为错误的产生。利用传感器技术生成的海量数据库,可以通过智能采集设备,对突发事件和重大事件进行更快速地捕捉和生成。专业工作人员的工作重心也从内容生产转变成了为UGC、OGC和MGC的内容生产创制模板、创新模式、开拓新的领域与新的功能、平衡社会表达中的信息与意见失衡、建设传播领域的文化生态。[①] 在利用传感器技术获取用户的生理数据后,新闻分发可以实现个人即时场景的精准推送。

传感器技术扩大了人对外界的感知范围,增强了人类认识自然、认识自

---

① 喻国明:《内容科技:未来传媒的全新生产力》,《教育传媒研究》2020年第3期。

我的能力。它突破了智能技术以往的新闻生产模式,进入了主观性更高、复杂性更深的情感意识领域。智能传感技术会成为新闻生产继续向"人机协作"发展的驱动力量。

2. 新闻生产透明化

近年来,世界各国展开对网络虚假信息的治理,其中就包括对平台媒体的管理,以及对其算法逻辑透明化的要求。提升新闻媒体算法透明度,则能让受众监督和检验算法新闻的运作过程,建构受众与媒体之间的平衡关系。

透明度被称为"新的客观性",提升透明度意味着媒体要向用户公开新闻生产的过程。首先,新闻生产透明化要保证数据库的透明度,数据采集的客观性、数据输入输出时的准确性、数据使用的合理性等,从而可以提供合理的解释并可供核查。其次,要使训练算法方面可见,让用户了解算法的运行机制和存在的缺陷等,从而对算法进行监督。在对算法进行有效监督的同时,还要赋予算法正确的价值观,这一点主要体现媒体的社会价值和社会的公平正义,充分考虑社会的多元性和不同的价值观,尽可能避免因偏见的数据或偏见的算法导致对某一特定群体的歧视。[①]最后,关于个人决策的算法都应该被评估其歧视性影响,评估的结果和标准应该被公开发布并加以解释。

算法不仅关涉商业机密,还具有极强的专业性。目前,算法透明的维度和效果仍需在实践中不断地被检验与修正。未来,制定算法透明度的关键在于平衡公众认知能力、平台的商业隐私与公共利益的关系。

3. 可持续性模式

基于人工智能技术的新闻创新研究中不能忽视的一个话题就是商业模式的危机。根据新闻聊天机器人普遍缺乏独立盈利模式这一现状来看,内容付费模式并不适合成为主要或唯一的商业模式。目前,《纽约时报》采用的计量付费墙模式和中国《财新》采用的免费增值模式是相对较为成功的商业模式。但付费墙模式对北欧地区公民的新闻使用产生了负面影响,影响了地方政治参与。此外,付费墙模式也可能造成受众分化,从而导致新闻使用方面

---

① 卢长春:《新闻聊天机器人:新闻生产的机遇与挑战》,《现代传播(中国传媒大学学报)》2020年第10期。

的数字鸿沟的形成。①

"会员模式"强调媒体与用户的情感联系,更有公益色彩。例如,西班牙媒体 El Diarios 在面临财务困境时对读者坦诚相告,详细说明亏损、资深编辑减薪、预算调整等情况,很多会员因此自愿增加了年费。② 不少关注原生数字媒体生存的研究都指出,与会员社群建立良好的信任关系,为他们提供高品质新闻服务,寻求价值理念的一致性,往往是小规模非营利独立原生数字媒体生存下来的关键。

---

① Ragnhild Kristine Olsen, Aske Kammer, and Mona Kristin Solvoll, "Paywalls' Impact on Local News Websites' Traffic and Their Civic and Business Implications," *Journalism Studies*, vol. 21, no. 2, 2020, pp. 197-216.

② 腾讯传媒:《媒体付费墙的存在是否加深了人与人之间的新闻鸿沟?》(2020年11月27日),"全媒派"微信公众号,https://mp.weixin.qq.com/s/Ib1APdck0eoT5ZnA0SApAw,访问日期:2021年8月7日。

第四章 业务篇：新场景与新服务

人工智能在媒体领域的广泛应用，展现出了巨大的潜力，为人们带来了前所未有的新场景和服务。这些新的场景和服务不仅深刻地改变了人们的生活方式，还为各个行业注入创新和效率。同时，随着人工智能技术的发展，场景的范畴也得到了扩展，不再仅仅局限于可感知的物理空间，而是更多地来自与网络空间连接的多维度信息流。这些信息流在人工智能的驱动下，催生出了许多新的服务模式和商业模式，为媒体行业的发展带来了新的机遇和挑战。

一、人工智能对传媒业的影响

人工智能技术更新迭代将人们带入全新的场景时代，传媒场景的"空间环境、实时状态、生活惯性和社交氛围"[①]也发生着急剧的变化。传媒各个行业积极探索 5G、人工智能、区块链等技术的适用场景，用技术赋能实现新阶段的市场占领：以传统媒体为代表的技术应用，探索在新闻生产、内容展示、阅读体验等领域的智能升级；以互联网巨头企业为代表的技术开发，运用"TL;DR""Room Decorator"等智能工具引发传媒变革。[②] 在竞争激烈的互联网中，运用人工智能推动传媒发展已成为业界共识。

（一）人工智能在全球传媒业中的应用

科技的进步加速了媒体迭代周期，全球传媒业在人工智能的冲击下加速

[①] 彭兰：《场景：移动时代媒体的新要素》，《新闻记者》2015 年第 3 期。
[②] 崔保国、陈媛媛：《传媒新趋势与激荡的 20 年》，《传媒》2021 年第 10 期。

重塑和创新的步伐，借助人工智能技术高效地进行内容的生产、分发、管理，打造媒体与用户之间的互联互动的新生态，助力转型升级与融合发展。人工智能深度融入传媒的各个流程和环节，在媒体结构转型、平台媒体发展、终端设备升级、媒体业态创新等方面加速变革，带来全新的机遇。

1. 人工智能激发传媒业的内部活力

人工智能技术的重要价值在于用机器算法取代重复性的、低价值的劳动力，机器的引入促进可替代性较强岗位从业人员的主观能动性，进而提升行业人员的综合素质能力，助力传媒人才结构的整体升级。

在形式方面，人机协同丰富传媒视觉呈现。为迎接人工智能时代的到来，许多传媒从业者吸收新闻需要的技能、知识，积极创新创造。2019年，《纽约时报》与 Verizon 合作创建的 5G 新闻实验室开发了即时媒体和环境摄影制图两种技术，前者帮助记者实现即时、高分辨率的新闻采编与远程数据连接，后者可以拼接成百上千张静态照片实现 3D 视觉效果，以此提升用户的沉浸式新闻体验。《华盛顿邮报》也与 AT&T 合作探索 5G 在新闻业中的应用潜力，实现了编辑部人员与前方记者的实时信息互动和大规模数据连接，并积极采用 AR、VR 和全景摄影等技术创新故事讲述方式、提升用户的阅读体验。

在内容方面，技术赋能推动传媒深度报道。自动化报道和自动编辑系统的引入，解放了一部分人力，让传媒从业者更加注重独立思考和深度调查的专业能力，将新闻重新聚焦于事实、解释和专业。2020 年 4 月，《华盛顿邮报》利用可视化数据全景式地深度回顾了美国在冠状病毒危机最初 70 天的失败经历和深层原因，成为其有史以来浏览量最高的报道。据路透社《2021 年新闻、媒体和技术趋势和预测》报告，未来记者们将更多地走出办公室，在技术的解放下进行更多现场报道，融入社区并深入探讨社会问题。①

2. 人工智能技术推动平台型媒体成为主流

在人工智能技术推动下，平台型媒体成为主流，媒体平台化和平台媒体化成为新趋势，媒体希望通过传统优势的内容资源打造吸引用户和辐射带动

---

① Nic Newman, "Journalism, Media, and Technology Trends and Predictions 2021" (January 7, 2021), Reuters Institute for the Study of Journalis, https://reutersinstitute.politics.ox.ac.uk/journalism-media-and-technology-trends-and-predictions-2021#header--9, retrieved December 15, 2023.

的平台。① HBO电视台推出的流媒体平台HBO Now在《权力的游戏》大火之后吸引了大量用户。2020年5月,HBO推出了全新流媒体平台HBO Max,除了原有的HBO制作的影集、脱口秀,更有从其他流媒体平台回购来的经典美剧《老友记》《生活大爆炸》等。

主流平台型媒体引入智能算法,其他体量较小的公司也在努力构建或购买自主算法。平台通过丰富多样的算法吸引用户,留存用户,并通过后续的盈利模式进行流量变现,提高平台传播力和影响力,建构起平台在当前传播环境中的话语权。

3. 人工智能技术丰富智能媒体终端类型

智能媒体技术的发展和应用离不开终端技术的支持,智媒时代也促进了传播基础设施和媒介设备的产出和升级。5G的发展使更多设备互联成为可能,一系列装备了传感器和物联网的设备极大改变了社会生活,也重塑着媒体生态。

2020年,Fitbit Sense增加了一个皮电传感器以识别压力水平,苹果的智能手表系列增加了血氧传感器来监测血氧饱和度。智能手表和健身配件的流行将为新闻机构提供新的新闻分发平台,推动新闻机构对腕式平台传播内容和形式开发的探索。

4. 人工智能技术创新智能媒体业态

物联网、大数据、智能算法、深度学习等相互关联的智能技术为智能媒介传播景观的变革奠定了技术基础,媒体对智能技术掌握与运用的不断加深也重塑着智能媒体的新业态。

2020年被称为"时事通讯年",主要表现为电子邮件推动创业新闻的发展。在大流行的不确定性中,许多知名作家离开传统工作,被Substack、TinyLetter、Lede、Ghost等新平台的承诺所吸引,基于电子邮件创办自己的企业。这种趋势与十多年前博客革命相呼应,使作者可以自由地撰写其热衷的主题,而不受传统新闻编辑室的限制。

与此同时,主流媒体越来越多地转向电子邮件,大型媒体公司也认识到

---

① 黄楚新:《全面转型与深度融合:2020年中国媒体融合发展》,《现代传播(中国传媒大学学报)》2021年第8期。

了"记者主导"电子邮件的转变,鼓励有才华的作家开始或开发自己的频道。《纽约时报》运行70多份时事通讯,任命资深记者大卫·莱昂哈特(David Leonhardt)为早间简报通讯的主播,并透露该通讯拥有超过17万订阅者。

(二)人工智能在媒体中的应用场景

智能媒体技术改变了人们的生存环境和生活习惯,虚拟现实技术、增强现实技术、混合现实技术使传媒信息的采集、加工与推送全面实现智能化。① 随着人工智能技术的不断成熟,国内外传媒业都开始将其运用到新闻生产传播的各个环节,主要包括信息采集、内容生产、内容分发、用户反馈和新闻监管环节。

1. 信息采集与线索挖掘

人工智能和大数据技术可以快速挖掘线索并有效关联信息,协助记者更全面地分析数据,发现隐匿其中的趋势和事实,筛除冗余信息,显著提升信息采集的效果。

从全球范围看,路透社、美联社等媒体集团以及一些初创科技公司推出的各种信息和线索挖掘技术卓有成效。2018年,路透社推出的两款人工智能工具Reuters News Tracer和Lynx Insights广泛应用于收集、梳理社交媒体上的可靠信息源和素材。其中,Reuters News Trace是一款社交媒体监测工具,用于发现Twitter上的突发事件,并根据新闻性和真实度给予评分,使记者和编辑聚焦真正重要的新闻。该系统运用算法和机器学习等技术对Twitter上的海量信息进行监控可以过滤掉80%的垃圾信息,挑选出最相关的事件,确定它们的主题,排列出优先级,并通过自然语言处理生成事件的简短摘要以及其他有用的指标。②

在新闻溯源方面,《纽约时报》与IBM Garage于2019年合作启动的"新闻溯源项目"(News Provenance Project)也取得一定进展,通过使用区块链技术来建立一个新闻照片元数据记录和分享系统,旨在通过为新闻照片提供语境描

---

① 程明、战令琦:《论智媒时代场景对数字生存和艺术感知的影响》,《现代传播(中国传媒大学学报)》2018年第5期。
② 新华社"人工智能时代媒体变革与发展"课题组、庞晓华:《人工智能在新闻传播全链条中的具体应用》,《中国记者》2020年第3期。

述,帮助读者识别真实新闻照片。① 该项目正寻求与其他新闻编辑室、事实核查机构和各平台媒体的合作以建立一个标准统一、操作简便的真实信息系统。

2. 内容生产与编辑

人工智能技术在内容生产、语言传播、音视频自动生成技术、内容纠错技术等领域广泛应用,不仅提高了媒体工作效率,也带给用户更好的接触体验。②

为了保证新闻的真实客观,人工智能技术实现了内容生产过程的公开与透明。美联社从 2020 年 11 月份开始使用 Everipedia 的 OraQle 软件在以太坊和 EOS 区块链上发布 2020 年美国总统选举的结果,通过该系统,美联社为每个州的选票实时进展建立无法篡改的永久记录。

此外,值得关注的领域之一是文本新格式的自动化或半自动化,BBC 新闻实验室介绍了一款适用性较强的工具,简称为"图形故事编辑器"(Graphical Story Editor),它可以把文本新闻故事变成一个"视觉故事",适用于带有引语和动画的手机,有助于媒体公司满足年轻人和老年人对不同形式的偏好。

在语言传播方面,人工智能打破媒介交流壁垒。语音转换技术大大缩短了记者将访谈录音整理为文字的时间,为媒体工作提供了极大助力。机器学习的进步推动了自动翻译的改进,从而可以即时翻译社交媒体的帖子和新闻文章。

3. 内容分发和算法推送

人工智能技术可以助力媒体机构进行用户偏好分析和个性化推荐及交互,通过运用以机器学习和推荐算法为代表的个性化内容分发技术,媒体机构可以追溯用户网络足迹,优化内容推送效果,显著提升内容传播效率和质量,最终实现内容变现。《纽约时报》的机器人 Blossomblot 可以对社交平台上推送的海量文章进行大数据分析,推测哪种类型的内容更具热度和推广效应,帮助编辑挑选出适合推送的内容。据该报的统计数据,经过 Blossomblot 筛选后的文章点击量是普通文章的 38 倍。③《南华早报》正在使用人工智能识别长相相似的受众,以帮助其更好地锁定新订户。《伦敦时报》花了三个月

---

① 史安斌、叶倩:《智媒时代的技术信任与社区众治——解析区块链在传媒业的应用场景》,《电视研究》2020 年第 2 期。
② 王哲:《人工智能时代媒体行业的新发展和新机遇》,《人工智能》2020 年第 4 期。
③ 新华社"人工智能时代媒体变革与发展"课题组、庞晓华:《人工智能在新闻传播全链条中的具体应用》,《中国记者》2020 年第 3 期。

的时间使用机器学习将 10 个用户指标与 16 个不同的内容元数据(例如标题和文章格式)相关联,以了解最适合读者的内容。

4. 用户反馈与互动

在用户管理方面,人工智能可以辅助媒体机构进行用户运营服务,改善用户体验,将积累的大量用户信息进行结构化的数据汇集存储,利用知识图谱和深度学习等人工智能技术对数据库进行挖掘,建立用户模型,满足用户获取内容的个性化需求,强化智能媒体的交互性。[①] 2020 年 10 月 22 日,加拿大《环球邮报》将其主页和其他登录页面上的许多编辑选择委托给了一个名为 Sophi 的基于人工智能的工具,借助其强大的预测能力、自然语言处理能力减轻人工编辑的压力。

5. 新闻监管与核查

虚假新闻一直是新闻传播业的痛点之一,人工智能技术越来越多地运用于追踪和识别虚假新闻。欧盟的"地平线 2020"科研规划中纳入了虚假新闻检测项目,利用大数据及人工智能技术解决虚假新闻检测的难题,并通过对内容进行独立性分析,帮助记者发现虚假新闻内容,提供虚假新闻溯源,帮助记者作进一步的调查。[②] 2020 年 11 月,《卫报》的内部博客介绍了一款纠错工具 Typerighter,简化了新闻编辑勘误流程。当记者表述不当时,此工具将从报纸的风格样式指南中查找相关内容并予以标记。

本节总结了媒体行业主要环节,并以应用场景为划分依据,对人工智能在媒体行业的应用情况进行梳理和阐述,如表 4-1 所示。

表 4-1 智能媒体的热点应用场景和公司产品

媒体业环节	场景	使用公司或产品	阐述
信息采集与挖掘	线索搜集	GiveMeSport	搜索线索识别事件
	稿件校对	黑马、日本文贤、网景盛世、Grammarly	利用机器学习技术实现对稿件的智能校对

---

① 王哲:《人工智能时代媒体行业的新发展和新机遇》,《人工智能》2020 年第 4 期。
② 新华社"人工智能时代媒体变革与发展"课题组、庞晓华:《人工智能在新闻传播全链条中的具体应用》,《中国记者》2020 年第 3 期。

续 表

媒体业环节	场景	使用公司或产品	阐述
	热点发现	Buzzfeed Pound	基于知识图谱技术的新闻信息传播路径分析
	稿件预测	纽约时报 Blossom	预测热稿找到潜在爆款文章选题
内容生产与编辑	自动标引	汤森路透 OpenCalais 系统	利用人工智能算法为稿件自动打标签
	自动图表	Graphig、SportlllustratedArkadium	利用人工智能算法根据内容自动生成图表
	自动字幕	AutoEdit	用基于自然语言理解与处理的 Speech to text 技术自动给视频追加字幕
	自动文配图	纽约时报 CMS	利用深度学习技术实现自动给新闻稿件配插图
	写稿机器人	腾讯 DreamWriter、搜狐智能报盘、今日头条小明、新华社媒体大脑和快笔小新、NarrativeScience、AutomatedInsights、福布斯新闻、Comcast、华盛顿邮报 Heliograf、洛杉矶时报 QuakeBot	机器人自动撰稿
内容分发与推送	新闻推荐	Facebook、纽约时报 Blossomblot、腾讯天天快报、今日头条、一点资讯	新闻个性化精准推荐
用户反馈与互动	评论筛选	纽约时报、Perspective	利用深度学习技术审查稿件的用户评论,保证出版安全
新闻监管与核查	新闻查证	腾讯谣言过滤器、Facebook、华盛顿邮报 TruthTeller	利用深度学习技术进行新闻真伪确认,UGC 内容鉴别,识别和打击假新闻
	内容防火墙	Gootion	利用人工智能技术进行可疑文本探测、搭建媒体防火墙,用于监测新闻稿件中可疑或高危文本、图片,进行预警

资料来源:王哲,《人工智能时代媒体行业的新发展和新机遇》,《人工智能》2020 年第 2 期。

(三) 传媒业在人工智能时代面临的挑战

随着智能技术与媒体的不断融合发展，人工智能技术的发展在为媒体行业赋能的同时也带来了新的社会公共议题和伦理挑战。算法偏差、数据霸权、隐私安全等各种问题的出现不断激起人们对人与机器、人与技术之间关系的反思。在智能媒体时代，人与智能媒介之间应该是一种相辅相成、相生相伴的关系。未来媒体的实践虽然与时俱进地吸纳了智能技术，但秉承"以人为本"的价值取向，强调人在这一变革过程中的主体地位是不变的一个核心逻辑。

1. 传媒业发展格局分化

随着人工智能的不断发展，新闻机器人在未来能够进行一些认知性的工作，更积极地参与新闻故事的识别和书写的变化，传统与新兴的新闻机构发展差距将进一步扩大。传统传媒业是一个内容产业，人工智能则更加依赖资金、技术和专业人才，拥有优质平台和数据资源的传媒企业才有能力开发人工智能技术，同时拥有人工智能技术的传媒企业将获取更多的数据优势。[①] 在智媒时代下，传媒业的格局将出现较大的实力分化，机器学习得越多，输入的数据越多，其工作效率就越高。为了与新闻机器人竞争，记者将不得不加大对内容的价值贡献，因此未来最常规的任务将由机器完成，记者将负责新闻的最终质量。

2. 传媒从业者专业素养亟待提升

人工智能提升了新闻生产和传播的速度、规模、准确性和个性化，可以在高度常规或重复的任务上节省时间和劳动力，一定程度上"解放"了传媒从业人员，让其可以自由地从事更复杂的分析、创意和调查工作。但与此同时，由于人工智能通过数据抓取、处理和推断，能够获取人类无法获得的知识相关性，可以弥补人类认知的缺漏。

新闻机器人相对于传统记者最明显的优势在于速度，同样的工作在更短的时间内完成。但人工智能的应用也给人们辨别新闻真假和信息源造成了困难。虚假新闻和真实新闻是用同样的技术制作的，其制作过程旨在逃避虚假检测，改进虚假信息，使其难以识别为虚假新闻。在智媒时代，这些问题都对记者的素养发起了挑战，因此记者需要从工作效率、信息甄别、数字管理等方面提升专

[①] 罗小元、王智源：《人工智能对传媒业的冲击和隐私权保护》，《传媒论坛》2019年第11期。

业能力,以便充分发挥人机协作的力量,推动智能媒体发展。

3. 人工智能对人类主体权威性进行分权和消解

人和机器的主客体关系问题在智能时代备受关注。在新闻传播领域,智能机器对人可能产生异化的研究关键在于智能媒体的新闻伦理主体性问题。①

智能时代,新闻从主要依赖媒体从业者的"人脑生产"模式,转变为部分新闻内容由机器写作和传播推送的"人机协同"模式,但记者或编辑个人的伦理道德水平不再是直接制约新闻作品伦理水平的显著因素,算法机制代替了个体的人工选择,算法逻辑成为媒体新闻选择的主要逻辑,技术伦理成为支配新闻生产的重要伦理标准之一。②

算法在媒体权力结构中已经表现出对传统职业新闻传播主体权威性的分权和消解,在数据采集、内容生产和分发中,算法内在的技术伦理与新闻伦理具有价值标准的差异。③

二、人工智能机器人实现人机高效协同

人工智能技术使机器人的"人"属性提升到了一个前所未有的高度,而且还在不断接近"真实"。一个具备自我学习、自我迭代能力的机器,可以让人类从烦琐的传统工作中脱身而出,重新审视人机协同应有的状态。新闻业界和学界都在通过丰富的方式进行探索,使人工智能机器人将不再单纯作为人类的助理而存在:如今人工智能机器人所承担的可能是人力无法直接实现的关键工作,例如在短时间内对海量数据进行筛选与核查。面对机器极其强大的算力,怎样的人机协同才是合理、高效的?技术的飞速进步正在不断改写人们对答案的期望。

(一)人工智能机器人的发展历程

人工智能和机器人现已经进入人类生活的方方面面,并将持续地改变新闻

---

① 薛宝琴:《人是媒介的尺度:智能时代的新闻伦理主体性研究》,《现代传播(中国传媒大学学报)》2020年第3期。
② 同上。
③ 同上。

业乃至整个社会。

在新闻媒体行业,人工智能已被广泛用于撰写新闻文章,这也被称为"机器人新闻"。随着技术发展,"机器人新闻"的质量已经逐渐可以与人类记者写的新闻故事相媲美。尽管它的应用领域仍然有限,但用于制作新闻文章的人工智能技术被认为是引发新闻编辑室变革的关键因素。随着人工智能的引入,传统的新闻工作者已经开始关注裁员问题,新闻职业场域里的权力关系和资源流通正在被改写。

在路透社,人工智能制作的新闻数量已占三分之一。在美联社,人工智能制作的新闻既有文本,也有视频。但总的来说,人工智能制作的新闻大部分信息是文字性的,且集中在经济、体育或者气象领域。

人工智能技术不断在原本人类主导的工作领域内广泛探索,并且取得了诸多成功。在社会信息流通的过程中,无论是充当有形或是无形的媒介,人工智能正在各个环节中扮演更丰富的角色。技术应用的进步也使得相关的法律与伦理风险得到了更多的关注;在人类思维与人工智能系统之间的比较中,如何应对新的挑战将成为人工智能领域的重要课题。

(二)人工智能机器人催生新闻新服务

1. 新闻生产机器人:高效处理信息的强大工具

人工智能作为全新的创新框架,正在悄然改变着人类与科技的关系。人工智能技术正进入新闻生产过程,通过调整媒体的结构和功能,以新的方式连接受众和产品,推动未来传媒业的飞速发展。

学界与业界对人工智能新闻生产技术的研究和应用思路已经发生了较大转变。以往新闻生产机器人研究的重点是希望避免传统记者个人情感的掺入,并通过不断自我学习,增加其对新闻制作过程的认知。以往对新闻业和人工智能之间关系的分析都倾向于限制性地思考所谓弱人工智能的使用,将新闻生产活动视作为被编程的机器活动来处理。而如今,人工智能扩展到了新闻制作的几乎所有阶段。① 新闻制作越来越倾向于调整人工智能机器以模仿人类处理

---

① Meredith Broussard, *Artificial Unintelligence: How Computers Misunderstand the World*, The MIT Press, 2019.

信息的方式,对新闻事件进一步做出反应并提供解决方案。这反映了人工智能技术的显著进步,并且人们对它的期望也随之提高。

由此可见,新闻写作机器人的研发代表着人工智能已经从单一的程序化机器,转变为通过经验学习,有能力存储信息并根据以往经验做出决定的人类友好型机器。未来在人工新闻或自动化新闻、算法新闻学、机器人新闻、计算机辅助报道和数据新闻等不同领域,机器人新闻将显著改变信息的获取、处理、传输和消费方式。

谷歌于 2020 年宣布针对新闻传媒行业推出全新工具 Journalist Studio,帮助新闻记者更好地完成工作。Journalist Studio 能够向使用者提供数据挖掘、数据共享等服务,还可以帮助新闻制作者进行事实核查。此外还包括另一个重要的产品 Pinpoint。Pinpoint 是一个超级强大的文档搜索工具,可以通过简单的操作快速分析大量的文档,从而让新闻记者将更多的精力放在撰写报道与观点上。Pinpoint 使用光学字符识别和语音转文本技术搜索 PDF、照片、电子邮件和音频文件,能大大提高新闻制作者处理数据的效率。

此外,除了撰写新闻,算法已经可以实现通过转换成自然语言的图像来定位新闻事件,抓取社交网络或服务器来索引图像,并在大量的足球比赛、议会辩论等发挥作用。人工智能的图像转换技术对新闻业而言是一个重要的贡献,但是也会引发潜在的社会问题。

人工智能是双刃剑,人们在努力利用技术检测虚假信息的同时,也在研究逃避这些检测的方法并使自己创作的虚假新闻免受监督者的影响。新闻制作算法越先进,其实施所面临的社会挑战就越大。因此,虽然人工智能有望在新闻制作方面取得巨大突破,但为了构建平衡的信息环境,对人工智能的监管同样重要。

为了加强打击机器人产生的虚假新闻问题,有关部门、媒体与用户应当相互信任并加强合作,通过普及有关人工智能的社会教育、改变信息内容消费习惯以及加强作者和媒体的职业道德与声誉要求来从各方面加强新闻内容的真实性。总之,随着新闻制作过程被推向更加快速、更加个性化、更加准确的未来,新闻业的其他方面必须跟上变革的步伐。法律、道德与伦理对技术的合理约束将是在业界中成功实施人工智能的关键。

2. 机器人主播：虚拟形象创造真实"在场"

人工智能记者主要报道体育和金融市场，在这些领域中，能够向新闻受众快速传递最新信息的能力是十分重要的。

随着技术发展，机器人主播正在从不同方面改变媒体行业。首先，随着人工智能技术本身的发展，机器人主播的应用范围正在扩大。例如，机器人主播的报道已经从文本内容扩展到视频内容。在温布尔登锦标赛上，主办方与IBM合作，通过人工智能图像识别技术分析球员的反应，创建了一个高亮屏幕实时播报现场情况。其次，由于人工智能技术的发展，越来越多的非媒体公司可以开始提供新闻内容，这无疑会导致媒体市场的竞争加剧。例如，日本的JX新闻集团是一家媒体机构，但该公司的大部分人员是由工程师组成的。该公司的主要收入来源是通过社交媒体抓取数据，并从中找到有意义的信息，然后以批发的方式出售给其他媒体公司。

以路透社全球体育编辑奥西恩-希恩（Ossian Shine）为原型，路透社与人工智能视频公司Synthesia合作，利用人工智能技术和该人类主持人的视频录像创建了一个虚拟体育记者。虚拟记者能利用路透社的摄影和报道，在视频中朗读比赛摘要，无须临时编写脚本或编辑制作。路透社表示，该原型旨在作为概念验证，展示利用人工智能提供实时新闻服务的潜力。[①]

应用人工智能技术后，有限的新闻模式会出现无限的变化。在新闻编辑室，新一代机器人主播将由具有算法知识的记者和专家的合作设计。早期使用人工智能进行新闻播报的媒体大多将新闻机器人主播设计外包给技术人员。但最近，越来越多的媒体公司正试图通过雇佣技术人员或培养内部人力资源来将技术内部化。媒体公司将越来越多地尝试将新闻专业与人工智能和算法相结合。

2020年7月31日至8月6日，韩国LG HelloVision公司在其试点项目中成功推出了人工智能播音员，并通过公司自有频道进行了播放。播报的人工智能播报员的面部表情、发音和手势都与真人播报的内容极其相似。而这项人工智能主播技术是MoneyBrain利用其人工智能成像解决方案向LG

---

① Freddy Mayhew, "Reuters Creates Prototype Automated Video Match Report Led by AI Sports Presenter" (February 11, 2020), Press Gazette, https://pressgazette.co.uk/news/reuters-creates-prototype-match-report-led-by-ai-artificial-sports-presenter/, retrieved December 15, 2023.

HelloVision 公司提供的。①

新闻报道的算法虽然不能保证机器人主播在没有人类记者辅助的情况下做出完美的现场表现,但人工智能技术的发展有望改变传统记者的工作环境,鼓励他们做出新的尝试来提升新闻业在大众面前的表现。人工智能技术对业界的更多渗透,也必然推动技术的改良,使机器人主播在新闻编辑室的实时播报表现在未来得到进一步提升。

3. 智能聊天机器人:互动新体验

未来人工智能将具有越来越高的自主学习能力。以语音聊天机器人为代表,人工智能已经具备了以"类人"角色处理与用户之间关系的能力。

在新闻业中,语音聊天机器人不仅能够处理文本新闻信息和图片信息,还能够按需创建多媒体产品,从而为新闻公司带来崭新的商业模式。语音聊天机器人将能够个性化地即时处理用户的具体请求,它的角色从仅有选择和分类功能的分拣员转变为根据用户需求来提供对应信息的定制商家。

这使得机器与受众的关系出现了新的变化:在这种关系中,新机器不再是单纯被动接收信息的一方,而是可以智能地对用户作出反应,甚至主动和用户发起对话。新一代语聊机器人能够在没有用户明确要求的情况下主动实现自适应的个性化输出,同时依靠高速的反应,借助信息处理平台向用户推荐其需要的大量内容,最终将内容传导至外部虚拟助手(Alexa、Siri、Google Assistant 等)。

(三) 合理推进人机协同的路径与方法

从约翰·亨利到图灵测试,再到计算机象棋,在人工智能的探索中,协调好人类和机器的关系一直是落实人工智能机器人现实领域应用的重要前提。通过将人工智能与人类进行比较讨论,新闻媒体可以在一定程度上解决人工智能面临的社会挑战,并调节公众对人工智能的期望,以帮助人工智能实现更好的现实应用。

---

① "MoneyBrain Supplies AI Imaging Solution to LG HelloVision Corp"(September 2, 2020), BusinessWire, https://www.businesswire.com/news/home/20200902005372/en/MoneyBrain-Supplies-AI-Imaging-Solution-to-LG-HelloVision-Corp., retrieved December 15, 2023.

人工智能技术的强大意味着需要高质量的学术研究来指导消费者、管理者和公共政策制定者的决策行为。面对人工智能应用和进展的重要伦理问题和伦理关切,人权原则和立法可能在解决这一问题方面发挥着关键作用。① 人工智能也有助于帮助企业实现可持续发展目标。② 而从人力资源的角度来看,企业员工与人工智能驱动的机器合作,在组织内建立起不同的社会技术资本水平。③ 同样,增强的人工智能协作提高了生产率,重点是知识工作领域。④ 未来,(人类)工作者必须创新。⑤

由此可见,新闻学界与业界都进行过有关促进人机协同的丰富尝试,但如何在人与机器的关系中找寻一个平衡点仍然是一个较为艰难的课题。在未来,全球层面的人工智能技术监管仍需要更多的立法保证与道德约束,才能确保机器人技术的高速发展和人类社会的繁荣共存。

三、人工智能技术在视听行业的应用

人工智能技术对于视听行业的影响是颠覆性的。以5G技术、大数据和云计算为基础的人工智能技术重塑了信息流通与分发的模式,算法推荐成为平台媒体和主流媒体争夺用户注意力的核心机制。人工智能的迭代发展助力大众传播从"数字化"迈向"信息化",有效实现了媒体与用户之间信息资源的精准供给。此外,人工智能技术同样赋能视听内容的生产与创作。在人机协同生产的

---

① B.C. Stahl, A. Andreou, P. Brey, T. Hatzakis, A. Kirichenko, et al., "Artificial Intelligence for Human Flourishing-Beyond Principles for Machine Learning," *Journal of Business Research*, vol. 124, 2021, pp. 374 – 388.

② Assunta Di Vaio, Rosa Palladino, Rohail Hassan, and Octavio Escobar, "Artificial Intelligence and Business Models in the Sustainable Development Goals Perspective: A Systematic Literature Review," *Journal of Business Research*, vol. 121, 2020, pp. 283 – 314.

③ Erin E. Makarius, Debmalya Mukherjee, Joseph D. Fox, and Alexa K. Fox, "Rising with the Machines: A Sociotechnical Framework for Bringing Artificial Intelligence into the Organization," *Journal of Business Research*, vol. 120, 2020, pp. 262 – 273.

④ Konrad Sowa, Aleksandra Przegalinska, and Leon Ciechanowski, "Cobots in Knowledge Work: Human-AI Collaboration in Managerial Professions," *Journal of Business Research*, vol. 125, 2021, pp. 135 – 142.

⑤ Giselle Rampersad, "Robot Will Take Your Job: Innovation for an Era of Artificial Intelligence," *Journal of Business Research*, vol. 116, 2020, pp. 68 – 74.

基础上,创造性地涌现出"虚拟偶像""元宇宙"等概念,为视听行业未来的发展生态注入无限的可能与动力。

(一)人工智能重塑视听平台分发模式

2020年,人类的信息分发模式大致可以归纳为三类:依赖人工编辑的媒体型分发、依托社交网络的关系型分发、依靠人工智能对信息和用户进行有效匹配的算法型分发。① 随着技术的不断发展与信息生产的过度饱和,传统的人工编辑分发和社交关系分发已经无法满足信息资源的有效配置,基于"个性化"的智能算法分发逐渐成为平台媒体和主流媒体信息分发的主要途径。②

1. Netflix"微标签"算法

流媒体影视平台打破了传统影视的线性播放序列,取而代之的是一种非线性播放模式。传统影视类型被分解、重组成一个个"标签",并通过数据和算法形成平台特有的推荐机制。例如在"快速启动"(jump starting),即用户创建新账号的阶段,Netflix要求用户选择喜欢的影视类型,例如"动作""悬疑"等,然后根据用户的选择结合节目的热度形成推荐清单。如果用户放弃选择,平台则会根据算法选择热度较高的影片,并兼顾类型的多元化向用户推荐。

此外,当用户开始在平台上播放影片时,平台算法会根据播放的时长、次数、类型等数据综合建立起"个性化"的用户画像,并以此取代在快速启动阶段的初始推荐。用户在平台上留下的数据越多,算法推荐结果就越准确。平台对数据的挖掘与个性化推荐是一个动态的、永不停歇的过程,而在此过程中算法也被不断训练,效能愈益提升。智能算法推荐重塑了受众获取信息的方式,大众传播时代基于解释范式的受众认识论被算法时代基于行为范式的受众认识论所取代。③

2. YouTube"流量池"算法

YouTube是全球规模最大的视频分享平台之一,开启了全民分享视频内

---

① 喻国明、耿晓梦:《智能算法推荐:工具理性与价值适切——从技术逻辑的人文反思到价值适切的优化之道》,《全球传媒学刊》2018年第12期。
② 喻国明:《算法推荐与"信息茧房"的破解之道——试论算法技术的迭代逻辑、内核扩容与结构保障》,《媒体融合新观察》2021年第6期。
③ 陈家洋:《推荐算法与流媒体影视的算法文化》,《电影艺术》2021年第3期。

容时代。随着直播、短视频等内容形式多样化的发展，YouTube 持续不断地迭代自身推荐算法以提升内容分发效率。基于庞大的用户基数，YouTube 对其数十亿月活用户的行为进行了数据挖掘，从而能够针对用户的个性化需求，实现精准的广告与内容推送，提升了用户的体验感。①

简单来说，YouTube 的算法推荐机制主要分为两层网络：候选池（candidate generation）和排名池（ranking）。第一层网络相对来说比较广泛，主要以用户行为为主，包括但不限于点击次数、观看时长、分享、喜欢、不喜欢等行为参数对视频进行初步筛选。而第二层网络对于第一层网络来说标准更为精细，例如用户观看记录、调查回复、新鲜度等。当视频通过第一层筛选到达第二层网络时，便会按照第二层网络标准进行排名，高分视频将被优先推荐给用户。例如用户如果并未观看过推荐的影片，那么下一次加载时模型就会自动降低该影片排名。一般来说，视频的观看量和点赞数越多，排名越高。

此外，为了真正保证观众对他们正在观看的内容感到满意，YouTube 衡量了所谓的"有价值的观看时间"（valued watchtime），即通过问卷调查的形式让观众对视频的价值程度进行一星到五星的打分。只有评价为四星或者五星的视频才算作有价值的观看时间。当然，并不是每个人都会对他们观看的每个视频都填写调查问卷，所以 YouTube 平台训练了一个机器学习模型来预测每个人的潜在调查答复，同时设置了反馈机制来确保预测模型与实际响应的相符程度。②

3. TikTok"扁平化"算法

TikTok 是全球最具吸引力、增长最快的社交媒体平台之一。TikTok 处理与分发内容的独特算法是其迅速"破圈"的重要关键之一。

不同于以往的"订阅式"推荐机制，TikTok 采取"信息流"的方式向用户提供他们可能喜欢的潜在内容，创造性将大 V 博主的视频与新人博主的视频混合放在"为你推荐"页面，然后以浏览量奖励优质创作内容，用这种方式将更多新人博主的视频推给广大用户，任何用户在"为你推荐"页面都有可能"一举成

---

① 仪雪：《YouTube 国际化成功之道》，《传媒》2020 年第 24 期。
② Cristos Goodrow, "On YouTube's Recommendation System"（September 15, 2021）, YouTube, https://blog.youtube/inside-youtube/on-youtubes-recommendation-system/, retrieved December 15, 2023.

名"。视频博主有多少粉丝、是否走红过等因素并不会作为 TikTok 推荐算法的判断依据,它的推荐取决于视频标题、声音和标签,结合用户拍摄内容、点赞过的视频领域等进行推荐。

概括来说,TikTok 增强用户黏性的技能"炉火纯青",不仅能够精准地为用户推荐感兴趣的视频,还能通过推荐算法帮助他们拓展与其有交集的新领域,从而满足用户在新颖性和惊喜性方面的需求。TikTok 的推荐算法入选《麻省理工科技评论》(*MIT Technology Review*)2021 年的"全球十大突破技术",正是因为其算法满足了每个用户具体的细分兴趣需求,而不再仅强调追随热点的"从众效应"。[①]

(二)人工智能消弭视听场景虚实边界

随着人工智能技术的发展,虚拟偶像正在成为人工智能时代文化娱乐产业的新风口。2020 年被称为"虚拟偶像元年",虚拟偶像女团 A‐SOUL 诞生,团体首次线上直播就登顶哔哩哔哩直播榜。自此,虚拟偶像制作从单纯的语音合成过渡到人工智能与电脑特效结合——通过捕捉面部和肢体动作将真人投射到虚拟形象上。在技术驱动下,虚拟偶像从最初的虚拟歌手拓展至虚拟主播,乃至人工智能虚拟偶像,样态与功能也日趋多元。[②] 此外,在虚拟现实、区块链、云计算、人工智能、数字孪生等技术的合力下,现实世界与虚拟世界的界限将愈发模糊。元宇宙或将弥合虚拟与现实世界,进而成为超越现实世界的、更高维度的视听场域。[③]

1. 虚拟歌姬 Hatsune Miku

初音未来(はつね みく,Hatsune Miku),是 2007 年 8 月 31 日由 Crypton Future Media 以雅马哈的 Vocaloid 系列语音合成程序为基础开发的音源库,音源数据资料采样于日本声优藤田咲,是最老牌的虚拟歌姬之一。

由于 Crypton 开放了相关版权,加上初音未来没有详细的官方设定,初音

[①] 刘奕群、张敏:《TikTok 推荐算法》,《中国科学基金》2021 年第 3 期。
[②] 喻国明、耿晓梦:《试论人工智能时代虚拟偶像的技术赋能与拟象解构》,《上海交通大学学报(哲学社会科学版)》2020 年第 1 期。
[③] 喻国明、耿晓梦:《元宇宙:媒介化社会的未来生态图景》,《新疆师范大学学报(哲学社会科学版)》2022 年第 3 期。

未来的同人创作活动十分活跃。① 在所有初音未来的歌曲中,有的人负责作曲、有的人专门填词、有的人负责编曲、有的人负责后期混录,还有的人负责唱片封面绘画设计、新的形象设计、MV 影片制作,所有人一起用"用爱发电",共同创造了现在这位世界第一虚拟歌姬。同时,初音未来是世界上第一个使用全息投影技术举办演唱会的虚拟歌姬,曾在日本、新加坡、中国、美国、墨西哥等世界各地巡演。②

2. 虚拟模特 Imma

由日本 ModelingCafe 公司打造的日本虚拟偶像 Imma 成为时尚和化妆品品牌的宠儿,曾与窦靖童、绫濑遥以及贝哈蒂·普林斯露一起拍摄 SK-Ⅱ广告片。

Imma 常常以时尚潮流的形象出现在日本东京的街头。她喜欢购物、参观展览、喝下午茶,还会与她的粉丝分享日常穿搭。这种贴近普通人的生活方式和分享方式,让她颇具人气。从 2020 年 4 月开始,Imma 成为梦龙全球首位虚拟欢愉大使,双方还共同发起了"寻欢不停,尽显欢愉"的主题活动。

从制作方式上来说,Imma 与其他虚拟偶像有所不同。她所拍摄的照片其实是现实和 CG 合成的产物。ModelingCafe 的做法是先让模特拍摄现实场景的照片,然后另外制作 Imma 的头部,再把头部"接入"照片。所以,用户在社交媒体上看到的照片,不管是场景还是模特其实都是真实的,ModelingCafe 只是替换了头部;比起我们看到的整体 3D 建模下的人物,质感会更加细腻鲜明。

3. 虚拟偶像女团 A-SOUL

A-SOUL 是乐华娱乐推出的虚拟偶像女团,成员由向晚(Ava)、贝拉(Bella)、珈乐(Carol)、嘉然(Diana)、乃琳(Eileen)五人组成,于 2020 年 11 月以"乐华娱乐首个虚拟偶像团体"名义出道。2021 年 6 月,字节跳动收购乐华娱乐旗下虚拟偶像女团 A-SOUL 的美术著作权所属公司;7 月 19 日,字节跳动正式入股乐华娱乐,A-SOUL 正式入职字节跳动。

不同于"形神分离型"的虚拟歌姬和以"有形无魂型"的虚拟模特,A-SOUL

---

① 冉蕾:《浅析"初音未来"的内容生产与盈利模式》,《卫星电视与宽带多媒体》2019 年第 10 期。
② 宋雷雨:《虚拟偶像粉丝参与式文化的特征与意义》,《现代传播(中国传媒大学学报)》2019 年第 12 期。

属于"神形合一型"的虚拟偶像主播,通过动作捕捉技术和虚拟现实技术将虚拟形象"嵌套"在真人主播身上,经过信号捕捉设备与数据传输设备对物理方位空间及身体尺寸动作进行实时跟踪测量,并由计算机分析数据建模成像,在直播间与粉丝和观众见面。相比于虚拟歌姬和虚拟模特,虚拟主播能与粉丝建立起更加牢固的情感链接,为其提供更多的情绪价值以及创造更广泛的商业价值。①

4. 元宇宙展望

元宇宙(metaverse)一词最初出自 1992 年美国作家尼尔·斯蒂芬森的科幻小说《雪崩》(*Snow Crash*),直到 2021 年才再次回归大众的视野,更有甚者称之为"元宇宙元年"。究其原因,一方面,是由于相关科学技术的飞速发展,让人看到未来虚拟世界和现实世界相结合的可能性;另一方面,则是 2020 年加速了社会的"虚拟化",让"交往在云端"逐渐成为新常态。② 传媒业在元宇宙布局"虚实界面"的"领头羊"是 Meta。

概言之,基于互联网的发展和技术迭代的支撑,元宇宙通过沉浸感、参与度、永续性等特性的升级,并激发多元主体采用诸多独立工具、平台、基础设施、各主体间的协同协议等来支持元宇宙的运行与发展。而随着 AR、VR、5G、云计算等技术成熟度的巨大提升,元宇宙便有望逐步从概念走向现实。③

未来,广播电视和网络视听构成的视听场景是元宇宙的雏形,而元宇宙可以通过物联网、分析技术、扩展现实等技术逐步实现对真实世界的想象与延伸。广电行业将以数字化的方式建立全媒体、全生命周期动态复制体,其可基于丰富的历史和实时媒资数据,并结合先进的算法模型实现对媒体对象的高保真度数字化表征、模拟试验和预测。④

(三)人工智能赋能视听生态价值共创

人工智能技术协同大数据和云计算,将推动视听传播技术路线的革命性变

---

① 杨雨萱:《从林明美、初音未来到 A-SOUL:虚拟偶像的代际流变及本土化发展》,《视听》2023 年第 2 期。
② 史安斌、杨晨晞:《从 NFT 到元宇宙:前沿科技重塑新闻传媒业的路径与愿景》,《青年记者》2021 年第 21 期。
③ 喻国明:《未来媒介的进化逻辑:"人的连接"的迭代、重组与升维——从"场景时代"到"元宇宙"再到"心世界"的未来》,《新闻界》2021 年第 10 期。
④ 薛静宜:《元宇宙在广电行业的探索与应用》,《广播电视网络》2021 年第 10 期。

化和生产范式的突破性创新,视听传播的形态、场景以及权力结构将逐渐改变,视听产业的群落结构将迎来新的激荡,走向新的平衡。智能技术要素及模式为更高效地生产出符合市场需求的视听内容、更高效地完成用户与内容的连接提供了新解决方案,也对运营者提出了更高的要求,这将成为推动网络视听产业发展的重要力量。因此,把握网络视听业的发展趋势,必须在厘清智能传播模式变革的基础上,找到人工智能赋能网络视听业发展的新逻辑,并在此基础上寻求产业发展的新路径。①

1. AIGC——视听生产新方式

无论 Web 1.0 时代还是 Web 2.0 时代,网络视听业一直没有解决内容生产能力及内容质量根本性提升的难题,专业媒体、平台媒体、自媒体存在严重的精品化内容产能不足的难题,阻碍网络视听行业长效发展。AIGC 是利用人工智能技术自动生产内容的新型生产方式,依托大语言模型,其交互能力和生成能力显著提升,并逐渐成为赋能网络视听内容生产的底层技术,不仅能够进行素材的自动检索、抓取、整理,还可以进行视听跨模态生成,自主生成视听内容。AIGC 将成为网络视听内容生产的重要力量,从新闻生产不断扩展至自媒体创作、影视制作、广告营销等多领域。

2018 年,OpenAI 基于谷歌团队 Transformer 机器学习框架提出了新的语言学习模型 GPT(Generative Pre-Trained Transformer),具备很强的文本生成能力,能够通过对大规模语料库的训练生成与原始文本相似的、符合语法规则和语境的新文本,在文本自动生成、文本摘要、机器翻译等方面有着广泛的应用前景。② 2021 年,基于 GPT‐3 系统发布的 DALL‐E 模型,可用于多场景下文本自动生成多种视觉效果图像。面对信息传播的现代性张力和人作为生产主体的焦虑,解决人类与机器在内容生产中的主客体矛盾,AIGC 将带来生产层面重塑人机关系的新机遇——在专业和非专业生产的全流程提供"友伴支持"。与人工智能"工具论"不同的是,"友伴支持"更加注重高度的人机协同,强调以人文关怀为核心的赛博格化,人既是视听内容生产的主体,也要充分发挥 AIGC 的创造力,实现生产自动化并将其作为人类认知、决策和行为

---

① 王虎、包志远:《价值共创:智能时代网络视听发展的新逻辑与新路径》,《现代视听》2023 年第 5 期。
② 王虎、蔺佳心:《AIGC 赋能主流媒体转型发展的创新路径》,《视听界》2023 年第 3 期。

的"友伴"。①

2. 数据驱动——视听服务新动力

首先,人工智能技术将赋能视听平台,通过数据驱动获取信息传播的主动权。它将一改现有网络视听平台数据孤岛和链接壁垒的非开放性问题,推动其进行开放化、全局性的数据架构,通过动态数据流程的监控、大数据分析能力的提升,对目标用户的数据画像,加强对商业数据、社会以及环境数据的管理,建立起强大的数据中台,实现视听内容服务能力的提升。

其次,人工智能技术将赋能视听广告营销,推动广告营销业和媒介经营版图重构。智能广告是基于大数据和机器学习技术的场景化智能营销。其运作机制是根据特定用户和特定情境,通过高效算法确定与之最匹配的广告并进行精准化创意、制作、投放、传播和互动,目的是要解决广告信息、用户、场景三者的匹配问题。个性化精准推荐是其最大特点,它通过大数据分析和机器算法的优化对用户行为特征数据进行获取、存储和分析,将合适的内容在用户合适的时间、地点等场景下推送给用户,满足用户在不同场景下的动态化信息需求。②

最后,人工智能技术还将赋能社会治理的模式创新,智能语音机器人、视听交互增强现实等应用将为老年人、残障人士等弱势群体,提供一种低门槛、低成本、高效率的"智能反哺"服务,以多元化的智能视听场景体验缩小数字鸿沟,推动实现智能社会中新的数字平等。③

3. 行业整合——重构视听新生态

人工智能时代,网络视听业已呈现出与多行业交叉相融的态势,"视听+"成为很多行业新的服务形态和布局重点。无论是淘宝的"购物+视听"新形态,还是高德地图的"导航+视听"新服务,人工智能技术的应用正不断消融各行业间的边界,推动视听行业整合的进程。

人工智能强大的连接和资源整合能力,将一系列散落的社会要素和微小单元按照新的逻辑和法则重新整合起来,也成为复杂网络中自组织形态的典型特征,智能媒体以其与社会生活的高度嵌入、信息与关系的深度融合、促进行业之

---

① 王虎、包志远:《价值共创:智能时代网络视听发展的新逻辑与新路径》,《现代视听》2023年第5期。
② 段淳林、宋成:《用户需求、算法推荐与场景匹配:智能广告的理论逻辑与实践思考》,《现代传播(中国传媒大学学报)》2020年第8期。
③ 王虎、包志远:《价值共创:智能时代网络视听发展的新逻辑与新路径》,《现代视听》2023年第5期。

间的渗透融合等方面的独特价值,为智能社会生态的构建起到关键作用,媒体在社会治理中的主体性不断增强。① 网络视听业也在新的生态中不断拓展形态、加速迭代升级,赋能其他行业的基础建设和提效增值。

四、智能语音新闻报道的发展

全球智能语音及人工智能产业发展方兴未艾,进入规模化发展并保持快速发展态势。在深度学习、云计算、大数据和5G四大基础技术的加持下,智能语音技术及应用不断向人工智能产业延伸,并成为人们信息获取和沟通最便捷、最有效的手段之一。作为一个信息生产和制作的行业,传媒业也在智能语音技术的影响下产生了深刻变革。身处如今这样一个技术不断迭代和快速进化的媒介环境,科技公司和媒体机构都围绕着如何把声音和技术更好地注入到内容产品及服务当中来展开策略与行动。以智能语音技术为核心的智能音箱飞速发展,智能音箱将智能语音交互技术植入传统音箱,用户可以通过语音控制,进行智能家居控制、音乐播放、天气预报、网上购物、娱乐游戏、设定闹钟、儿童故事等多种方式的交流互动。其中,播报新闻是智能音箱使用当中的重要功能,这也使得智能语音新闻报道逐渐成为智能媒体发展的典型代表。

(一)智能语音新闻报道的创新与实践案例

1. 点播新闻

随着智能语音终端的进一步发展,智能音箱和其他智能语音设备以"便听"的独特优势成为越来越多人获取新闻资讯的选择,用智能语音设备播放的智能音频新闻主要分为两大类:点播新闻和"原子化新闻"。② 这里主要讨论前者。

点播新闻也就是按需发布的新闻简报,这是最常见的智能语音新闻报道的形式,内容主要来自广播电视或者纸媒。新闻简报通常不超过两分钟,当用户对着语音助手说"告诉我新闻"或"播放新闻"时,智能音箱就会自动播放新闻报道,如《华盛顿邮报》《时代周报》《华尔街日报》《经济学人》等都在智能音箱上提

---

① 王虎:《逻辑转变与维度构建:智能媒体参与社会治理的机制研究》,《现代传播(中国传媒大学学报)》2021年第9期。
② 弗雷迪·梅修:《智能音频与新闻媒体未来的发展》,张建中编译,《青年记者》2020年第34期。

供新闻简报服务。① 随着智能音箱产业的进一步发展,语音新闻简报的形式也得到更多家媒体的青睐,并不断创新服务形式。

《伦敦旗帜晚报》是谷歌智能音箱"你的新闻简报"频道的合作伙伴,它专门雇用了三名全职记者负责为谷歌智能语音音箱制作新闻报道,内容涵盖新闻、娱乐、科技、突发性新闻报道等。为了区分于其他音频内容,《伦敦旗帜晚报》的智能语音新闻报道时长都较短,一般控制在 30 秒左右。在科技类的智能语音新闻报道取得良好效果后,该公司还推出了自己的科技播客,时长增加到 5—7 分钟,以更好满足用户需要。除此之外,英国《金融时报》推出了首个只面向付费订阅者的播客节目《拉赫曼说事》(*The Rachman Review*);NPR 在其原有播客节目"Planet Money"的基础上推出了一个更为短小且每日更新的版本"The Indicator";CNBC 进一步丰富了语音助手平台上的产品,增加了 4 款专业性新闻简讯节目。

2. 语音搜索新闻

智能语音技术和 5G 的发展使得语音搜索的使用在人们日常生活中更加普遍通过语音从智能手机、汽车、电视、数字助手中获取信息已成趋势,相应地智能语音设备在音频内容理解方面也取得了较大进展,播客、广播节目等可以像网页一样提供搜索功能进行智能语音新闻播报。

此外,语音搜索优化将进一步向新型搜索引擎优化。开发者需要考虑如何通过对话式交互去传播以语音和文本为基础的内容,既要保证对内容进行了正确的格式解析,也要保证语音搜索能理解人们使用时的语境。除此之外,隐私保护也是重要问题,例如亚马逊针对 Alexa 新推出的"删除我今天说的话"的指令有助于提高语音搜索的透明度。

3. 互动音视频新闻

随着响应性感官和音视频交互的发展,非常规性的故事叙述模式受到更多观众的青睐,新闻媒体也开始着眼于个性化、交互性和沉浸式等方向,探索新的叙事模式。

制片公司 Eko 和 Netflix 都推出了类似交互式真人视频的形式,观众可以通过点击和互动来决定视频主角的动作。BBC 也在亚马逊的智能音箱上发布

---

① 弗雷迪·梅修:《智能音频与新闻媒体未来的发展》,张建中编译,《青年记者》2020 年第 34 期。

了一档音频节目,该节目可以让用户通过与角色对话来引导故事走向。与此同时,RYOT 公司与《纽约时报》、NPR 等一些主流新闻媒体合作制作沉浸式纪录片,观众可以通过 VR 设备身临其境感受视频内的场景。①

这种新型的叙事方式还处于试探阶段,但在未来沉浸互动式的音视频将会成为趋势。各大主流媒体也积极进入该领域。未来,处于趋势前列的媒体将能更好地实现数据收集以帮助他们更好地进行广告定位和个性化内容的打造。

(二)智能语音新闻报道下媒体的挑战

1. 隐私问题仍然存在

语音交互"零界面性"使其相比网络交互更容易获取用户信息,随着语音技术不断深入人们生活的各个场景,智能语音设备中的隐私问题也日益凸显,诸如对消费者的语音助手私密提问以及窃取语音记录的隐私泄露行为也时有发生。2020 年 8 月,网络安全公司 Check Point 发布了一份关于亚马逊虚拟助手 Alexa 的研究报告。报告中详细介绍了 Alexa 存在的很多隐私安全漏洞,包括允许恶意行为者在用户的 Alexa 账户上安装和删除技术——从合法的新闻应用到黑客开发的盗取用户信息的恶意技术,并通过这些技术获取个人信息。报告指出,亚马逊并没有存储敏感的财务信息,但所有的语音都会被记录下来。黑客也可能通过这些漏洞获取 Alexa 语音记录。默认情况下,虚拟助手基本上会记录并存档用户在激活 Alexa 功能设备时说的所有话,这意味着,只要 Alexa 在开启状态,用户的所有信息都可能被窃听,包括家庭地址、用户名、电话号码。媒体和平台在这方面还需要把握好一个度,减少用户对个人隐私的担忧。

2. 语音助手的人格化和性别争议

2020 年,联合国教科文组织发布了一份报告,指出目前被设置为女性形象的人工智能语音助手激增,并强调这一趋势令人担忧。尽管智能语音设备技术方面有了飞跃,但是诸如苹果的 Siri 和亚马逊的 Alexa 等语音助手都是女性声音,在用户生活中更多扮演着秘书和主妇的角色,帮助人们播报新闻、查找菜

---

① 腾讯传媒:《内容行业 2020:创造惊喜或加剧迷茫?九大关键定位未来》(2020 年 2 月 11 日),"全媒派"微信公众号,https://mp.weixin.qq.com/s/9LEo3XorXfuAvwYz56z7LA,访问日期:2023 年 12 月 15 日。

谱、查看天气等。而这种精心构建出来的形象,与传统观念中的女性角色不谋而合。且这些智能语音设备会对性骚扰言论做出轻浮的回应,表现出温顺、被动、平易近人的女性形象,延续了性别刻板印象。此外,越来越拟人化的语音助手也让技术专家们面临新的道德困境,即人和机器的界限日益模糊,是否应该赋予语音助手某种性别或是人格也成为争议的焦点。

3. 新闻内容质量有待提高

首先是新闻内容同质化问题。智能语音新闻报道还处在向成熟时期过渡的阶段,在探索发展的道路上,虽然各大媒体争相入局,但也因为互相模仿而造成新闻内容的同质化,智能媒体时代用户对于个性化、定制化内容的需求不断增加,而当前智能音箱能够提供的信息形式大多集中在新闻简单播报、电台广播、互动问答等方面,缺乏个性化信息内容。加之语音新闻播报的辨识度不如视频且很多媒体提供的内容仅仅只是音频转化和信息移植,没有针对自身的应用特点进行完善和调整,因此语音新闻品牌难以在用户心中建立牢固的认同感和辨识度。[1]

其次是新闻内容的滞后性。诸如某些时事热点新闻或突发性报道更新较慢,用户无法及时获得最新的新闻资讯,当在智能语音终端收听到新闻时,可能已经错过了最佳报道时间。

4. 语音搜索准确性不高

首先,语音搜索难解复杂问题。语音搜索能解决的领域主要集中在何人(who)、何事(what)、何时(when)、何地(where)等有具体答案的问题,但难以搞定为什么(why)和怎么样(how)等抽象问题,一些复杂的问题或者深度的新闻报道仍然需要文字搜索来完成。

其次,语音搜索缺乏对用户使用语境的理解,存在"迷之唤醒"现象。虽然语音助手可以识别用户的话,但它们并不能真正理解背后的含义或意图,语音助手只能处理非常具体、狭隘的问题。例如,人类可以通过语气或者说话人注视方向等视觉上的线索来确定某句话是冲我们说的,但 Alexa 预设任何包含"A"字的句子都是在对它下指令,这也是用户经常意外触发的原因。

智能语音新闻平台和媒体平台之间的合作大多停留在将媒体生产的新闻

---

[1] 廖秉宜、陈美汐:《智能语音生态下中国传媒产业的应对策略》,《现代视听》2020 年第 11 期。

"搬"到智能语音平台上的阶段,缺乏对用户数据的深入分析,也导致了语音搜索准确性的降低满足不了用户需求。此外,从用户本身来说,很多用户的需求点模糊,没有办法很好地给智能音箱发送指令,相应的媒体也很难没根据用户的指令来提供优质的内容,从而导致语音搜索准确性不高。

5. 尚未建立起智能语音全媒体传播生态

智能语音新闻报道更多的是一种简单的音频转化和信息移植,且仅仅作为传播生态中的一环单独存在,缺乏深层次的、场景化的、个性化的传播以及与其他传播形态的全链路互联。未来,媒体需要考虑的是,在不断迭代和发展的智能化技术背景下,如何发挥智能音箱为代表的智能语音设备将各类智能化产品汇总到一个新的传播网络中的作用,使各个环节的智能产品都能成为信息传递的媒介,推进信息的场景化传播,构建起万物互联的传播新格局,推动整个智能语音生态的构建和发展。①

(三)智能语音生态下传媒业的发展趋势

智能音箱产业的发展正在深刻改变用户获取信息的方式,在媒介融合的大背景下,如何更好地融入智能语音生态成为传媒业的必修课。在未来,传媒业在技术加持下,还需从内容、服务、场景等多方面进行总体规划,才能在智能语音生态下找到新的出路。

1. 充分利用智能终端入口,打造全媒体智能语音生态系统

以声控为主的智能语音新闻报道发展极大缩短了用户的屏幕使用时间,一定程度上对传统的电视广播业造成了冲击,但同时智能音箱的发展也为广播和音频媒体带来了新机遇。当然,智能音箱的发展对传媒业的影响并不局限于以上媒体类型,因此如何抢占智能语音终端入口,打造智能语音生态下的全媒体传播体系是未来传媒业发展的关键。以美国传媒业为例,以 NPR 等为代表的广播媒体、以《华盛顿邮报》等为代表的纸媒以及以 CNN 等为代表的电视媒体,各类媒体都积极入局智能语音生态,探索智能媒体的全链路转型升级。

---

① 廖秉宜、陈美汐:《智能语音生态下中国传媒产业的应对策略》,《现代视听》2020 年第 11 期。

2. 坚持内容为本,不断优化和创新内容提供方式

智能语音技术的进步和各种智能语音终端发展为传媒业提供了借智能语音创新发展的机会。无论是国外的谷歌、亚马逊、苹果等几大智能终端供应商,还是国内百度、阿里巴巴等智能音箱巨头企业,其对平台内容资源的大力投入也反映出内容的重要性。因此,传媒业做好平台的内容提供者,一方面要建立自身具有竞争力的内容品牌,另一方面要做好精细分市场,为用户提供更具针对性的定制新闻信息。在此基础上,要不断整合内容资源并推陈出新,利用智能语音技术和智能语音设备的交互性增强与受众的互动联系,建立用户社群,改善语音新闻报道的单调性,真正发挥内容在推动媒体智能语音生态中的不断输出和体系建设作用。①

3. 推动全新交互体验,促进新闻播报的场景化和智能化

新闻信息的简单播报以及不如人意的交互体验感是智能音箱存在的问题。但对于传媒业来说,移动化、数据化、智能化已然大势所趋,智能语音设备内含的新闻功能更应该着眼于场景化、交互式、细分化的运行模式,优化算法、深挖利用数据、打造需求场景,在"推"与"拉"的互动过程中,满足用户即时体验。

4. 回归人文关怀,兼顾智能技术与传媒伦理

媒体智能语音生态的持续发展离不开受众的支持,智能媒体时代的人文关怀显得更加重要。例如,亚马逊开发的"读新闻产品"Amazon Polly 能够服务视障人群,直接接触到优质新闻源;阿里巴巴的"天猫精灵"针对老幼群体也有对应的功能性设计。此外,媒体还需要处理好智能技术与传播伦理的关系。例如,媒体采集用户数据以便为其提供更精准的内容服务与用户数据泄露之间的矛盾,智能语音助手的智能化与人格化之间的矛盾等。这些都是传媒业在构建智能语音生态系统中避不开的问题。如何把握其间尺度和原则,兼顾智能技术和传媒伦理,是传媒业界未来应予以重视的方面。②

---

① 廖秉宜、陈美汐:《智能语音生态下中国传媒产业的应对策略》,《现代视听》2020 年第 11 期。
② 同上。

五、人工智能在广告业中的应用

(一) 人工智能驱动下的广告产业

1. 人工智能为广告业赋能的时代背景

近几年人工智能技术成功地在自然语言理解、智能学习、智能推理及智能行动等复杂应用领域取得了突破。在人工智能技术的驱动下,社会生产与生活的智能化既是现实也是趋势。

高质量的千人千面的广告策划、创作、投放与效果应对是遍布于广告历史中的一个亟须被实现的梦想。然而,由于技术的局限性,无论是传统广告还是早期的网络广告都未能实现。大数据驱动的网络广告在精准投放、效果反馈方面有了进步,但由于数据的海量性和无序性,这个梦想仍未能实现。广告人约翰·沃纳梅克(John Wanamaker)曾有名言:"我在广告上的投资有一半是无用的,但是问题是我不知道是哪一半。"这一状况仍然没有解决。而人工智能为解决此难题,实现高质量的广告带来了希望。在人工智能广泛应用的背景下,广告主的生产倾向定制化、广告的媒介转向数据可视化、消费者的支出趋向个人化,广告环境的变化也对广告提出了更高的匹配性要求。所以,智能化既是广告业的主动选择,也是环境的适应性压力带来的反应性行为。

2. 人工智能驱动下广告产业的三大变革

人工智能驱动下的广告产业将实现组织优化、人力资本变迁、创新生态系统升级三大变革。

1) 变革之一:人工智能驱动下广告产业组织的优化

广告公司即广告产业组织,是广告产业的微观基础。人工智能驱动下广告产业组织的优化集中体现在广告公司业务流程的重组上。人工智能对广告公司业务流程的优化表现为业务环节和业务过程的优化两方面,极大地提升了广告公司的运作效率。[1]

在业务环节上,人工智能将促进四个方面的优化。一是消费者分析的智能化,传统的消费者分析主要依靠问卷调查、访谈等小样本的数据与广告从业者

---

[1] 秦雪冰、姜智彬:《人工智能驱动下广告公司的业务流程重组》,《当代传播》2019 年第 2 期。

的职业敏感度与经验。人工智能能够对数据(尤其是图片、视频、音频等非结构化数据)进行实时获取与处理,智能化地生成消费者分析的结果,如关联图、热力图等。二是设计的智能化,包括基础风格设计(如导出夏日风格)、简单商业平面设计(如海报)、设计处理(如抠图素材填充)等。三是广告文案的智能化,主要体现在结构化的短文案(如弹幕、标题等)的生成上。四是广告投放与优化的智能化,人工智能驱动下的广告投放即程序化交易,实现了基于消费者的精准投放。[①]

在业务过程上,传统的广告业务是客户部负责对外沟通和对内传递广告主的需求,策划创意部根据广告主的需求进行广告创意,设计制作部将创意进行平面或视频化的呈现,媒介部负责媒介策略的制定与投放,形成了线性的广告业务链。在人工智能的应用下,传统的广告业务链变革为两种类型:一类是人工智能作为技术部门,向各个业务环节或子公司输出人工智能能力,起的是溢出的工具平台的作用;另一类是将人工智能技术人员前置到客户沟通环节,进而调配人工智能技术人员参与广告业务的全过程,在各个环节发挥技术支持的作用。

例如人工智能公司Veritone,这家基于人工智能的认知计算能力的公司,可以将非结构化的音频、视频数据进行处理、转换、分析,以自动的方式生成具备可行性的情报,以辅助商业决策的公司。它的人工智能系统包含了谷歌、微软、IBM、惠普和Nuance等40多种不同类型和级别的认知引擎,这些引擎可以从非结构化的多媒体内容中捕捉和提取数据,其认知能力包括语音转录、人脸识别、物体识别、音视频指纹识别、情感分析、翻译、地理定位、光学字符识别、元数据的提取和媒体格式转码等,系统会将这些结果存储在一个可搜索的、按时间排序的数据库中,使用户能随时分析这些信息。

2) 变革之二:人工智能驱动下广告产业人力资本的变迁

由于人力可替代的技术特性,人工智能在广告产业的应用必然对行业的人力资本产生影响。人力资本体现的是人的质量因素,可分为一般型、技能型与创新型。一般型人力资本指的是具有初级广告知识存量和一般能力水平,在广告产业内的分工为一般劳动者或初级入门者,主要从事协助类工作,如客户专

---

① 曹越:《人工智能技术对广告创作的影响研究》,江苏师范大学硕士学位论文,2021年。

员、媒介助理、基础设计等;技能型人力资本指的是具有中等广告专业知识技能,并能够通过这些知识和技能的合理使用完成技能性工作,如中级文案、客户经理、设计经理等;创新型人力资本指的是在广告领域具有价值优越性、不可复制性与难以替代性的人力资本,如创意人才、资深设计、资深文案等。①

随着人工智能在广告产业中应用的加深,广告产业人力资本结构发生变迁,表现为四个方面。一是一般型与技能型人力资本的贬值。随着人工智能的应用,广告行业人力资本的增速变快,个体的人力资本增速若低于外部人力资本增速,将导致一般型与技能型人力资本贬值。二是一般型与技能型人力资本需求量的下降。随着人工智能的应用,消费者分析、基础设计、基础文案等由人工智能完成,导致一般型与技能型人力资本需求量的大幅下降。三是创新型人力资本价值增强。创新型人力资本拥有市场稀缺的创新能力,人工智能无法替代,价值将不断增强。四是异质性人力资本吸收与岗位创新。数学、统计学、计算机学等异质性人力资本不断加入广告产业,改变了广告产业的人力资本构成,为满足人工智能的技术要求,产品经理、交易员等岗位不断新设。

在让广告投放更高效、更智能上,上文提及的 Veritone 公司也颇有心得,它可以追踪品牌在所有媒体上的外观及实物展示,来进行更准确的广告效果测量和与竞争对手的差距分析;同样地,该公司的工具也可以用于电视、广播等媒体,分析、监控它们的媒体服务;在体育比赛中,赛事举办方和专业的运动队还可以使用该公司的工具来最大化观众到达数,维护粉丝关系,使赞助商获得更好的回报。

3) 变革之三:人工智能驱动下广告产业生态系统的升级

广告产业是一个创新生态系统,具有多样性、协同增值性、竞合共生性、自我革新性等特征。广告产业的智能化是技术-产业范式的变革,通过影响广告产业链、进入壁垒、市场集中度促进广告产业创新生态系统的升级。

随着人工智能在广告产业中的应用,广告主、广告公司、广告媒介形成的传统广告产业链受到巨大挑战,原有的线性创新传导关系面临解体,形成错综复杂的关系网络。一是广告产业链上的业务环节增加,不同类型的业务单位涌现,如综合服务公司、数据公司、技术公司、程序化购买公司、创意公司成为广告

---

① 秦雪冰:《人工智能应用下广告产业的人力资本变迁研究》,《新闻大学》2019 年第 6 期。

产业链上不可或缺的环节。二是广告产业链网络呈现多样共生的特性。传统广告产业链中,广告公司在广告主与广告媒介之间发挥双向代理的作用,占据核心地位。人工智能应用下,广告主自建内容中心生产广告内容、广告媒介自建DSP完成广告投放,形成广告公司、广告主、广告媒介多元主导的广告产业链网络。①

传统的广告公司属于轻资产公司,核心能力是广告人的创意能力与媒介代理能力,广告产业的进入壁垒非常低。人工智能的应用提升了广告产业的进入壁垒,主要包括数据、技术、资本、规模经济、差异化等壁垒。进入壁垒的提升阻止了低水平公司进入广告产业,使广告公司由量向质过渡,能够提升广告产业的整体质量和水平。②

市场集中度反映产业内广告公司的数量和分布情况,人工智能的应用有利于广告产业市场集中度的提升,体现在人工智能应用下,基于业务需求的并购大量增加,例如以传统广告业务为主的日本电通广告公司合并了程序化购买公司安吉斯;BBDO与宏盟合并;利欧兼并了琥珀传播万圣伟业等7家广告公司;蓝色光标投资了优易互通、多盟等技术公司。市场集中度的提升有助于大型广告集团的形成,进而提升广告产业的服务能力与竞争优势。

(二) 人工智能技术在广告主要运作流程中的应用

传统广告的运作流程从前期的广告调查启动,包括市场构成、产品和竞争对手情况、消费者洞察等,然后进行广告策划,包括营销策略、活动计划等,接着进行广告的设计、制作及发布,最后对广告的投放效果进行评估。在广告设计环节,一般由设计师创作,这种方式容易受设计师本身能力的影响,完成创作的时间、质量很难把控,再加上客户对时间效率的要求逐渐增高,传统广告的创作方式越来越难以满足要求。传统的广告发布通常采用大水漫灌式的投放,不但成本高而且十分低效,严重影响了消费者的体验。而在最重要的广告调查和策划环节,广告设计公司往往不能得到准确的市场及消费者数据,或者获取相关数据的成本较高,为此,一些广告企业可能会采取小样本的调查,但这样的调查

---

① 本刊记者:《在边缘处发现边界——广告学的未来已来》,《编辑之友》2020年第12期。
② 秦雪冰:《人工智能应用下广告产业的人力资本变迁研究》,《新闻大学》2019年第6期。

结果可能会与实际情况存在偏差,进而导致广告设计达不到预期的效果甚至是失败。在 21 世纪,人工智能技术的进步将开启广告高效率、低成本、个性化的新时代。①

1. 广告调查

将人工智能用于广告调查,能够更快、更全面地获取相关信息,同时由于大多数信息来源于互联网,其采集成本较低,还能对未来流行趋势进行预测。在市场营销中,预测未来本就十分困难,原因是社会风尚变化太快,没有固定的发展、变化模式可以参考,如能准确地预测未来,对广告的设计、投放都会产生积极影响。为此,许多企业、研究机构尝试利用相关的智能算法从大数据中自动收集消费者的相关数据,例如消费偏好、消费能力等,从而为将要进行的广告设计、投放等提供参考。

爱点击就是一家借助人工智能技术进行广告精准营销的科技公司。作为一家互联网广告购买方平台,其借助人工智能、云计算等技术研发了一套跨媒介广告优化系统,能够自动采集包括搜索、浏览、社交、电商及网络营销等多个维度的数据,建立了巨大的消费者数据库。通过对消费者数据的综合分析,广告优化系统能够实现广告的战略规划、市场定位分析等功能。②

2. 内容创作

在广告设计过程中,设计人员需要利用图像、文字、视频等元素,并结合广告媒体的使用特征进行广告设计。可以说,广告设计是一个创造性活动,对设计人员的能力要求较高,同时设计过程时效性很难保证。为此,研究者希望利用人工智能技术辅助甚至代替传统的人工广告设计的过程。人工智能可以模拟设计师的创意过程,在确定广告的基本基调后,将数据库中的各种广告元素进行合理的联想、组合、搭配生成设计初稿,之后再由设计师浏览并改动初稿,形成最终的广告。③

3. 广告发布

广告发布者利用一定媒介或形式,发布设计好的广告文案、视频,或利用其他形式发布带有广告性质的信息的经营活动。传统的广告发布是基于经验的,

---

① 陶嘉瑄:《人工智能在广告业中的应用》,《科技传播》2019 年第 4 期。
② 同上。
③ 同上。

主观性较强,广告投放之后是否能够精准地到达目标客户往往无法保证。而人工智能可以在这个环节实现定位目标客户、精准筛选推送的目的。它通过对用户的兴趣、使用行为及其他相关信息进行追踪和收集,配合广告发布系统进行匹配和智能组合,生成用户个性化广告内容,精准推送广告,从而极大地提高广告的投入产出比。

Codewise 是欧洲一家利用人工智能技术为数字营销人员提供在线广告评估和管理解决方案的科技公司,该公司在 Zeropark 网站上新增了广告交流平台 Smart eCPA。这项新功能利用人工智能使 Zeropark 的用户能够自动优化其广告活动。得益于这个功能,营销人员无须花费大量时间在手工优化广告上,极大地提升了工作效率。美国的 Outbeian 公司也借助人工智能将制作好的内容推送给可能会阅读的用户,这不但极大减轻了员工的工作量,也保证了推送内容有较高几率被阅读。在现在较大的门户网站、综合性的视频网站、移动端应用,如百度新闻、哔哩哔哩、微信等,也正在使用人工智能技术进行内容及广告的推送,从而提高广告投放的精准率。①

(三)数字广告蓬勃发展

在过去几年,数字媒体的有机增长因素推动了数字广告增长,数字媒体韧性比预期更加强劲,大品牌重心转向下层漏斗营销渠道。从长期发展趋势来看,整个市场将进一步朝着以数字为中心的营销环境转变。

IPG 盟博旗下负责制定并管理媒介情报、投资及创新策略的媒介资源整合中心 MAGNA 盟诺,分析并预测了包括全球 70 个市场的广告收入规模及增长。这一报告涵盖了电视、数字、平面、广播和户外媒体从 2021 到 2025 年的广告支出预测。②

2021 年,全球全媒体广告支出增长近 22%,达到 7100 亿美元,创下历史新高。这是 MAGNA 有记录以来的最高增长率,超过 2000 年创下的 12.5% 的增长纪录。广告市场 2020—2021 年两年的复合增长率为 9%,超过前四年间

---

① 陶嘉瑄:《人工智能在广告业中的应用》,《科技传播》2019 年第 4 期。
② 林莹:《2020 年,数字广告在疫情经济中蓬勃发展——MAGNA〈全球广告预测报告〉摘要》,《中国广告》2021 年第 2 期。

的平均增长率(2016—2019年年均增长率+6%)。①

全球线性广告销售(电视和长视频广告、电台广告、平面广告、户外广告、影院广告)增长9%,达到2680亿美元,收复2020年丢失的500亿美元(-17%)中的210亿美元市场。全球线性广告销售因此恢复到2019年前水平的90%。②

数字广告(搜索广告、社交媒体广告、横幅广告、数字音频广告)增长31%,达到4420亿美元,是前几年市场规模的146%。数字广告现已占到全球广告销售总额的62%。2021年,所有数字广告均实现了两位数增长,增幅最大的是数字视频广告(长短视频广告)(+37%)、社交媒体广告(+34%)和搜索广告(+33%)。价格是2021年广告支出增长的关键要素,随着数字视频广告和社交媒体广告在触达率和花费时间方面的持续增长,供应也有所增加,但这仍不足以满足爆炸式增长的需求,从而导致CPM或CPC费用出现两位数涨幅。③

(四) 人工智能在广告业的风险与展望

尽管人工智能在广告业的运用前景令人遐想,但仍然有许多的问题需要解决。人工智能的创意目前只是广告元素的堆积,不能保证广告的质量。人工智能在广告发布时需要采集大量的用户数据,这些数据可能涉及用户隐私,同时在存储、利用这些数据时可能存在数据泄露的风险,一些企业在采集这些数据时未获得用户的授权。此外,人工智能在精准投放广告时自动对用户喜好进行了评估,筛去了一些用户以前不感兴趣的内容,但用户喜好不是一成不变的,当用户喜欢发生改变时,人工智能的推荐便会变得不够准确。④

针对上述存在的问题,政府部门、企业、用户应共同努力,以促进人工智能在广告业中的发展与应用。对政府部门来说,应完善有关的法律法规,特别是涉及用户隐私的数据安全方面,例如可以规定当企业收集用户数据时必须进行

---

① 盟博:《全球广告市场再创新高,超越疫情前水平——2021年12月版MAGNA全球广告预测》,《中国广告》2022年第2期。
② 林莹:《2020年,数字广告在疫情经济中蓬勃发展——MAGNA〈全球广告预测报告〉摘要》,《中国广告》2021年第2期。
③ 盟博:《全球广告市场再创新高,超越疫情前水平——2021年12月版MAGNA全球广告预测》,《中国广告》2022年第2期。
④ 陶嘉瑄:《人工智能在广告业中的应用》,《科技传播》2019年第4期。

明确的告知,获得用户授权后才能进行数据采集;对企业来说,应加大在技术上的投入,提高对用户喜欢识别的准确性与实时性,为用户推荐真正感兴趣的内容并对用户的数据收集保持谨慎,符合相关的法律法规;对用户来说,应提高个人隐私保护意识,并对企业的行为进行监督。[①]

由于人工智能在创意方面没有人类对于艺术的嗅觉,也没有相关文化的积累,至少现阶段人工智能在广告业的发展与应用还会处于辅助阶段,即辅助广告人员进行创作和推广、采集及分析数据。应用模式更多的是人工智能依据数据设计广告文案等的初稿,之后由人工进行审核、评估,并决定是否最终投放。尽管人工智能在广告业中的应用还存在数据安全、技术水平方面的问题,但未来随着人工智能技术的进一步发展及相关法律法规的完善,其将会极大地提高广告设计的效率,降低广告成本,提高广告投放的准确性,从而全方位地推动广告业的发展。[②]

[①] 陶嘉瑄:《人工智能在广告业中的应用》,《科技传播》2019 年第 4 期。
[②] 同上。

第五章 伦理篇：新挑战和新对策

从历史的发展角度来看，不同世纪文化、经济、政治的发展同样推进道德旧俗的不断推陈更新，融合更开放的文化，人类整体的道德习俗认知不断向开放和适应新世界环境发展。由此认为，智媒时代的媒介环境面临的伦理困境重塑或是推进新的道德认知与共识的开始。并且，在人工智能时代，必须要强化新闻工作者的主体性，新闻工作者要在内容生产上做好"把关人"的角色，人工智能技术的发展必须保证人类的主体地位，人类应该秉持尊重、包容、开放的态度对待智能技术及其劳动成果，在更多的领域中发挥人工智能技术本身的优势，给人类带来更多的便利。[1]

一、人工智能媒体的伦理困境

随着人工智能技术实践场景的多样，其研究问题的探讨逐渐触及信息论、控制论、心理学、社会学、仿生学、哲学等范畴。人工智能技术的应用将人类社会推入第四次工业革命的浪潮，技术在重塑生产关系的同时也带来了前所未有的挑战。作为提供人类信息社会多元主体关系构建和沟通方式的可供性关键技术，人工智能仍处于"过高期望的峰值"（peak of inflated expectations）期，其缺乏理性与科学性的应用实践在不断地冲击已有的伦理共识。旷视人工智能治理研究院院长张慧在接受《中国电子报》记者采访时表示："人工智能的真正价值不是取代人，而是以人为本、造福于人。人工智能技术和伦理之间的关系，也不是此消彼长或者你强我弱的关系，而是相辅

---

[1] 封婉仪：《人工智能时代新闻伦理的解构与重塑》，《新闻世界》2021年第1期。

相成的"①。人工智能不仅仅存在技术伦理风险,伴随数字化的飞速发展,人工智能对现有社会结构及价值观念的冲击亦愈发明显。人类社会的基本价值,如尊严、公平、正义等,也正因此面临挑战。②

透明性与可解释性两大因素成为人工智能伦理问题的基本底线。2021年11月9日至24日,联合国教科文组织在巴黎召开第四十一届会议,会议正式发布了《人工智能伦理问题建议书》,提出了人工智能系统生命周期的所有行为者都应当遵循的十个原则,其中就包括"透明度和可解释性"。该建议书认为人工智能的发展方向应以能指导社会,负责任地应对人工智对人类、社会、环境和生态系统产生的已知和未知影响并相互依存的价值观、原则和行动构成的不断发展的整体、全面和多元文化框架为基础,将人工智能伦理作为一种系统性规范考量,并为社会接受或拒绝人工智能技术提供依据。③中国国家新一代人工智能治理专业委员会发布的《新一代人工智能伦理规范》针对人工智能提出了包括透明性和可解释性在内的多项伦理要求;中国国家互联网信息办公室等9个部门联合发布的《关于加强互联网信息服务算法综合治理的指导意见》将"透明可释"作为算法应用的基本原则,呼吁企业促进算法公开透明,做好算法结果解释。④

以智能算法为基础架构的商业信息平台、智能移动设备已逐渐成为把控受众注意力和社会沟通的基础工具,"网络成瘾"的问题伴随着互联网对不同年龄段人群的渗透,开始向老年人群体覆盖。此外,以智能算法为基础的自动化内容生产使网络空间产生信息洪流,不仅对职业记者提出高效筛查、生产、发布的职业要求,不同视角的新闻事件解读也使部分"真相"被掩埋于对抗情绪之下,持续催发网络空间的"情绪焦虑"。本节以智媒伦理驳论为核心,以全球化宏观视角结合案例为支撑框架,尝试以技术社会理论为基础逻

---

① 曹建峰:《万字长文详解:人工智能系统可解释性要求的法律规制》(2022年8月1日),"腾讯研究院"微信公众号,https://mp.weixin.qq.com/s/7zmNfOKmg8YsF1g7l-tJqQ,访问日期:2023年12月14日。
② 张丽英:《人工智能会计的应用风险及对策探析》,《内蒙古财经大学学报》2022年第11期。
③ 陈晨:《联合国教科文组织通过首份人工智能伦理问题全球性协议》(2021年11月26日),新华网,http://www.news.cn/world/2021-11/26/c_1128103547.htm,访问日期:2023年12月14日。
④ 《关于加强互联网信息服务算法综合治理的指导意见》(2021年9月29日),国家互联网信息办公室,http://www.cac.gov.cn/2021-09/29/c_1634507915623047.htm,访问日期:2022年8月4日。

辑,探讨人工智能所带来的技术与民主、技术与社会、技术与政治之间的伦理问题。

(一) 人工智能的技术理性与偏见

1. 人工智能黑化之路:社会偏见勾连算法偏见

第一,代码的背后是人的价值观。随着互联网技术日益成为构建日常生活的基础设施框架,人工智能技术在推进数字经济社会发展等方面发挥着越来越重要的作用,同时,算法操纵信息、滥用数据、算法霸权等问题仍然存在,引发内容安全风险、侵害用户合法权益、破坏数字市场秩序、影响社会公共治理等问题,加强算法治理已成为全球共同面对的重要议题。1958年,卡尔·雅斯尔贝斯(Karl Jaspers)在《原子弹与人类未来——我们时代的政治意识》一书中提出"技术本身既非善,亦非恶,但它既可以用于善,也可以用于恶。它本身不包含任何观念:既不包含完美的观念,也不包含毁灭的邪恶观念;它们都有别的源头——在人类自身之中"[①]。关于技术中立问题的探讨始于1984年,"环球影业诉索尼案"(Sony Corp. of America v. Universal City Studios, Inc.),该案件首次推翻了社会公认的技术中立认知。2020年6月29日,印度宣布禁止 TikTok、WeChat、QQ、微博等59个中国应用在印度市场使用,其原因是担忧智媒技术背后的意识导向问题;2020年12月10日,法国国家信息与自由委员会宣布,美国谷歌公司及其下属企业和亚马逊公司未经同意收集用户上网痕迹,分别被处以1亿欧元和3500万欧元的罚款。其次,算法作为企业获得客户流量、增加用户黏性的重要工具,常以博人眼球的虚假信息、标题党、极端内容、低俗泛娱乐等信息。由此可见,算法在社会关系情境中难以中立,其技术导向与算法背后的利益关系相关。

第二,人类偏见持续映射于算法偏见。人工智能不可避免地学习人类已存的偏见。2014年,凯文·凯利(Kevin Kelly)提出机器与生命融合共生的观点。[②] 他认为,人们将自然逻辑输入机器的同时,也把技术逻辑带到了生

[①] Karl Jaspers, *Die Atombombe und die Zukunft des Menschen: Politisches Bewusstsein in unserer Zeit*, Piper Press, 1958.
[②] 一财网:《凯文·凯利(Kevin Kelly):必须要经常相信不可能》(2014年6月14日),第一财经,https://www.yicai.com/news/3930314.html,访问日期:2023年12月14日。

命之中,技术与生命的融合是日益加剧的。由此,人工智能将越来越具有人的特性。需要强调的是,人类社会文本的存积代表了一切人类的正向道德认知与负面道德认知,而智媒平台实现机器智能的前提是使其能够通过传感器、大数据、算法对已有存量的数据进行分析学习,以达成具有人类智慧属性的行为能力目标。2022年3月16日,美国国家标准与技术研究院发布了《迈向识别和管理人工智能偏见的标准》。该标准认为识别人工智能中存在三类偏见,即系统性偏见、统计性偏见和人类偏见。系统性偏见,也被称为机构或历史偏见,是由特定机构的程序和做法造成,导致某些社会群体处于有利地位或受到青睐,而其他社会群体则处于不利地位或受到贬低。统计性偏见来自于系统性错误而非随机性错误,在没有偏见、偏袒或歧视性意图的情况下也会发生。人类偏见是反映在人类思维中的系统性错误,这类偏见往往是隐性的,并与个人或群体通过自动化信息进行决策有关,广泛存在于整个人工智能运算周期决策过程中。① 2019年12月,韩国创业公司ScatterLab推出了以女大学生身份为角色设定的人工智能聊天机器人"李LUDA",其通过学习100亿次真实恋爱对话文本能够像真人女友一样与用户聊天互动。然而,李LUDA的社会互动却朝向了不可控的方向发展,大量男性在相关话题中涉及负面词汇,李LUDA的语言文本中持续出现歧视同性恋、孕妇、残障人士等群体的言论。2020年1月,李LUDA被迫关闭并停止了服务。② 2021年,哈佛大学和埃森哲公司发布的联合报告《隐藏的员工:未开发的人才》中显示,算法偏见存在潜入人力资源部门招聘流程并导致大量人力资源工作匹配失误的问题。不当的职位描述和严重依赖算法进行招聘广告发布和简历评估的自动化招聘系统,阻止大量合格的个人找到工作。③ 由此可见,人工智能在通过文本学习与社会实践过程中,带有明显的"文本质量决定"输出的行为特点。"黑化"的人工智能在表现人工智能技术不成熟的现状

---

① 李朦朦:《人工智能也存在偏见?探究人工智能偏见的识别和管理》(2022年4月6日),"赛博研究院"微信公众号,https://mp.weixin.qq.com/s/ViCTlsgYWxwnboQBR88vvA,访问日期:2023年12月14日。

② 丁洁芸:《竟然对人工智能聊天机器人污言秽语性骚扰,这些人在韩国引发大争议!》(2021年1月11日),环球网,https://world.huanqiu.com/article/41Ta9CJVLTI,访问日期:2022年8月6日。

③ 台风:《人工智能在"偏见"的十字路口徘徊》(2022年1月25日),"Ai时代前沿"微信公众号,https://mp.weixin.qq.com/s/_C3SWKeowCeKvhLqWssCPg,访问日期:2023年12月14日。

外,同样挑衅了人类社会的公共道德,并使人工智能学习与生命权的伦理讨论再次推向大众视野。

2. 技术性社会死亡:媒介环境下的民主失真

1) 虚拟与镜像的交叠:现实与客观现实的断裂

沃尔特·李普曼(Walter Lippmann)将人类环境分为客观环境、媒介塑造的环境,以及二者投映在受众脑海中所形成的拟态环境。经过媒介构建的"象征性现实"的中介,人类由此形成"主观现实",但"主观现实"并非客观现实的"镜像"反射,而是产生了一定的偏移,成为一种"拟态"的现实。① 因此,媒介的新闻报道便是一个对整体现实有所选择的部分现实塑造,在此基础上可认为是拟态现实对客观现实的第一次偏移。随着人工智能技术的发展,虚假新闻特别是深伪(deepfake)音视频的制作已进入低成本、低技术知识的阶段。而且,人工智能写作已具备了掩藏机器痕迹、混淆普通人视线的能力,不仅能批量生产文本,还能产出以假乱真的假新闻、假评论等扰乱市场的内容。

此外,依赖大数据计算的智能媒体在本质上背离了新闻报道的客观性专业要求。人工智能技术在新闻业的应用,在促使诸如机器人写作、机器人报道、信息核查等功能的同时,也带来了新闻信源、文本核查难的困境。根据互联网世界统计(Internet World Stats,IWS)数据显示,全球互联网覆盖人口量不足60%,由此可知智媒所覆盖的信息网络同样也存在对于客观现实难以高比率把控的难题,客观现实与拟态现实的鸿沟发生了二次偏移。

2) 技术性群体淘汰与数字成瘾问题突出

截至2020年5月,全球互联网用户规模达到46.48亿人,占全球人口总量的59.6%。② 也就是说超31.50亿人口仍游离于互联网之外,难以与人工智能时代的线上表达接轨,由此而造成的"数字弃民"(又称"数字难民")问题在全球范围内十分显著。"数字弃民"问题有悖全球化民主进程,是人类全面智能化时代发展亟待解决的重要问题。智能技术在方便互联网用户的同时,也为线下群体竖起了一道道高墙。除了操作门槛上的难题,让线下用户区分

---

① [美]沃尔特·李普曼:《公众舆论》,阎克文、江红译,上海人民出版社2006年版,第73页。
② 前瞻产业研究院:《2020年全球互联网行业市场分析:用户规模超46亿人 非英语网页数量正快速增长》(2020年8月6日),搜狐网,https://www.sohu.com/a/411809441_473133,访问日期:2022年8月6日。

辨别智媒技术所带来的"假新闻"则更是困难。2020年10月中国"大妈恋上AI假靳东"事件,登上当日新浪微博热点话题榜TOP2,"靳东的老年粉有多疯狂"话题更是引发超152万人的讨论。此次事件在社会层面反映了中国老年人群体难以应对智媒技术带来的生存挑战的缩影。

与数字难民问题负类反伦的是网络成瘾问题。截至2021年末,第49次《中国互联网络发展状况统计报告》指出,中国10.32亿网民中,50岁以上的占26.8%,其中60岁以上的老年网民规模已达1.19亿之多,占整体的11.5%。① 中国60岁以上网民的每日上网平均时间达到64.8分钟,比40岁年龄段网民平均上网时间多了16分钟。很多老年网民从早晨5点多就开始上网,每天有超过2.3万名老年网民的上网时间超过6个小时,他们手机上的平均应用数量超过44个,比年轻人手机上的应用程序多很多。② 老年网民最常用的是即时通信(如微信)和网络视频等应用。老年人痴迷于手机的原因主要包含"期望拉近社交距离"与"防止社会淘汰"的心理需求,互联网帮助老年人弥补因行动不便带来的社交困难,维持、拓展社交网络,用好网络还可以缓解孤独、抑郁等消极情绪反应。但是,当老年人沉迷其中时就会发生一系列不良影响,如持续观看屏幕所带来的视力损伤与持续亚健康状态,长时间沉迷于手机会导致老年人参与社会活动的机会减少,造成社交障碍、手机成瘾等心理疾病。

(二)技术与社会空间困境

1. 虚拟空间的持续失序与混乱:个体、社会与权力关系重塑

根据熵的第二性原理,信息与材料、能源一样,是物质世界的三个基本要素之一,其能量在相互转换时,总是保持平衡的。媒介空间在发展过程中,其总混乱度、总稳定度"熵"不会减小。③ 换句话说,媒介空间在其发展进程中将是持续混杂的。从这个角度来讲,混乱即媒介空间的常态,而这种混乱的

---

① 《第49次〈中国互联网络发展状况统计报告〉》(2022年2月25日),中国互联网络信息中心,http://www.cnnic.net.cn/n4/2022/0401/c88-1131.html,访问日期:2022年8月7日。
② 泉州晚报社:《注意"网瘾"老龄化!沉迷网络的老年人显著增加》(2021年11月26日),腾讯网,https://new.qq.com/rain/a/20211126A0455500,访问日期:2023年12月14日。
③ 程俭中:《对熵增加原理与热力学第二定律等效性的证明》,《四川工业学院学报》1997年第2期。

状态也外现了媒介进化的动态属性。全球性视角下,由于新闻体制的不同,各个国家媒介空间的权力结构、互动关系、运动方式也有所差异。但可以确定的是,互联网与移动端技术推动了大众传播向多元传播转变,相对于大众传播时代,智媒时代的用户拥有更大的选择权。

2. 伦理与习俗的挑战:私人空间的让渡与公共空间的交融

1)双向伦理困境:放弃隐私与保护隐私

手机成为隐私空间的开关键。近年来,智能算法、人工智能、虚拟现实等新兴技术逐渐应用到互联网信息平台,内容型智能媒介、人际型智能媒介、固定型智能媒介、开放型智能媒介平台形成一定规模。随着5G、MR、VR等新一代技术的加持,媒介塑造的拟态环境更接近真实,而虚拟现实技术甚至可通过个性元素选择创造虚构游戏世界,由此,人类的社会现实从客观的物理现实向拟态现实与虚拟现实相互融合的方向不断推进,媒介话语空间表现出更多的混杂特性。新的人工智能媒介革命背景下的数字时空扩展了原有的社会存在内容,虚拟与现实交汇融合,大众传播让位于"千人千报"的智能算法传播,现存的传播关系出现了双向矛盾的社会交往。例如,数字身体的非具身性交往与时刻连接的亲密之间的矛盾。非具身性的便利性应该是提升了沟通交往的效率,增加大众节点之间的关系连接,但"时刻连接"的亲密属性对于强关系连接是削弱的,而弱关系连接却有所加强。媒介技术所带来的无影灯效应与社会共识之间存在矛盾。过多视角的社会"真相"解读反而让真相的重要性与来到大众面前的时效减弱,情绪成了网络传播空间更重要的存在。碎片化认知与社会共识难达成已经成为虚实社会稳定难以回避的问题。每一代的媒介技术革命对于社会交往带来的都是社会失序伴随社会失范更替都是不断现代化的过程,而这个过程当中相对过往的社会交往习惯不断失范。

手机设备的便携性与互联网的"无限时空"特性,使用户随时随地接收、生产、传播信息成为可能,在根本上改变了"官方媒体掌控话语权"的状态,人人都是自媒体,信息传播无限接近自由。伴随视频行业蓬勃发展而来的是网络视频内容乱象及违规视频内容把关治理的伦理困境。媒介产业的发展为公众提供自我展示的机会,同时也为用户打开了无限让渡"私人空间"的缺口。私人空间的让渡意味着个体将私人空间与公共空间相融合,个体隐私权成为部分互联网居民可以牺牲的权益。

2）伦理与习俗的博弈：违法边缘难清晰

就目前来看,隐私空间让渡存在几大难题。第一,不同群体和个体利益诉求不同,单向度隐私的让渡或对受众产生心理伤害。据"2020 音视频直播绿色内容生态共建峰会"发布的数据显示,有超过八成受访者遭遇过软色情内容。第二,视频内容对于色情淫秽低俗信息的标准难以统一标准。中国传媒大学文化经济研究所所长张洪生提到,"衣服脱到什么位置算是色情？首先就是个模糊概念。此外,专指色情概念来讲,很多场景是带来人遐想的东西更多,跟硬色情比,软色情是基于人的经验、想象力、内心需求,例如有的人喜欢丝袜,这就可以引发人的色情想象,但对于他者却没有此类影响,所以判断什么是软色情本身就是很难的事情"[①]。2021 年,美国研究员妮娜（Nina Patel）称,自己在 Meta 公司推出的 VR 游戏《地平线世界》中遭受了三位男性的言语骚扰和性侵。2022 年 4 月,日本一名玩家也爆料称,自己在热门游戏《VRChat》中使用了睡眠功能休息,睁开眼睛发现别的玩家正在猥亵自己。2021 年,VR 游戏平台 Roblox 曾对一名玩家提出诉讼,指控后者在游戏中对其他玩家进行性骚扰、诽谤、恐怖威胁等行为,最终该玩家被美国法院判决罚款,同时永久禁玩该游戏。

当界定"色情"没有绝对的标准,此类内容对不同受众群体的心理影响同样是难以测量、定性并评估伤害指数的,这就造成在海量数据当中,"低俗"内容与社会共识道德形成对抗、博弈并不断互相消磨,最后融合达成新平衡的社会认知。这种认知的形成是社会道德伦理进步与新习俗的形成。

3. 数字资本的剥削实质：数字奴役与算法控制

媒介即生活,技术即生活方式。互联网将受众空间从线下转移到线上虚拟空间,人工智能技术又打通了线下时空与虚拟时空的界限,基础成为支撑社会的骨骼架构,而算法则是作为线上生活方式的基础逻辑影响受众的生存与生活方式。乌尔里希·贝克（Ulrich Beck）从资本主义视角和工业化社会生产的角度展开对后现代社会的担忧,他提出全球面临资源格局分裂、阶级

[①] 罗亦丹：《治理音视频软色情难在哪？专家：标准无法涵盖所有现象》（2020 年 12 月 2 日）,新京报,https://www.bjnews.com.cn/detail/160690666415009.html,访问日期：2023 年 12 月 14 日。

剥削等问题,进而由此造成了"人类资源"分配不公的矛盾。① 引出阶级社会的本质是剥削,这种社会制度剥夺了公众享受平等的物质资源的权利,同样这种剥夺的社会制度之下也构成了具有现代性的社会构建和社会基础。后现代性所批判的现代性社会构建过程,实质是批判极端理性和剥削性力量对人的控制与压抑,试图推进现代性社会寻求思想和生活上自由的最大化,从而最大限度地释放出被现代性所压抑的创造性。此外,为弥补后现代性概念的绝对性,贝克提出,当下的社会正处于"自反性现代化"阶段,或可称为"第二现代性",世界空间发展正介于现代性和后现代性之间,具有能动的自我平衡矛盾对抗过程的本源力量。②

"自反性现代化"社会夹缝中的生存难题,是如何解决人类过度依赖、信任算法而忽略人的能动性、自主性以及创造性问题。在算法的价值观里,人的行动价值被不断地物化、货币化,甚至人的行动意识也不断被驯化。2020年,"算法牢笼下的外卖员"话题成为行业研究者批判算法资本逻辑的主要话题。算法共情能力、创意能力以及社交学习能力存在严重缺陷,再加上算法平台以资本利益至上的诉求,人人都是困在算法牢笼里的数字劳工。在洪流般数据时空里,软件管理着人类,人类则在完成计算机做不到的工作。从核实网约车车主身份到筛查暴力色情信息,当人类以为自己每一次的检索都是算法的结果时,并不会想到在算法背后,总有一个国际工人正默默服务③。

(三)人工智能对新闻媒体带来的冲击

1. 从客观报道到信息祛魅:媒介被赋予新的把关职责

陈昌凤在"技术性失业"理论背景下提出:人工智能技术的本质是模拟人的思维。"写稿机器人"代替"记者"、"算法推荐系统"代替"编辑"的新闻生产模式引发行业人员的失业恐慌。此外,技术赋权的背景下,使媒体业外机构

---

① [德]乌尔里希·贝克:《风险社会》,何博闻译,译林出版社2004年版,第13页。
② [德]乌尔里希·贝克、[英]安东尼·吉登斯、[英]斯科特·拉什:《自反性现代化:现代社会秩序中的政治、传统与美学》,赵文书译,商务印书馆2014年版,第26页。
③ [美]玛丽·L.格雷、[美]西达尔特·苏里:《销声匿迹:数字化工作的真正未来》,左安浦译,上海人民出版社2020年版,第14页。

逐步涉足传媒行业,如 Meta 发布的"即时新闻"系统、谷歌发布的"新闻实验室"系统、字节跳动发布的"媒体实验室"等。

就目前来看,机器人介入新闻生产的伦理问题,主要存在以下几个争议。宏观层面上,业界表达了人工智能技术对新闻领域、新闻业格局的影响。微观层面上,则更倾向于对一线新闻记者职业的担忧,以及机器人新闻写作的种类限制问题。交叉研究方面,学界内从认知传播与技术逻辑的角度对机器人新闻进行了批判。人工智能是对技术的迭代,而不是对人的替换。[①] 人工智能给新闻行业带来了前所未有的挑战并滋生一系列次生矛盾,应理性对待,而"人机协作"将最终成为新时代媒介的新景观。[②] 作为社会信息环境的建构者,新闻媒介扮演着完全不同于普通物质生产者的角色,传媒的特殊逻辑决定对人工智能技术的分析应秉持谨慎的态度。机器人介入新闻生产过程,究竟是新闻之福还是新闻之祸?这一争议尚未达成统一意见。[③]

2. 算法剥夺:新闻生产价值面临危机

人工智能技术的应用催生了数据驱动新闻、VR 新闻、机器人新闻、算法新闻推送等新型功能,而这些新闻的核心支撑技术是大数据的海量信息采集、处理和建模,数据的采集、开放面临重大伦理问题。智能媒体的概念是一个具有时间、空间和故事性框架的名词,对于智能媒体的理解首先要确定的是"智能媒体"的核心词,即"智能"+"媒体"的属性组合,但在此基础上的逻辑关系绝不是"1+1=2"的等式,而是"1+1>2"的赋权与关系结合的超效能关系产物。喻国明对智能新闻提出了疑问,在算法还不足够"聪明"的情况下,用机器智能去完全替代人来"把关",这样的资讯"守门人"是否可以完全信赖?算法性信息推荐更多地建立在对于人们的直接兴趣和"无意注意"的信息需求的挖掘上,它的直接后果是对于人们必需的那些非直接兴趣和需要"有意注意"所关注的信息的忽略,从而导致的"信息茧房"问题,等等。更为重要的是,不管是算法对于传媒业的重塑,还是算法对于各类信息的跨界整合,

---

[①] 张洪忠、石韦颖、刘力铭:《如何从技术逻辑认识人工智能对传媒业的影响》,《新闻界》2018 年第 2 期。
[②] 沈正赋:《人工智能时代新闻业次生矛盾的生发、纠结与调适》,《编辑之友》2018 年第 7 期。
[③] 许加彪、韦文娟、高艳阳:《技术哲学视角下机器人新闻生产的伦理审视》,《当代传播》2019 年第 1 期。

这无一不使人思考：技术不仅能够赋能与赋权，而且它自身就已构成了一种权力的行使和对于传统权力模式的替代。①刘滢认为，如何让"智能内容生产"既具备专业技能又具备高水准的职业素养、道德修养，才是智能新闻的精髓。

3. 推动技术与产业融合面临困境

2014年由技术推动的媒介融合以来，严三九从传统媒体机构的各自为政看到行业资源的割据化、传播的孤立化、利用低效化等问题，由此提出媒介深度融合问题的探讨对行业发展具有重要意义。他认为，人工智能技术的出现将媒介融合从"形态融合""生态融合"推进了"媒介与社会互动"的阶段。②"形态融合"解决的是生存问题，即跟上时代潮流不被淘汰；"生态融合"解决的是媒介生态平衡发展的前提下产业形成价值闭合链，激活并深挖生态结构主体的潜在价值。在智媒融合问题研究的基础上，严三九提出以价值共创理论对新的传播结构构成要素进行价值协调共创的论点，使技术与媒介、媒介与社会、社会与国家、国家与世界的关系链上形成互动与闭合价值链。由此进一步形成有生命的、高效率的智能媒介环境生态圈，以促进人与媒介的融合、内容与关系的融合（内容与平台融合、兴趣与社交融合、科技与文化融合）；媒介与社会互动则是在生态融合的基础上提取出人与媒介、媒介与社会、技术与媒介、技术与人、内容与关系主体等关系困境。③

二、全球传媒业如何应对人工智能伦理挑战

人工智能的出现引发了新一轮科技的创新突破，它的迅猛发展深刻影响着人类的社会结构和生活方式，同时它能够带动着高精尖技术的发展和产业的变革。而在人工智能的大背景下，新闻传媒业的生产工具和生产方式也都出现了巨大变化。面对这一已经发展到高潮阶段的新技术，必然会引起各种质疑的声音，在传媒业领域牵引出的伦理危机不容忽视。由此，本节将从宏

---

① 喻国明、刘钰菡、王畅颖、王丹敏：《推荐算法：信息推送的王者品性与进阶重点》，《山东社会科学》2018年第3期。
② 严三九：《技术、生态、规范：媒体融合的关键要素》，《人民论坛·学术前沿》2019年第3期。
③ 严三九、袁帆：《局内的外人：新闻传播领域算法工程师的伦理责任考察》，《现代传播（中国传媒大学学报）》2019年第9期。

观和微观的层面分别对人工智能带来的伦理挑战提出对策,在全球传媒业的视域下,将人工智能的创新发展和伦理规范的建设进行结合,以保障人工智能在未来能够得到持续健康的发展。

(一)宏观把控:推进社会层面伦理

1. 加强国际人工智能伦理道德合作研究

随着人工智能的不断发展,关于人工智能伦理的讨论在国际上越来越激烈。在某些领域中,人工智能越来越多地取代着人的工作,尤其在自动驾驶和医疗健康等领域,人工智能甚至还会代替人类进行生死抉择。技术的发展一直创新进步,现如今,新一代的人工智能技术在全球范围内蓬勃兴起,它与大数据、区块链和5G等新技术相互融合、共同发展,为经济社会的发展注入了新动力,同时也逐渐改变着人类的生产生活方式。与此同时,人工智能在整个社会发展过程中的革命性进步也带来了诸多伦理问题,例如如何在新技术变革浪潮中保持人的主动性,如何确保人工智能的持续健康发展,如何在人工智能等前沿科学技术领域实现有效治理等,都成为了全球性的、社会各界广泛关注的重要现实问题和时代议题。由此可见,人工智能的发展及其带来的伦理挑战影响的不仅仅是一个国家、一个民族的生存发展,还包括全人类的生存发展问题。倡导开放合作的国际网络合作理念,加强国际基础信息建设和数据安全合作,共同遏制信息技术滥用,进一步为智能媒体发展营造良好的国际环境。

人工智能在社会治理和国际协作等多个领域都发挥着重要作用。据2020年6月16日法国外交部网站上的报道,因国际合作对于充分利用人工智能的重要性,并为使更多的国民能够享受到人工智能的便利,加拿大、法国、德国、澳大利亚、美国、日本、韩国等15个国家正式成立全球首个"人工智能全球合作伙伴组织"(Global Partnership on Artificial Intelligence, GPAI)。该组织将重点关注4个领域的发展,包括:合理使用"人工智能"、数据管理、对将来就业的影响、创新和商业化。[①] 2018年,联合国教科文组织发起了

---

① 《法加德等15国成立"人工智能全球合作伙伴组织"》(2020年8月3日),中华人民共和国科学技术部网站,http://www.most.gov.cn/gnwkjdt/202008/t20200803_158073.htm,访问日期:2022年8月9日。

"为世界打造运用人工智能的伦理框架"项目,遴选24名来自世界各国的专家历时三年共同撰写完成《人工智能伦理建议书》,并经过193个成员国之间超过100小时的多边谈判和反复修订,最终于2021年11月24日第四十一届大会上通过了首份关于人工智能伦理的全球协议《人工智能伦理问题建议书》。该建议书强调了人工智能良性发展的重要性,为促使人工智能技术持续朝向为人类、社会、环境及生态系统服务的方向发展,例如增加生活便利和民生福祉、提升政府和企业运营效率、帮助应对气候变化和贫困饥饿问题。该建议书所建立的人工智能伦理框架主要由价值观、伦理原则和政策指导三部分组成,其中人工智能的价值观强调:尊重、保护和促进人权、基本自由及人的尊严;保护环境和生态系统的蓬勃发展;确保多样性和包容性;在和平、公正与互联的社会中共生。同时,该建议书还鼓励所有成员国考虑增设独立的人工智能伦理官员或其他相关机制,以监督审计和持续监测应用该技术带来的影响。① 这说明全球都重视人工智能方面的国际交流,加强国际社会关于伦理问题的合作,探索全球人工智能治理体系,共同促进全球人工智能伦理问题的解决,促进全球人工智能技术在各个领域的发展。②

2. 构建法律底线,推动健康合理的伦理范畴

在人工智能发展的历程中,法律的完善滞后于技术的飞速发展,使得许多早期把握住人工智能发展先机的人获得了巨大的利益。例如智能化信息分发平台最初依靠智能算法起家,在早期缺乏法律制度管制,平台通过发布各种三俗信息吸引了大量的用户,从而获得了巨大的经济利益,等到国家立法部门开始制定法律来规范这个领域,这些抓住先机的人已经获得了其在领域内的垄断地位。目前,全球已经发布了100多个人工智能伦理治理相关文件,各国政府、国际组织、学术界和产业界四方力量高度关注人工智能伦理治理问题。

尽管当前智能媒体的发展为人类带来了许多成果,但是在网络体系尚未完善的情况下人工智能还是存在着非常大的隐患,而且随着人工智能的应用

---

① 吕娜:《全球数治|首份人工智能伦理全球协议的两项关键共识》(2021年12月10日),澎湃新闻,https://www.thepaper.cn/newsDetail_forward_15783613,访问日期:2023年12月14日。
② 毕文佳:《智能媒体新闻生产的伦理困境及对策》,《青年记者》2021年第6期。

也出现了一些伦理失范现象。现阶段,需要加快建立与完善人工智能相关的法律和制度、构建健康合理的法律体系,对相关责任范围和主体行为进行硬性约束。①

在全球注重隐私保护的背景下,美国较为例外,它在隐私数据的界定上涵盖的范围较小,"其《信息自由法案》仅把人事档案和医疗档案视为隐私数据"②。而欧盟早在1995年就在相关数据保护法律中提出了"被遗忘权"的概念,2012年通过"冈萨雷斯诉谷歌案"确认了这一法律制度。2018年5月生效的欧盟《通用数据保护条例》(General Data Protection Regulation, GDPR)给予公众最大限度的隐私数据保护。在欧洲宪法中,私人生活权通常被称为隐私权,根据《欧洲公例》第8条,它是一项基本权利,当个人资料"被收集或以其他方式处理"时,便会触发保护资料法例。欧盟对于智能算法领域中个人的资料给予了高度的法律保护,美国的科学研究院也承认类似的伦理价值观。

国际上许多国家已经提出人工智能领域涉及算法伦理规制的倡议,例如阿西洛马人工智能原则(Asilomar AI Principles)、美国计算机协会提出的算法透明和可责性七项原则等。国外的人工智能立法也已经颇有成效。美国计算机学会公众政策委员会(ACM Public Policy Council)2017年公布了《算法透明与追责原则》(Principles for Algorithmic Trans-parency and Accountability)。中国在《新一代人工智能发展规划》中提出要加强人工智能相关法律问题研究,开展与人工智能应用相关的民事与刑事责任确认、隐私和产权保护、信息安全利用等法律问题研究,建立追溯和问责制度,明确人工智能法律主体以及相关权利、义务和责任等。③ 2022年9月,上海市第十五届人民代表大会常务委员会第四十四次会议通过了《上海市促进人工智能产业发展条例》,从人工智能与经济、生活、城市治理等领域出发,致力于推进将上海市打造为人工智能世界级产业集群的目标而制定。

---

① 封婉仪:《人工智能时代新闻伦理的解构与重塑》,《新闻世界》2021年第1期。
② 陈朝兵、郝文强:《美英澳政府数据开放隐私保护政策法规的考察与借鉴》,《情报理论与实践》2019年第6期。
③ 《国务院关于印发新一代人工智能发展规划的通知》(2017年7月20日),中国政府网,https://www.gov.cn/zhengce/content/2017-07/20/content_5211996.htm,访问日期:2022年8月9日。

各个国家除了要建立和完善相应的法律法规,各算法平台、企业机构等人工智能相关领域也要和国家安全和法律部门展开合作。例如,在2020年,欧美、韩国相继出台人工智能治理新规,严格限制,甚至禁止相关人工智能技术在某些场景的发展和应用。[①] 2020年11月27日,韩国科学技术信息通信部和情报通信政策研究院共同发布"国家人工智能伦理标准",这一伦理标准指出人工智能需以人为中心,强调人的主体性,同时指出在开发和运用人工智能的过程中,需遵守维护人的尊严、社会公益和技术合乎目的这3大原则。[②] 人工智能技术的安全性已经成为全球各国共同面临的问题,世界各国应从伦理道德和法律体系等方面加强国际合作,共同面对这一新技术带来的新问题,为人工智能的持续健康发展提供保障。

3. 完善公众监督的有效途径

人工智能技术在新闻传媒领域的迅速发展引发了一些新闻伦理现象。无论是新闻写作还是智能热点推送等方面,人工智能获取信息的范围在不断地拓展,获取方式也随着技术的提升越来越高级和隐蔽,而这些功能和应用是以对海量数据的收集和分析为基础的,所以存在信息泄漏的隐患。例如,人工智能换脸技术所存在的用户安全信息问题,值得引发我们对技术、法律和伦理的深度思考。算法技术在新闻生产与分发的过程中,为了维护算法设计者的权利或商业利益等,算法信息会被保密。然而,算法设计的不透明、运作原理的模糊性,又会引发一些责任界定的问题,例如算法参与的新闻生产中如果出现伦理问题,对于是媒介、平台还是用户的责任是较难界定的,从而难以追责。

除了国家法律制度、法规政策的监管之外,在应对人工智能的伦理问题上公众的监督也尤为重要。新闻监督有"双主体":一是人民大众,它是新闻监督的实质性主体;二是新闻媒体,它是新闻监督的法律性主体。[③] 公众和新闻媒体在监督方面是互动的、相辅相成的,经过长期的实践检验,能够证明

[①] 季卫东、徐云程:《2020年度全球十大人工智能治理事件及变革趋势前瞻》,《国家治理》2021年第42期。

[②] 人民智库、旷视AI治理研究院:《2020年度全球十大人工智能治理事件》(2021年2月14日),人民论坛网,http://www.rmlt.com.cn/2021/0115/605251.shtml,访问日期:2023年12月14日。

[③] 李衍玲:《新闻伦理与规制》,社会科学文献出版社2008年版,第120页。

公众监督具有一定的制约作用,公众的积极监督与举报,对人工智能技术导致的新闻传播伦理失范起到制约作用。[1] 完善公众监督的有效途径能使人工智能在新闻传媒领域得到更长远的发展。

2020年,美国科技巨头依据自身道德判断,加强企业自律及对人工智能技术的监管。[2] 谷歌发起了针对800多名员工的初始"技术道德"培训,还发现了针对人工智能原则问题的新培训。这些员工提出了一些关键问题来发现潜在的道德问题,例如人工智能应用程序是否会导致经济或教育上的排斥或造成身体、心理、社会或环境伤害。[3] 我们可以看到,美国的企业开始从道德入手,制定了企业内部的规则和技术操作规则等来实施企业及其员工的监督。

(二)个体和组织伦理层面的平衡发展

1. 制定规范的技术标准,加强人才的规范化培养

算法作为人工智能时代的主力军,它本身并不完美,不可避免地存在着缺陷。在客观层面上,为了更好地解决机器算法带来的伦理问题,我们首先需要做的就是不断提高智能算法的技术水平,尽量减少由于技术水平的限制造成的伦理问题。目前智能算法在运用中还存在一些难以突破的瓶颈,例如数据的搜集、能量的消耗、语义的理解、可靠性较差等。这些瓶颈问题的解决,还需要国家政府、企业机构和算法工程师共同施力,早日突破技术的桎梏。[4]

人工智能是一个涉及多维度、多角度、纵深发展的技术。近年来,人工智能与传统行业的融合逐步走向深化,例如语音与图像识别、人脸识别、自动驾驶、机器人生产等诸多领域都取得了重大突破。但是作为一个近年来的新兴产业,人工智能发展所依据的法律规范和标准体系还相对滞后[5],技术发展

---

[1] 靖鸣、娄翠:《人工智能技术在新闻传播中伦理失范的思考》,《出版广角》2018年第1期。
[2] 季卫东、徐云程:《2020年度全球十大人工智能治理事件及变革趋势前瞻》,《国家治理》2021年第42期。
[3] 人民智库、旷视AI治理研究院:《2020年度全球十大人工智能治理事件》(2021年2月14日),人民论坛网,http://www.rmlt.com.cn/2021/0115/605251.shtml,访问日期:2023年12月14日。
[4] 毕文佳:《智能媒体新闻生产的伦理困境及对策》,《青年记者》2021年第6期。
[5] 方晓霞:《英美发展人工智能的战略举措及对我国的启示》,《发展研究》2018年第4期。

和规范体系的不匹配不仅影响了产业应用,甚至还导致出现了很多伦理问题,影响社会稳定。为此,未来我们将要致力于在互联网和计算机、通信和信息等应用领域,从基础建设标准、数据处理标准、硬件设施建设标准、服务和安全隐私标准等方面,加快制定人工智能发展的技术标准和规范体系[①],加快推进建立人工智能可审核机制,以便更好地适应技术发展的要求,减少人工智能在实际运用中出现的伦理问题。

算法新闻在本来意义上是作为工具和手段出现的,它不具有生产新闻的自主性和自由性。智能新闻"本质上并不是机器按照自己的主观意志、主观愿望自主生产的新闻……而是按照人作为新闻传播主体的意志和愿望生产的新闻"[②]。因此,在具体的实践过程中,算法反映的是算法工程师,即开发者的认识,不可避免地会带入算法编写者的认知局限。为了加强算法新闻的合理性和相对正确性,尽可能保证算法的伦理道德,我们需要在未来继续加强对人工智能人才的规范化培养。

新闻传媒是一个需要不断与时俱进的行业,在传统媒体时代,无论是报纸、广播、电视还是互联网的出现,都在倒逼着新闻传播者学习新技能来适应工作中新的技术要求。在智能媒体时代,新闻工作者不仅需要完成文字的、图片的、音视频的新闻制作,可能还会涉及H5、VR/AR、智能机器人等新兴技术要求,因此加强专业领域的复合型人才培养也十分重要。人工智能产业的竞争归根结底还是人才的竞争,专业传媒机构或者高校应该围绕人工智能的人才培养体系,培养一批具有人工智能思维、智能技术应用、专业素养过硬的知识型、复合型人才。

新闻媒体从业人员在新闻传播过程中享受着主体地位,相对应的也应该承担主体责任。新闻传播职业道德是指从事新闻职业的人在特定的工作中形成的有关新闻工作的社会责任与义务的道德观念、行为规范和道德品质的总和。具体来说,新闻从业者的职业道德要求包括:全心全意为人民服务、坚持正确舆论导向、坚持新闻真实性原则、发扬优良作风、坚持改革创新、遵纪守法、促进国际新闻同行的交流与合作。而纵观当下的新闻传播行业,越来

---

① 方晓霞:《英美发展人工智能的战略举措及对我国的启示》,《发展研究》2018年第4期。
② 杨保军:《简论智能新闻的主体性》,《现代传播(中国传媒大学学报)》2018年第11期。

越多的人群打破了专业壁垒进入到新闻传播领域中来,例如与算法编写相关的技术人员、审查人员,他们加入到新闻的生产、分发和反馈环节,并在某种程度上起着至关重要的作用。

但很遗憾的是,同一领域中的两类传播主体却存在两种价值理念:接受过专业性教育的传统新闻记者要求坚持正确的舆论导向,以法律法规严格要求自己,以服务人民为中心;而从另一领域"转战"而来的算法工程师,他们信奉的职业道德是精进自己的技术水准,主要通过自我约束的形式来实现自我提升,服务的对象是自己的雇主。如果新闻传播主体缺少新闻专业道德规范的培训和熏陶,那么很难保证在新闻生产的过程中不出现道德伦理问题,在未来对于算法工程师等涉及传播主体的算法素养教育也将要提上日程。

2. 提高技术的透明度

人工智能技术已经应用到许多社会领域,但是人们并没有完全信任人工智能,因为它存在着侵犯用户个人隐私、泄露用户信息等问题,使用户不得不有所防范。算法是一套解决问题的系统机制,但这套机制也是由人设计的,所以不能排除算法程序的设计者在编写程序时会带有主观性的倾向,这就意味着算法在应用过程中在一定程度上附带了某一类人的价值和观念,而这种倾向性是不易被察觉的。

新闻在人们的日常生活中传递信息的同时还能丰富人们的思想,从而培养人们通过阅读或观看新闻发现问题和思考问题的能力。但是人工智能新闻的生产受到了智能算法的控制,根据受众喜好的内容进行推送,受众由此更局限于自己关注的东西,从而会忽视社会中其他的公共事件,造成人们与现实社会的脱离。例如,智慧平台会根据读者的个人阅读喜好与习惯,推导读者的阅读偏好,并以不同形式反复推送,造成读者的信息接触面越来越窄。① 除此之外,智能电器、智能手机和智能机器人等都在不断地更新换代,人工智能时代正在取代人力时代,而用户的价值观也会因此发生改变,思想的封闭会让受众逐渐脱离现实社会,这种潜在的影响不容小觑,它甚至会使人们的价值观发生偏离,让越来越多的人丢失正确的价值观。

基于此,需要从技术的角度优化防范措施,提高人工智能技术的透明度。

---

① 路伏羽:《基于"互联网+"思维的数字图书馆智慧阅读平台构建研究》,《图书馆学刊》2017年第39期。

首先,在算法技术的使用过程中要提高数据使用的透明度,用户对数据的采集与使用方式应享有知情权和监督权。其次,在人工智能参与新闻生产各个环节的过程中要提高算法本身的透明度,使用户明确算法机制,有利于辨别算法程序是否带有主观倾向或偏见,从而缓解人们对算法的过度不信任。最后,由于人工智能可以取代人力的特殊性,必须要完善问责机制,明确责任主体,提高算法设计者和相关平台的责任感。总而言之,要加强对数据来源、内容真实性和准确性的专业把控,最大程度地避免人工智能可能带来的伦理风险。

3. 强化新闻工作者的主体性,实现"人机和谐共生"

在人工智能技术发展的过程中,人们最担忧的问题是人类的主体地位被撼动。目前,许多科幻大片也在强调机器社会所产生的类似问题,更加突出人工智能的两面性,智能机器的出现和发展确实会给人们带来诸多生活上的便利,但也会给生活带来灾难。现阶段,新闻生产过程虽然正在实现自动化,但是新闻传媒领域的主体仍然是新闻工作者,人工智能所生产的新闻是缺乏情感的,很难去辨识新闻整体内容的真实客观性和新闻背后的深刻含义,所以人工智能只能在人类创造性工作中发挥辅助作用。在人工智能时代,必须要强化新闻工作者的主体性,新闻工作者要在内容生产上做好"把关人"的角色,同时还要充分挖掘数据背后的含义,加深受众对新闻事件的整体认识。

在确保新闻工作者主体地位的同时也要提升他们的素养水平和专业水平。首先,要增强新闻工作者的法律意识和道德伦理意识,时刻坚守法律和道德的底线,有利于维持良好的社会秩序,保障社会稳定。其次,新闻工作者要保证自己的中立态度,能够正确处理商业需求与社会道德之间的矛盾、受众知情权与隐私侵犯之间的矛盾。最后,还需要加强专业能力,避免低级错误或失误的出现,以免降低媒体的公信力。人工智能在数据抓取效率、新闻生产效率等方面充分发挥了作用,但是会缺乏对新闻以及新闻事件背后因果关系的了解。由此看来,新闻工作者的专业能力与人工智能技术两者的有机结合是未来新闻传媒领域的重点发展方向。面对信息爆炸和人工智能快速发展的趋势,"人机共生"会大力促进未来新闻事业向更高效、更智能的方向发展①。

---

① 昌沁:《新闻传播中人工智能技术造成的伦理失范与对策》,《中国传媒科技》2020年第11期。

(三)特殊时期,坚守信息传播的伦理底线

目前,规制人工智能技术的内部监管流程与外部约束体系并未成熟。在内部监管流程上,新闻行业内部关于人工智能介入新闻生产各环节的筛查并不严密。在外部约束体系上,关于人工智能技术应用规范、定罪量刑法律体系依旧存在诸多空白,法律约束与政府监管力不足,导致伦理失范现象频发。① 在全球新冠疫情期间,人工智能技术所带来的便捷催生了网络谣言和虚假新闻等伦理问题,并促进这些问题在整个社会中的蔓延和发酵,对社会的安定和人们的生活都产生了很多影响。人工智能技术采集、分析与运用数据开展相关互动时,存在侵犯用户的隐私权、著作权,传播虚假信息、误导舆论、增加信息混乱等问题。② 我们必须要坚守信息传播的伦理底线,确保有关重大社会事件的新闻真实,从而减少社会恐慌、不安定等现象。

首先,从国家层面要提升对待突发事件的敏锐察觉能力并加强特殊时期对人工智能技术应用的严格把控,国家需要敏锐地意识到问题的严重程度并及时全面地向社会公众反馈,提前建立一套有关管理虚假新闻和谣言的措施。国家有必要结合人工智能技术提前建立辟谣体系,尽量缩小虚假新闻和谣言出现传播的空间,缩短其时间,避免谣言和新闻事实模糊化出现。③

其次,就媒体自身而言,应该先加强对虚假新闻、谣言和新闻事实的认知和界定,然后再通过恰当的方式告诉公众,并独立出专门辟谣的途径,一旦发现虚假新闻和谣言的存在及时地反馈给公众。除此之外,媒体平台也需要利用人工智能技术手段对个人在平台上发布的言论进行把控,例如涉及一些敏感话题词汇等后台可以先进行一定的审核核实之后再决定是否可以公布在平台上,如果属于虚假言论的范畴可以将其自动删除,以免后续大量传播,这一措施虽然不能完全摒除掉虚假新闻和谣言,但在一定的程度上也是可以缩小虚假新闻和谣言出现传播的时间和空间范围的,同时也会阻碍一部分虚假新闻和谣言去混淆新闻事实。因此,媒体需要充分地发挥自己的本职功能,还要提高自身实力和判断信息真伪性的能力,肩负起自己的社会责任,更多

---

① 苗壮、方格格:《人工智能如何"人性化":新闻伦理失范分析与对策》,《传媒》2021年第12期。
② 同上。
③ 邓雨欣:《后疫情时代对新闻真实问题的再思考》,《中国报业》2022年第9期。

地传递准确和正能量的信息,对于谣言既能在前期发挥一定的阻碍作用,又能在谣言出现时及时制止,并提升辟谣的效率。①

最后,作为社会公众的我们更需要时刻坚守伦理底线,在面对虚假新闻和谣言时,我们要理性地对待,不能盲目地信谣、传谣。除此之外,我们应该加强对自我的管束,法律法规只是一种外部力量和强制力量,而且由于在网络环境中发表转发言论属于社会公民人身自由的范畴,这对法律的制定和完善具有一定的难度,我们不能因此纵容自己的行为,而要提高自己的内心约束。同时我们也需要明确约束不当会出现怎样的危害,对于虚假言论的发布者而言,应该预想到他们的言论将会扭曲新闻事实,甚至可能引起社会动荡,对个人和社会都会造成一定的伤害;对于虚假言论的接收者和传播者而言,要加强辨别真假信息的能力,如果不能恰当地判断,宁可信其无,也不能盲目相信。②

---

① 邓雨欣:《后疫情时代对新闻真实问题的再思考》,《中国报业》2022年第9期。
② 同上。

第二部分

国内人工智能媒体发展研究报告
（2020—2021）

 **第六章 战略篇:战略规划与政策保障**

在过去的2020—2021年,人工智能领域蓬勃发展:随着大数据、云计算、互联网、物联网等信息技术的发展,以深度神经网络为代表的人工智能技术飞速发展,人工智能领域科学与应用的鸿沟正在被突破。[①] 基于人工智能技术对经济社会各领域影响的不断加深,中国从战略层面予以高度重视,并出台了一系列帮扶和规约政策,为人工智能技术的发展提供国家层面的重要保障。

一、战略规划:扶持人工智能产业快速发展

随着图像分类、语音识别、知识问答、人机对弈、无人驾驶等技术能力的快速提升,人工智能技术的产业化进程得以开启,人工智能整体领域迎来爆发式增长的新高潮。[②]

(一)中国人工智能发展的新机遇和新风口

1. 中国人工智能发展总体趋势:从"跟跑"变"领跑"

人工智能作为一种变革性技术,是现代工业发展的产物,在推动产业革新、提升经济效益和促进社会发展等方面存在巨大潜力。人工智能技术,已成为现代国际社会竞争角逐的着力点,是国家之间综合国力竞争的关键要素。时至今日,中国人工智能经历了长足发展,呈现出了从"跟跑"到"并跑"

---

① 邹德宝:《中国人工智能产业发展格局与趋势研判》,《科技与金融》2020年第10期。
② 同上。

甚至在某些领域"领跑"的趋势。

当下,人工智能不仅被视为未来创新发展范式的"技术基底",更是被世界各国一致视为是推动新一轮科技革命和产业变革的关键力量。全球范围内不同国家参与对人工智能高地的竞争和抢占,关系到未来国际格局的重塑和全球人工智能的治理。中国的人工智能发展起步于第二次人工智能浪潮,并在第三次浪潮中迎来了新的发展机遇。进入21世纪以来,中国充分认识到了人工智能技术在经济增长和产业转型中的关键作用,相继出台了多个规划文件,引导和促进人工智能技术的研发和应用,以促进中国产业化转型和现代化建设发展。

从2017年至2021年,"人工智能"一词已经连续四年被写入政府工作报告,梳理过去几年的政府工作报告可以发现,"人工智能"常与"实体经济""新兴产业""创新""产业集群"等关键词相伴出现,相关表述由"培育""发展"逐步转变为"深化""促进"等。近两年人工智能技术应用场景的成熟和其在公共卫生防控中的广泛应用进一步凸显了人工智能技术的价值和人工智能产业的发展潜力。随着人工智能技术的发展与应用,政府工作报告从关注作为战略性新兴产业的人工智能产业本身转变为同时强调人工智能技术对制造业等传统产业的赋能升级和"智能+"理念引导下人工智能产业的融合应用。[①] 百度公司董事长李彦宏在2021年的全国两会上提交了五份提案,涉及自动驾驶和智能交通、智慧养老、互联网平台数据开放共享、人工智能教育体系建设和未成年人网络安全教育等多方面[②],其中大部分都与人工智能相关。

2020—2021年,中国的各大企业和厂商,包括百度、阿里巴巴、腾讯及华为等企业都在基础软硬件层面加快布局追赶。在未来,中国在基础理论研究、技术应用场景、创新生态产业链、企业发展规模等方面仍然具有一定优势,人工智能在中国的发展将迎来不可多得的机遇期。

2. 新基建助推新兴技术融合

互联网基础建设水平不断提高也为中国人工智能领域提供了基础条件

---

① 胡启元:《人工智能传播发展现状与思考》,《上海信息化》2022年第5期。
② 刘羡:《盘点李彦宏委员2021年全国两会提案》(2021年3月3日),中国新闻网,https://www.chinanews.com/business/2021/03-03/9423148.shtml,访问日期:2021年6月9日。

和发展契机,为中国在互联网时代的腾飞筑牢根基。

"十三五"期间中国新型基础设施建设全面启动,进入"十四五"时期之后,新型基础设施建设迎来热潮。当前以人工智能为主要推动力的第四次工业革命方兴未艾,新一代信息技术快速演进,和铁路、公路、电网等传统基础设施建设不同的是,新型基础设施在助力数字化、智能化、网络化发展方面具有不可替代的作用,是新一轮工业革命的重要依托,也是全球人工智能发展竞争中的关键要素。截至2021年底,中国累计建成并开通5G基站142.5万个,建成全球最大5G网络;中国IPv6地址资源总量位居全球第一;算力规模排名全球第二。中国"5G+工业互联网"在建项目超过1800个,覆盖钢铁、电力等20多个国民经济重点行业;中国数字经济规模增至45.5万亿元,总量稳居世界第二;中国电子政务在线服务指数全球排名提升至第9位。中国网络安全产业总体稳中向好,网络安全服务市场快速拓展,产业规模约为2002.5亿元,增速约为15.8%。①

3. 人工智能相关企业数量规模爆发式增长

中国的人工智能企业发展主要布局于应用层面,但在技术和基础层涉及较少。相比之下,谷歌、亚马逊、Meta、微软、苹果等在基础层、技术层和应用层都进行了全面的布局。虽然中国人工智能企业数量规模已处于世界领先地位,但未来还需要在布局的广度和深度上继续下功夫。

人工智能作为新一轮产业变革的核心力量,将进一步赋能实体经济,为人们的生产和生活带来革命性的转变。伴随着移动互联网、大数据、云计算和物联网等新兴革命技术的推动,以人工智能为代表的新一轮科技革命蓬勃发展,成为中国实现高质量发展的重要引擎。2020—2021年,中国人工智能产业化发展迅速,无论是企业数量还是融资规模,中国均居全球第二,是人工智能产业化发展的大国之一。据IDC相关数据,2021年全球人工智能产业规模为3619亿美元。② 中国信息通信研究院数据显示,截至2021年12月,全球人工智能企业超23000家,中国企业近4000家。人工智能企业加速成

---

① 盘石:《数字经济成为增长新动能、2022〈中国互联网发展报告〉发布》(2022年9月20日),微博,https://weibo.com/ttarticle/x/m/show/id/2309404815737364807953,访问日期:2022年9月29日。
② 朱奕奕:《推动人工智能技术黑箱趋于透明,全球持续探索人工智能立法》(2022年9月1日),澎湃新闻,https://www.thepaper.cn/newsDetail_forward_19713109,访问日期:2022年9月8日。

长上市,2021年融资规模大幅增长,其中,人机交互领域投融资金额同比增加32%。① 在推动国家经济向高质量发展的过程中,人工智能逐渐成为推动工业变革的核心驱动力量。推动中国人工智能相关企业规模不断扩大,加速推进人工智能产业优化升级,是中国未来科技创新、建设现代化科技强国的一个"超级风口"。

4. 人工智能技术研发与支出比例不断上升

在2022世界人工智能大会产业发展全体会议上,中国信息通信研究院院长余晓晖介绍,2021年全球人工智能产业规模达3 619亿美元,其中中国占4 041亿元人民币。从投融资规模来看,2021年全球人工智能产业投融资金额为714.7亿美元,同比增加90.2%,中国人工智能产业投融资金额为201.2亿美元,同比增加40.4%。②

2020年10月清华大学人工智能研究院、清华-中国工程院知识智能联合研究中心联合发布了《人工智能发展报告2020》,报告显示过去十年中国人工智能领域的专利申请数量为389 571,位居世界第一,占全球总量的74.7%,是排名第二的美国的8.2倍。③ 从总体上来说,中国的人工智能相关专利申请数量呈逐年上升趋势,尤其是2015年后增长速率较快。

5. 高校人工智能学科建设不断完善

2020—2021年,中国人工智能高层次人才培养取得了一定成效,部分"双一流"高校相继成立人工智能学院、研究院,或通过其他创新机制将人工智能相关学科建设列为重点建设任务,培养了一定数量的优质硕士生和博士生。自2018年35所高校获教育部批准首批开设人工智能本科专业,2019、2020、2021年教育部公布的高校新增本科专业名单中新增备案专业数量最多的学科是人工智能专业。自科技部2017年发布《新一代人工智能发展规划》后,全国30多个省市又相继发布了人工智能专项政策,加大了对人工智能领域的人才投入。与此同时,人工智能学科和专业建设加快推进,2018

---

① 刘育英:《中国信通院:2020年中国人工智能产业规模大约3 100亿元》(2020年12月15日),中国新闻网,https://www.chinanews.com/it/2020/12-15/9362951.shtml,访问日期:2022年3月8日。
② 《2021年中国人工智能产业规模达4 041亿元人民币,投融资金额201.2亿美元》(2021年11月25日),界面新闻,https://www.jiemian.com/article/8008004.html,访问日期:2022年3月8日。
③ 智研君:《年度重磅发布:〈人工智能发展报告2020〉》(2021年1月21日),51CTO,http://www.techweb.com.cn/cloud/2021-01-22/2822333.shtml,访问日期:2022年3月10日。

年,教育部印发《高等学校人工智能创新行动计划》,研究设立人工智能专业。此后三年,国内 345 所高校开设了"人工智能"本科专业,138 所高校成功申报"智能科学与技术"本科专业,2020 年,171 所高职院校开设了"人工智能技术服务"专业,人工智能及相关专业学科的设立为现阶段中国人工智能的破局腾飞提供了坚实支撑。

但需要清醒认知的是,中国在人工智能领域的高层次人才还较为欠缺,人工智能相关学科建设和人才培养与美国等发达国家相比仍有较大差距。人工智能人才的流动性很高,中国人工智能人才流失严重,美国吸引了世界顶尖的人工智能科研人才。根据保尔森基金会旗下智库 MacroPolo 发布的报告《全球人工智能人才追踪》(*The Global AI Talent Tracker*)可知,中国是全球输出人工智能人才最多的国家,在所有中国的被调查者中,只有 34% 最终留在中国,56% 的人去了美国;并且在这 56% 去美国攻读硕士学位的人当中,有 88% 选择留在美国,只有 10% 选择回国。[1]

党中央根据中国当下新形势及人工智能领域存在的相关薄弱点,制定了一系列重大决策部署,着力在人工智能高层次人才培养的理念思路、推动策略和具体举措上实现创新突破。2020 年 1 月,教育部、国家发展改革委、财政部联合印发《关于"双一流"建设高校促进学科融合 加快人工智能领域研究生培养的若干意见》,提出要依托"双一流"建设高校,建设国家人工智能产教融合创新平台,为人工智能产业人才发展确立战略方向。

(二)打造 5G 商业生态圈 落地建设产业互联网

5G 作为新一代信息通信技术演进升级的重要方向,是实现经济社会数字化转型的驱动力量。

2021 年 2 月 3 日,工信部发布《关于提升 5G 服务质量的通知》。工信部指出,当前在 5G 发展加快并取得积极成效的背景下,部分电信企业用户提醒不到位、宣传营销不规范等情形正引发社会广泛关注。为切实维护用户权益,推动 5G 持续健康发展,各企业部门需要加强提升 5G 服务质量。具体提

---

[1] 硅星人:《顶级 AI 人才报告:中国人才济济,但近六成流向美国》(2020 年 6 月 17 日),凤凰新闻,https://ishare.ifeng.com/c/s/7xNSzk2Fm9H,访问日期:2022 年 3 月 9 日。

升举措包括:全面提升思想认识,高度重视服务工作;健全四个提醒机制,充分保障用户知情权;严守四条营销红线,切实维护用户权益;统一渠道宣传口径,及时回应社会关切;建立三类监测体系,准确把握服务态势;强化协同监管,加强监督检查。

2021年3月25日,《国家广播电视总局办公厅关于印发5G高新视频系列标准体系(2021版)的通知》发布。国家广电总局办公厅表示,为发挥标准在5G高新视频领域的引领和规范作用,推动广播电视和网络视听行业高质量创新性发展,国家广电总局组织制定了互动视频、沉浸式视频、VR视频和云游戏四项标准体系文件。① 这些标准体系分别从各自技术和应用发展角度出发,覆盖互动视频制作传输、播放交互、质量评测环节,沉浸式视频采集、制作、传输、呈现环节,VR视频采集、制作、传输、呈现和质量评测环节,云游戏架构、平台、终端、安全、评测环节,促进了各自的标准化建设和规范化发展。②

(三)云计算加快应用落地 推动产业快速发展

2009年,阿里云成立,在过去的十余年中,中国的云计算市场规模稳定增长。在国家战略的宏观指导下,百万企业上云,连续四年市场占比增速高于美国。但在追求企业上云"量"的过程中,不免对上云企业"质"的要求有所削弱。《2020中国云计算行业研究报告》指出:中国云计算市场马太效应明显,头部厂商占有绝对多数市场份额。其中,阿里云、腾讯云、华为云、天翼云占整体云计算服务市场的53.6%,市场壁垒形成。同时,云计算服务集群化分布特征明显,核心区域集中在东部沿海地区,并以互联企业为主。而中西部地区与传统企业云计算市场发展相对滞后。在这样的情况下,国家对云计算行业提出了精细化的发展要求,既要保证上云企业的广度,更要保证上云企业的深度,由此实现云计算多维度发展。

2020年3月,工信部印发《中小企业数字化赋能专项行动方案》,以数字化赋能中小企业,助力疫情防控、复工复产和可持续发展。该方案要求强化

---

① 钟梦莹:《5G技术背景下互动综艺的发展路径探析》,《视听》2022年第4期。
② 中国智能制造:《2021年一季度国内各省市5G相关政策一览》(2021年4月15日),网易,https://www.163.com/dy/article/G7KSUILE0511P170.html,访问日期:2022年11月30日。

网络、计算和安全等数字资源服务支撑,加强数据资源共享和开发利用;推动中小企业实现数字化管理和运营,提升智能制造和上云用云水平,促进产业集群数字化发展。按照"企业出一点、服务商让一点、政府补一点"的思路,鼓励各地加大对中小企业数字化的资金支持。例如湖南、四川、上海等地均通过中小企业发展专项资金支持中小企业数字化改造、企业上云等工作。①

2020—2021年在线需求大规模爆发,万物乘"云",迎来视听应用新场景。除了支撑起世界最大规模在线教育的"云课堂",还有助力居家办公的"云会议",提供数百万就业岗位的"云招聘",开启综艺节目新形态的"云录制""云歌会""云旅游"等。

上海市作为较早布局云产业的城市,在过去十年里形成了一批均衡发展、生态丰富的优势企业。如今上海市已将云计算融入城市发展的脉络中去,逐步实现城市的数据化高效治理。2020年11月,上海市将推动建设高质量数字基础设施,保障大型云计算数据中心建设用地写入《上海市推动服务外包加快转型升级的实施方案》中,力求提升新一代信息基础设施服务能级。该方案还要求加快培育云服务平台和数字内容企业并打造包括云服务在内的公共服务平台。2021年3月11日,十三届全国人大四次会议表决通过了《中华人民共和国国民经济和社会发展第十四个五年规划和2035年远景目标纲要》。"十四五"规划纲要强调要加快建设数字经济、数字社会、数字政府,以数字化转型整体驱动生产方式、生活方式和治理方式变革。

(四)加快VR关键技术研发　建立VR产业集群

虚拟现实技术通过计算机模拟现实环境,利用人体感官为使用者搭建一个三维虚拟世界,从而达到"以假乱真"的效果。虚拟现实技术的交互性、沉浸感以及想象力能够实现使用者的精神在场。

2020年,乘着国家"新基建"政策与5G技术的东风,虚拟现实技术产业化进程不断加快,在医疗、教育、农业等消费领域释放红利,形成良好的产业

---

① 中小企业局:《〈中小企业数字化赋能专项行动方案〉解读》(2020年4月2日),中华人民共和国工业和信息化部网站,https://www.miit.gov.cn/zwgk/zcjd/art/2020/art_47348ba4af2a4f5588a6cf6012aaa96c.html,访问日期:2022年3月9日。

集群。① 2020年1月，工信部等五部门发布《关于促进老年用品产业发展的指导意见》，将人工智能、脑科学、虚拟现实、可穿戴等新技术加快应用到老年人的功能障碍康复和健康管理中去。② 2020年8月，中央网信办等五部门印发《国家新一代人工智能标准体系建设指南》，对虚拟现实技术提出了集视觉、触觉、听觉等多感官信息一致性体验的通用技术要求。9月，工信部和中国残疾人联合会两部门共同发布的《关于推进信息无障碍的指导意见》中也指出要积极研发虚拟现实、头控、眼控、声控、盲用、带字幕等智能硬件配套产品，提升信息辅助器具智能化水平。实现针对残疾人、老年人的身心健康的功能恢复中去。③ 在中央政策引领下，湖南在2020年2月发布的5年数字经济发展规划中，指出要将高清视频与虚拟现实技术融合创新，应用到安防监控、医疗健康领域中去。重庆市在2020年8月发布的《重庆市智慧医疗工作方案（2020—2022年）》中提到要依托5G网络，推动虚拟现实及增强现实技术在手术模拟、医疗教学、远程医疗等场景试点应用，为提高培训水平和制定治疗方案等提供参考。

  虚拟现实的另一个应用热潮出现在智慧广电的建设中。2020年2月工信部在《关于有序推动工业通信业企业复工复产的指导意见》中指出，要丰富5G、超高清视频、增强现实等应用场景，带动智能终端消费。随着5G技术对有线电视网络的改造升级，居民家庭中形成了有线无线互动、大屏小屏联动的消费场景。为了促进消费扩容提质，形成强大国内市场，2020年3月，国家发展改革委、中宣部、国家广电总局等23部门联合印发的文件指出，要加快发展超高清视频、虚拟现实、可穿戴设备等新型信息产品。2020年11月，首届中国国际视听大会在北京召开。会上着重展示了超高清与虚拟现实、混合现实等新视听手段深度结合的发展成果与高质量产品。湖南省作为中国

---

① 钟珊珊：《中国联通虚拟现实VR/AR基地落地江西省南昌市》（2020年10月19日），江西省人民政府网，http://www.jiangxi.gov.cn/art/2020/10/19/art_393_2866337.html，访问日期：2022年3月11日。

② 消费品工业司：《五部门印发〈关于促进老年用品产业发展的指导意见〉的通知》（2020年1月17日），中华人民共和国工业和信息化部网站，https://www.miit.gov.cn/zwgk/zcwj/wjfb/zh/art/2020/art_bcd62928f86b47f5a143ffdc5d21a4d8.html，访问日期：2022年3月11日。

③ 信息通信管理局：《两部门关于推进信息无障碍的指导意见》（2020年9月23日），中华人民共和国工业和信息化部网站，https://www.miit.gov.cn/zwgk/zcwj/wjfb/txy/art/2020/art_25b15a2813614bddb95dc0ec9444f6f9.html，访问日期：2022年3月11日。

文化产业大省,为了更好地巩固提升影视、出版、动漫游戏、演艺等行业优势,立足于马栏山视频文创产业,多元发展超高清电视、数字出版、虚拟现实,创新融合,带来新的经济增长极。

为了加快信息时代人才培养与行业发展,高校致力于将虚拟现实技术纳入教育和管理数字化进程,为学生打造沉浸式学习环境。2020年2月,江西省发布了《关于新时代推进普通高中育人方式改革的实施意见》,积极探索基于情境、问题导向的互动式、启发式、探究式、体验式等课堂教学,注重加强课题研究、项目设计、研究性学习等跨学科综合性教学,认真开展验证性实验和探究性实验教学并加快建设在线课堂、创客教室、虚拟现实教室等智能学习空间。① 将虚拟现实等新技术应用到智慧教育中,发展"互联网+"的教学模式,在提升教学互动性与灵活性的同时,智能化的教育工具也能提升老师的信息素养,避免教学问题出现。

2021年,中国绝大部分省份均出台了相关政策以加强虚拟现实技术的应用和产业融合,例如,北京市提出要在爱国主义教育、工业制造等领域加强虚拟现实技术的运用。

(五)推动大数据信息安全共享　打造数据强国

随着中国数字经济的快速发展,大数据也在政策的带动下不断向各新兴领域延伸应用。2021年1月,《商务部办公厅关于加快数字商务建设服务构建新发展格局的通知》提出要深入推进商务大数据应用体系建设和部省电商大数据共建共享工作,持续推进部省之间商务领域数据资源互联互通、有序共享,合力完善电子商务统计监测体系,形成定期共享和双向反馈工作机制。

当前,随着5G、云计算、人工智能等新一代信息技术快速发展,信息技术与传统产业加速融合,数字经济蓬勃发展,数据中心作为各个行业信息系统运行的物理载体,已成为经济社会运行不可或缺的关键基础设施,在数字经济发展中扮演至关重要的角色。数据中心作为大数据产业重要的基础设施,其快速发展极大程度地推动了大数据产业的进步。2021年7月,工信部发

---

① 江西省教育厅:《江西省人民政府办公厅出台〈关于新时代推进普通高中育人方式改革的实施意见〉》(2020年2月16日),江西省人民政府网,http://jiangxi.gov.cn/art/2021/1/6/art_5022_3043511.html,访问日期:2022年3月11日。

布《新型数据中心发展三年行动计划（2021—2023年）》，提出到2023年底，全国数据中心机架规模年均增速保持在20%左右，平均利用率力争提升到60%以上，总算力超过200 EFLOPS，高性能算力占比达到10%。

（六）区块链变身助推器　规模化革新实体产业

中国区块链行业虽处于起步阶段，但随着技术的发展，以及应用场景规模扩大化，2019年10月，习近平总书记在中央政治局第十八次集体学习中强调要把区块链作为核心技术自主创新重要突破口，加快推动区块链技术和产业创新发展。区块链正式上升到中国国家战略的高度。政策红利成为其最大的资源。2020年1月17日，国务院办公厅发布的《关于支持国家级新区深化改革创新加快推动高质量发展的指导意见》中将区块链纳入培育新产业新业态新模式，促进实体经济发展的关键技术中，要求加快推动区块链技术和产业创新发展，探索"区块链+"模式，促进区块链和实体经济深度融合。2020年4月，国家发展改革委明确了"区块链"属于新基建的信息基础设施，将其纳入新基建范畴中。

在上游硬件技术、基础设施以及中游区块链技术服务的护航下，位于下游的区块链应用领域已经从单一的数字货币延伸到知识产权、金融、物流等行业。据《中国区块链产业全景报告（2021）》显示，2021年区块链产业扶持政策遍地开花，单年中央、各部委及各省市地方政府发布区块链相关政策达1101部。同时，政策对虚拟货币继续维持高压打击态势，"挖矿"活动被全面整治。中国在区块链技术专利申请上位于世界前列，2021年单年申请量占全球申请总量84%。其中，中国区块链技术申请对象以科技、金融、互联网、通信、区块链等公司居多，地区主要集中分布在江浙沪、广东和北京。

（七）全面推进物联网发展　优化产业结构升级

物联网仍以互联网作为核心和基础，但又将其用户端由人人之间拓展到了物品与物品之间，乃至人与物品之间，实现各种信息的快速交换。物联网具有全面感知、可靠传递以及智能处理的基本特征。

2020—2021年，中国物联网产业迅速发展，一是离不开物联网技术的沉淀，二是离不开国家政策的扶持。2020年5月，工信部发布了《关于深入推进移动物联网全面发展的通知》。该通知部署了5个重点任务,从基础建设到标准研究,从应用领域到产业体系,再到安全保障体系的建立。该通知还全方位、层级化地发展移动物联网,助力制造强国和网络强国建立落到实处。政府遴选出一批年度物联网关键技术与平台创新类、集成创新与融合应用类示范项目,以点带面,请推荐单位结合"新型基础设施"建设规划布局和工作实际,在技术创新、应用落地、政府服务等方面对入选项目加大支持力度,协助做好上下游企业对接,加强实施效果跟踪,推进优秀成果推广应用,深化物联网与实体经济深度融合,更好地推动产业集成创新和规模化发展。[1] 政府积极引导,各地区也积极响应部署,使得物联网在智慧城市建设、实时数据资源、技术集成创新、促进经济复苏以及推动万物互联等方面发挥了重要价值。福建省统筹推进全省泛在电力物联网项目建设。成都市住建局为更快捷地维修电梯、保障居民安全,全面推广"保险+服务+物联网"模式,以破解电梯维修难。长三角作为中国物联网技术策源地、产业集聚地和应用大市场,为了落实长三角面向物联网领域"感存算一体化"超级中试中心的战略合作,经过多地多方联动,达成了"感存算一体化"产业发展的落地方案,汇集了上海嘉定"国家智能传感器创新中心"、江苏无锡"国家集成电路特色工艺及封装测试创新中心"、浙江杭州"新型存储研发开发平台"及筹建中的国家重点实验室、安徽合肥"高性能计算"等创新与成果应用平台。[2] 2020—2021年,江西各地积极开展5G与工业、旅游、医疗、警务等行业的应用融合,以鹰潭智能终端与传感器,南昌手机智能终端与传感器,上饶、宜春大数据,抚州数字经济,赣州软件产业为标志的产业集聚发展态势良好。

物联网时代,泛采集、泛传输、泛终端的信息发布模式,媒体也逐渐从独立实体进化为万物互联、万物皆媒体的状态。智能媒体时代,物联网从根本上改变了信息传播的交互方式与内容构成,实现各类异质内容间的无缝对接

---

[1] 科技司:《工业和信息化部办公厅关于公布2019—2020年度物联网关键技术与平台创新类、集成创新与融合应用类示范项目名单的通知》(2020年7月7日),中华人民共和国工业和信息化部网站,https://www.miit.gov.cn/xwdt/gxdt/sjdt/art/2020/art_2c8c0498f9d347439f359cef858cde02.html,访问日期:2022年3月11日。

[2] 李荣:《长三角面向物联网领域推进"感存算一体化"合作》(2020年11月19日),中华人民共和国政府网,https://www.gov.cn/xinwen/2020-11/19/content_5562478.htm,访问日期:2022年3月13日。

和呈现方式的融合。

国家广电总局印发的《关于加快推进广播电视媒体深度融合发展的意见》里指出,要强化先进技术创新引领,保持对新技术的战略主动。高度关注新技术发展,深入研究颠覆性技术可能带来的技术变革,主动跟进、兴利除弊、为我所用,防范新技术应用引发风险,确保技术和内容安全。将技术应用与行业需求有机结合、业务研发与产品研发相结合,运用主流价值导向驾驭"算法"。培育更高技术格式、更新应用场景、更美视听体验的高新视听新业态,拉动相关设备生产及消费。加强5G、4K/8K、大数据、云计算、物联网、区块链、人工智能等在全流程各环节的综合应用,抢占全媒体时代战略高地。[①]

2021年9月,工信部联合中央网信办、科技部、生态环境部、住建部、农业农村部、国家卫生健康委、国家能源局印发《物联网新型基础设施建设三年行动计划(2021—2023年)》。该行动计划坚持问题导向和需求导向,以支撑制造强国和网络强国建设为目标,打造支持固移融合、宽窄结合的物联网接入能力,加速推进全面感知、安全可信的物联网新型基础设施,提出了四大行动12项重点任务。

二、媒体政策:规划智能媒体发展方向

(一)深度结构调整,加快全媒体传播体系建设

党的十八大以来,媒体融合发展一直是中国新闻舆论工作领域改革的重点任务,是全面深化改革的重要组成部分。建设全媒体传播体系,则是当前媒体深度融合发展的目标。在党中央一系列战略部署和政策指导下,中国媒体融合发展进入关键节点,全媒体体系建设也驶入快车道。

2020年6月30日,习近平总书记主持召开中央全面深化改革委员会第十四次会议。会议强调,推动媒体融合向纵深发展,要深化体制机制改革,加大全媒体人才培养力度,打造一批具有强大影响力和竞争力的新型主流媒

---

① 媒体融合发展司:《国家广播电视总局印发的〈关于加快推进广播电视媒体深度融合发展的意见〉》(2020年11月26日),国家广播电视总局网,http://www.nrta.gov.cn/art/2020/11/26/art_113_53991.html,访问日期:2022年3月13日。

体,加快构建网上网下一体、内宣外宣联动的主流舆论格局,建立以内容建设为根本、先进技术为支撑、创新管理为保障的全媒体传播体系,牢牢占据舆论引导、思想引领、文化传承、服务人民的传播制高点。

面对新形势新任务,建立全媒体传播体系是中国各级媒体面临的一项紧迫课题,也是各级媒体改革发展必须面对的必答题。面对习近平总书记提出的"要形成资源集约、结构合理、差异发展、协同高效的全媒体传播体系",2020年,从中央媒体到地方媒体,从主流媒体到商业平台,从大众化媒体到专业性媒体多方施策,开启了更加全方位协同的全媒体传播体系探索改革之路,逐渐形成舆论引导合力的局面。

作为媒体融合纵深发展的"最后一公里",县级融媒体中心建设的重要性不言而喻。2020年,各省份纷纷出台相关实施方案和管理办法,实现全省宣传工作和融合传播一张网、一盘棋,推动了县级融媒体中心从"量"到"质"的转变与飞跃。在中宣部、中央网信办、国家广电总局等多部门的合作下,县级融媒体中心正在成为乡村基层主流舆论阵地。

全国一体化政务服务平台建设成果丰硕,信息便民惠民向纵深发展。2020年9月10日,国务院办公厅印发《关于深化商事制度改革进一步为企业松绑减负激发企业活力的通知》,全面推进"一网通办"政策。截至12月中旬,全国32个省级政府均建成全省统一的互联网政务服务平台和政务服务应用,各省互联网政务服务平台均与国家政务平台实现互联互通,信息便民惠民向纵深发展。[①]

2020年10月,党的十九届五中全会就推进媒体深度融合、实施全媒体传播工程、做强新型主流媒体等作出重要战略部署,为媒体融合发展指明了前进方向。2021年3月12日,"十四五"规划纲要明确提到:"推进媒体深度融合,做强新型主流媒体。"

地市级媒体作为主流媒体的重要环节,是做强新型主流媒体的"腰部"支撑。在具体探索过程中,地市级媒体深度融合的可见性不断提高,青岛市广播电视台获评2021年全国广播电视媒体融合先导单位,在融合传播、体系建

---

① 王贝贝、张小华、李雪芸:《甘肃省数字法治政府建设对策探究》,《兰州工业学院学报》2024年第6期。

设过程中实现高质量发展。此外,浙江省嘉兴市广播电视集团的"禾点点"新闻客户端秉持"新闻随时相伴,服务在你身边,智慧点亮生活"发展理念,积极实践跨界融合的理念,成为地市级媒体深度融合的现实典范。地市级媒体深度融合在2021年逐步实现发展壮大,并依托自身资源优势实现中层媒体的链接重构,与"十四五"的战略规划方向高度契合。[①]

2021年3月16日,国家广电总局印发《关于组织制定广播电视媒体深度融合发展三年行动计划的通知》。中国媒体深度融合的发展展现出多点开花、政策导向的特点,探索迈向新的发展阶段。在顶层设计的引领下,各个地方开始制定媒体深度融合发展三年行动计划,并涌现出诸多典型案例。北京市广播电视局印发《关于加快推进北京市广播电视媒体深度融合发展的三年行动计划(2021—2023)》,计划在未来一至两年时间构建贯通广播电视与网络视听、网上网下一体、大屏小屏联动、京津冀协同、央市区融通的新视听传播格局。[②]

(二)新型主流媒体加快智媒转型,助力社会价值引领

中国主流媒体始终以壮大主流思想舆论,弘扬主流价值为己任,是主流意识形态的传播者与建设者。习近平总书记指出,意识形态工作是党的一项极端重要的工作;党的新闻舆论工作是治国理政、定国安邦的大事。这是对意识形态和新闻舆论工作的重大政治判断。中国传统主流媒体主要是指以报纸、广播、电视等传统媒为代表的一批官方媒体,主流声音也主要依靠传统媒体进行传播。随着门户网站、微博、微信和手机应用等新兴媒介的崛起,媒体产业不断拓展,媒体边界消融,改变了中国的媒介与传播格局。众声喧哗的舆论场弱化了传统点对面式传播的主流媒体的吸引力与影响力。移动互联网技术的发展在弱化传统主流媒体竞争优势的同时,也为其带来了新技术下媒体融合发展的新前景。

面对新传播革命,党的十八大以来,中国主流媒体走上了同互联网新兴媒体融合转型,打造新型主流媒体的道路。《关于推动传统媒体和新兴媒体融合发展的指导意见》对新型主流媒体指明了发展方向,即按照积极推进、科

---

① 黄楚新、陈智睿:《2021年我国媒体融合发展盘点》,《青年记者》2021年第36期。
② 同上。

学发展、规范管理、确保导向的要求,推动传统媒体和新兴媒体在内容、渠道、平台、经营、管理等方面深度融合,着力打造一批形态多样、手段先进、具有竞争力的新型主流媒体,建成几家拥有强大实力和传播力公信力影响力的新型媒体集团,形成立体多样、融合发展的现代传播体系。

习近平总书记强调:"要抓紧作好顶层设计,打造新型传播平台,建成新型主流媒体,扩大主流价值影响力版图,让党的声音传得更开、传得更广、传得更深入。"①总台全面推进主力军进入主战场,把更多优质内容、先进技术、专业人才、项目资金向互联网汇集、向移动端倾斜,全力构建涵盖网站、客户端、手机电视、IPTV、互联网电视、户外电视等平台的全媒体传播矩阵,努力打造自主可控、具有强大影响力的新媒体平台。②

2020年11月,为推动广播电视播出机构深化改革、完善制度、做强做优、创新创优,加快向新型主流媒体转型发展,切实增强广播电视媒体的传播力、引导力、影响力、公信力,国家广播电视总局出台了《国家广播电视总局关于推动新时代广播电视播出机构做强做优的意见》。该意见从三方面给出打造新型传播平台、建设新型主流媒体的强有力措施。一是加快媒体融合发展,加快广播电视播出机构流程再造,加大广播电视对县级融媒体中心的节目供给力度;二是加快广播电视服务升级,加快推进高清、超高清电视制作播出能力建设;三是加快新技术应用与创新,善于用好成熟技术,勇于研发体现广播电视特色、具有引领性的核心技术,积极融入广电5G发展,聚焦广电5G应用提供的新场景,强化大屏小屏互动。③

回看2020年,"价值引领"一词高频出现在国家广播电视总局的各项政策文件中。年初召开的2020年全国广播电视会议以加快广播电视高质量创新性发展为主题,要求强化价值引领,弘扬社会主义核心价值观。从广播电视到网络综艺节目,从青少年受众到海外群体,释放更大社会价值都是各主流媒体所担负的文化使命。

---

① 习近平:《论党的宣传思想工作》,中央文献出版社2020年版,第356页。
② 林沛:《2022年中央广播电视总台发展报告》,《中国广播影视》2022年第12期。
③ 宣传司:《国家广播电视总局印发〈国家广播电视总局关于推动新时代广播电视播出机构做强做优的意见〉的通知》(2020年11月5日),国家广播电视总局网,http://www.nrta.gov.cn/art/2020/11/5/art_113_53696.html,访问日期:2022年3月15日。

正如习近平总书记在中央政治局集体学习会上提出的"媒体竞争关键是人才竞争,媒体优势核心是人才优势"①。国家广电总局积极开展全国广播电视和网络视听行业领军人才工程、青年创新人才工程,遴选新闻宣传、文艺创作、国际传播、经营管理、科技与工程技术、理论研究等领域优秀人才。在致力于融合平台建立、专业人才培养、先进技术研发、商业模式升级的过程中,主流媒体更要抓牢自己的看家本领,以优质内容宣传主流价值,占领信息传播的制高点。优质的平台、先进的技术都应为内容生服务,用主流价值导向驾驭"算法",守土尽责,牢牢把握住舆论场的主动权和主导权。2021年作为"十四五"规划开局之年,是建党百年的历史节点,也是主流媒体走向深度融合的一年。主流媒体继续攻坚互联网阵地,以更加游刃有余的姿态全力打造融媒报道产品,在新媒体端发挥主流媒体的舆论引导力。

(三)商业媒体深入调控改革,打造智媒发展新生态

消费互联网向生产互联网转变,是2021年一个值得关注的态势。推进互联网建设,要求制作者进一步提高运用互联网的能力,创制做出各种形态的节目产品,要将"云化""元宇宙"等理念、生态和市场一步步化虚为实,助力人们开辟网上生活圈,让互联网真正成为人们的精神家园。

作为中国商业媒体的领军企业,腾讯以"用户为本,科技向善"为使命愿景,以"正直、进取、协作、创造"为价值观,将社会责任注入企业文化。2021年4月,腾讯提出第四次战略升级,"扎根消费互联网,拥抱产业互联网,可持续社会价值创新"成为腾讯公司业务发展的底座,牵引所有核心业务。② 腾讯新闻依托自身专业的媒体公信力、优秀的内容能力以及平台社会价值,搭载高质量深度内容和社会热点资讯,联动自制IP内容矩阵和大事件垂类运营能力,凝聚平台多元实力,以三大能力组合拳,为用户呈现多元价值,助力品牌获得信任与增长。以公信力构筑品牌信任资产、以高质内容,俘获用户高价值注意力、升级定制营销能力,引领内容创新玩法。③ 腾讯网以进取之

---

① 《习近平谈治国理政》(第二卷),外文出版社2017年版,第333页。
② 吴力:《强监管来了,企业怎么干?》,《国际商报》2021年10月12日。
③ 创氪网:《两年稳坐TOP3!腾讯新闻如何凭硬实力入围中国网络媒体发展榜》(2020年4月28日),"创氪网"大风号,http://biz.ifeng.com/c/85n0L7EVyTK,访问日期:2022年3月15日。

势推动行业高质量发展,展示了无限的商业潜力。一是全面、深度、多角度的大事报道,发挥社会引导力。腾讯新闻设置"小康""新时代"等极具年度背景的大事件报道栏目,并推出全面小康系列报道"中国向上",通过多角度切入、多元化呈现、多平台覆盖,立体化呈现决胜全面小康的精神风貌和奋斗故事。二是丰富的创作者内容生态,满足用户多元内容需求。通过不断升级优质创作者成长体系,与创作者共建内容生态,引领内容生产消费,促进内容产业健康多元发展,为用户提供多元、高品质的内容消费体验。三是搭建深度内容矩阵,打开用户眼界。腾讯新闻打造了如《十三邀》《财约你》《酌见》《和陌生人说话》等一系列文化 IP,涵盖纪实、文化、财经、娱乐、科技、生活不同领域,包含非虚构写作、访谈、纪录片等不同形式,致力为用户打造出具有深度价值体验的产品。四是多维度赋能公益,收获高社会参与度。腾讯网通过搭建公益平台,构建出完整公益生态,放大公益慈善行为影响力。此外,腾讯还进行疾病救助、贫困救学、教育助学等多项公益行动计划,从多维度赋能公益、激发民众公益热情。

《2021 中国泛资讯行业洞察报告》数据显示,个性化推荐和信息流形式成为泛资讯平台标配。用户需求正在向"全 + 准 + 兴趣 + 相关"转变,以个性化推荐为基础,融合搜索功能,成为泛资讯平台满足用户多元需求的重要抓手。今日头条不仅凭借其聚合分发、智能推荐和多元内容生态建设等先发优势,积极探索多元化的内容呈现方式,成为泛资讯时代的引领者与创变者,更作为满足用户需求"全 + 准 + 兴趣 + 相关"的典型代表,位列日活跃用户数量超过 1 亿的泛资讯产品超级头部第一梯队。2021 年 7 月,澎湃新闻七周年战略发布会,澎湃新闻总裁、总编辑刘永钢做指出了澎湃新闻下一步的发展方向:全链条内容生态服务商。在平台体系内生式扩张完成后,澎湃开探索外延式的扩展,加强打造矩阵化平台。刘永钢认为内容生态服务商是为互联网内容行业提供基础服务的,这些基础服务包括基于技术的生产工具,还包括素材、加工、审核、分发、版权交易等,只要是在内容产业的全链条当中会涉及的,澎湃都可以根据需求提供一些支撑和服务。[①]

[①] 澎湃新闻·舆论场:《澎湃新闻总编辑刘永钢:澎湃如昨、破界出圈、超越媒体》(2020 年 7 月 22 日),澎湃新闻,https://www.thepaper.cn/newsDetail_forward_8381359,访问日期:2022 年 3 月 15 日。

2021年10月28日,封面传媒成立六周年暨智媒云5.0总体架构发布,及封面科技C战略全新升级,"科技+传媒+文化"生态体再添新动能。经过孵化—升级—迭代—进化—蜕变,智媒云5.0大步向着引领人工智能时代的泛平台进发,将致力于构建"科技+传媒+文化"生态体,围绕经济、社会、政府、企业的数字化转型需要,提供泛内容、泛文化、泛媒介、泛传播的创新科技产品和一体化解决方案。①

---

① 吴冰清、赵紫萱:《封面传媒成立6周年智媒云5.0踏"云"而来"科技+传媒+文化"生态体蜕变迎新》(2021年10月28日),封面新闻,https://www.thecover.cn/news/vJH7WSbM4Fw=,访问日期:2022年3月15日。

第七章 技术篇:技术赋能智能媒体发展

技术是推动智能媒体发展的重要促进力,也是智能媒体影响社会现代化进程的助燃剂。随着大数据、云计算、物联网、人工智能芯片技术、5G 技术、区块链技术以及智能机器人技术的不断演进与成熟,其在各行各业的运用也愈发普及,广泛参与到社会各领域的智能转型之中,发挥着重要的基础作用。

一、大数据:智媒发展的基础资源

(一)中国大数据发展现状

大数据作为新时代的重要生产要素,有助于推动中国经济转型发展,重塑国家竞争优势。经过十几年的发展演进,大数据技术从面向海量数据的存储、处理、分析等需求存储计算类技术,逐渐向数据治理、数据分析应用和数据安全流通延伸,不断为数据资产化或要素化提供先进的生产工具,促进了深度学习技术的崛起。

就数据存储计算技术而言,控制成本按需使用成为了主要理念,国内众多厂商深入进行了存算分离和能力服务化的实践。就数据治理技术而言,自动化、智能化数据管理需求紧迫,数据管理相关的概念和方法论近年备受关注。就数据安全流通技术而言,隐私计算稳步发展且热度持续上升,破解数据安全、权属、垄断等资产化难题需要一场新的技术革命。[①]

展望"十四五"时期大数据发展趋势,中国信息协会大数据分会提出了大数据产业发展的六大新趋势:人工智能技术融合应用成为突破数据治理瓶颈

---

① 中国信息通信研究院:《大数据白皮书(2020 年)》,2020 年 12 月,第 15 页。

的新方法;数据交易市场将是实现数据定价和数据确权的新实践;提高服务效能和推动治理流程再造成为政府大数据新应用焦点;"工业大数据+工业互联网"共筑绿色低碳的新工业体系;智能健康管理、云端诊疗、数据安全治理引领健康医疗新机遇;提高工作效能和创新工作方式是智慧党建大数据平台的新价值。①

相对于五年前"十三五"规划中专门用一章"实施国家大数据战略"集中描述大数据发展,"十四五"规划中对于大数据发展的着墨已经融入各个篇章,明确提出要"激活数据要素潜能",将大数据视为已融入经济社会发展各领域的重要应用,在多个篇章重点着墨,为未来五年的大数据发展谋划了总基调,对加快培育数据要素市场、保障大数据产业健康发展奠定了坚实基础。②

(二)大数据视角下人工智能的应用场景

大数据、人工智能作为热点技术,其发展趋势受到了广泛关注。对于大数据人工智能的应用范围,不论是医疗、生物,或是金融贸易,在各个行业当中都能找到适宜的应用场景。

1. 医疗大数据:诊断高效化

除了较早前就开始利用大数据技术的互联网公司,医疗行业是让大数据分析最先发扬光大的传统行业之一。医疗行业拥有大量的病例、病理报告、治愈方案、药物报告等,如果能将这些数据进行有效整理和应用,将会对医生和病人产生极大影响。如果未来基因技术发展成熟,甚至可以根据病人的基因序列特点进行分类,建立医疗行业的病人分类数据库,同时这些数据也有利于医药行业开发出更加有效的药物和医疗器械。③

2. 生物大数据:完善基因数据库

生物大数据技术主要是指大数据技术在基因分析上的应用,通过大数据

---

① 中国信息协会大数据分会:《数据的力量|〈2021—2022中国大数据产业发展报告〉》(2021年12月27日),数字经济观察网,https://www.szw.org.cn/20211227/53921.html,访问日期:2022年3月15日。
② 中国信息通信研究院:《大数据白皮书(2021年)》,2021年12月,第1页。
③ 谢然:《大数据社会的具体场景》,《互联网周刊》2014年第11期。

平台,人类可以将自身和生物体基因分析的结果进行记录和存储,从而建立起基因数据库。大数据能够加速对基因技术的研究,有利于研究者进行模型的建立和基因组合模拟计算。对于公共数据,从数据中挖掘信息,分析利用后转变为应用价值,将大量的基因样本测序后的"数据大"变成真正的"大数据",将成为科学研究生物大数据未来发展的一个新趋势。基因技术是人类未来战胜疾病的重要武器,借助于大数据技术应用,可以加快人们对自身基因和其他生物基因的研究进程。[1]

(三)大数据对中国媒体行业的影响

随着信息技术与媒介技术的高速发展,中国已经大步迈入了"大数据"时代,海量的结构化与非结构化数据正大力改变着人们的生产、生活、思维、行为等方方面面,而媒体作为社会的瞭望哨与"监视器",也正经历着各种层出不穷的变化。

1. 大数据广告影响传媒产品定价

面对互联网广告的兴起,报纸、杂志、广播、电视四大传统媒体广告陆续滑入下行通道。随着大数据技术的发展,专门的大数据广告分析公司会为传媒行业提供用户的数据信息,使其制定市场策略更加精准,例如,目标消费者经常浏览与美食相关的信息,那么传媒行业在制定广告策略时也会加入目标群体喜好的美食信息。相较于传统媒体,大数据广告的智能化能够有效推动传媒行业利用大数据的抓取和分析功能精准定位投放广告,从而提高盈利转化率,提高媒体在广告市场的竞争力。[2]

2. 数据驱动传媒产业链延伸

大数据作为全新的思路和手段,对传媒业带来了革命性的影响。一方面促使传统媒体的商业模式被彻底颠覆:首先,传媒产业可以利用大数据对海量信息进行深度挖掘,提炼有价值的内容;其次,在对数据进行详细分类等初步加工的基础上,可以通过出售或租借的方式授权其他企业使用,并提供专业的咨询服务,甚至可以提供数据的存储服务。另一方面又使信息智能匹配

---

[1] 谢然:《大数据社会的具体场景》,《互联网周刊》2014年第11期。
[2] 李敏:《大数据广告对传媒行业的影响》,《今传媒》2019年第11期。

成为可能,为传媒产业发展带来了巨大的发展机遇:一是能够为用户生成定制化内容,满足用户个性化需求;二是能够加速产业融合,实现传媒业与通信业、金融业、IT业的融合,形成新的产业蓝海。

二、云计算:"媒体上云"的全面架构

当前,中国正处于从工业经济向数字经济加速转型的变革时期,数字经济正成为经济增长的新引擎。作为"新基建"的重要组成部分,云计算在政务、教育、医疗、制造等多个领域快速延伸拓展。

(一)中国云计算技术发展现状

通过对《2020中国云计算市场发展报告》的深入解读,当前云计算技术的发展呈现如下特点:产业方面,在"新基建"政策等因素的作用下,上云主力开始由互联网企业向传统企业倾斜;技术方面,云原生、边缘计算、分布式云等新技术不断涌现,越来越多的云服务商开始拥抱新技术;市场方面,云服务市场已从单纯的IT基础设施建设进入支持行业应用的新阶段;行业方面,云服务商开始结合企业具体业务场景,并相继推出医疗、制造、教育、金融、零售等解决方案,赋能各行各业数字化转型。①

2021年,随着互联网企业的飞速发展及传统企业数字化转型进程的加快,作为推动数字经济发展的关键基础设施,云计算产业的创新能力显著增强、应用范围持续拓展、服务能力大幅提高。2021云计算十大关键词分别是:①云原生,云计算架构正在以云原生为技术内核加速重构;②高性能,云端高性能计算驱动数字经济发展;③混沌工程,为复杂系统稳定性保驾护航;④混合云,成为企业上云主流模式;⑤边缘计算,呈蓄势待发之势;⑥零信任,与原生云安全不断融合;⑦优化治理,企业上云加速优化治理需求;⑧数字政府,数字技术使能政府治理创新;⑨低碳云,企业数字化与节能减碳齐头并进的技术引擎;⑩企业数字化转型,从宏观逐渐到微观落地。②

---

① yu:《"疫情之危"变为"转型之机"〈IT影响中国:2020中国云计算市场发展报告〉回顾与展望》(2021年1月19日),http://cloud.yesky.com/16/722146016.shtml,访问日期:2022年3月15日。
② 中国信息通信研究院:《云计算白皮书(2021年)》,2021年7月。

(二)云计算在媒体行业的新应用

时代的要求促使媒体行业进行转型升级,云计算的出现从多个维度促进了媒体融合,打破了传统媒体与新媒体的界限,并在媒体素材管理、移动端功能演进的过程中扮演着重要角色,颠覆了传统媒体新闻采编、发布及传播的方式,对媒体赋能,诞生了云平台、云存储、云传播等新应用。

1. 云平台

2020—2021年,国内最常见的云平台有百度的"百度云"、腾讯的"腾讯微云"等。伴随人工智能与媒介技术的不断融合与高速发展,云端化的智慧广电成为主流媒体融合发展的必然趋势。主流媒体为了顺应新形势,纷纷借助云计算和大数据技术进行思想文化宣传工作,提升整合数据资源能力和服务能力,纷纷开启云端化发展和云平台建设。[1] 云计算自身的数据能力较强,将云计算运用到新媒体平台上,会帮助新媒体更好地了解相关数据,从而推动新媒体不断创新。[2]

2. 云存储

云存储是一个通过集群应用、分布式文件系统、网络技术等功能,使用应用软件将网络中大量不同类型的存储设备集合起来,一起协同工作,并共同对外提供数据存储和数据业务访问功能的系统。[3] 通过授权统一接口,云存储能够为用户提供存储和数据服务,实际上它就是将储存资源放到云上供用户或企业存取的一种新兴的方案。[4]

3. 云传播

云传播是产生于云计算技术条件下的一种信息传递与分享的模式,它以"共享"作为传播的机制,以云服务作为传播的媒介平台,传播活动及其过程基本在云端完成[5]。云传播的重要特点是简化了传播模式,只存在"云"到"端",即C2C(cloud to client)。在"云"的层面,可以建设信息云、新闻云、视

---

[1] 王心怡:《主流媒体融合发展中的云端化》,《新闻研究导刊》2020年第11期。
[2] 成启明:《大数据时代云计算在新媒体平台中的运用分析》,《信息记录材料》2021年第22期。
[3] 徐望、张常泉、黄强:《浅析云存储中的数据安全面临的问题及解决对策》,《南方农机》2020年第51期。
[4] 张一名:《大数据背景下云数据安全存储技术研究》,《信息记录材料》2019第20期。
[5] 蒋一洁:《5G网络技术下的云传播变革研究》,《城市党报研究》2020年第8期。

频云等等庞大的数据库。

2020年全国两会期间,中国实现了全效"云"传播,其中,移动端交互产品《政府工作报告就在你身边》,借力人工智能语音、图像识别、语义分析等技术,帮助网民智能化、便捷化获取政府工作报告要点,全渠道浏览量达1614万。

(三)云计算对媒体行业的影响

云计算技术正不断赋能媒体平台,持续推进媒体融合转型升级,对未来媒体行业将会产生重要影响。

1. 存储承载海量数据成为可能

云存储使媒体计算与存储更为高效可靠,业务响应无延迟。媒体业务的发展加大了服务器的压力,庞大的资料和媒体素材亟须大量存储空间。媒体平台通过部署云数据库,拥有了可灵活扩展的计算资源,并缩短业务部署上线以及扩展升级的周期,从而大大降低运维成本。同时,媒体平台可将移动端数据云存储,从而大幅提升用户访问速度与媒体素材加载速度。

2. 视频结构化得到技术支持

云平台能够直播各大事件,做到新闻现场零缺席。将重大新闻事件以视频形式实时直播,能够更高效快速地将事件触达更多人群,真正实现用户的"所见即所得"。央视推出的"慢直播"正是依托云平台从而直击新闻现场的特殊形式。除了移动端接入、直播功能拓展之外,基于用户个性化需求而产生的推荐观看也正逐渐成为媒体平台独特的竞争优势,只有通过对存储数据进行大数据及人工智能分析,我们才能从海量信息中找到真正满足用户需求的内容,实现用户的个性化定制。

3. 助推媒体智能化进程

在智能化时代,媒体呈现的内容和形式都将成为数据,在云平台上进行存储、学习、交互和生产,媒体将会变得愈发智能。从内容形式上看,视频已成为媒体行业发展新场景。多种智能技术可以捕获高质量的音频、视频,这种技术同样也可以获取新闻事件的照片和视频,大量的音视频素材在云端存储并进行全渠道传播,真正实现新闻的智能化生产和零时差传播。云平台能够提供从视频直播采集端、服务端到播放端一站式服务,依托云计算技术,媒体在拥抱智能平台的同时,也加快了智能化脚步。

三、物联网:智能媒体延伸的末端神经

(一)中国物联网行业发展历程及特点

物联网自20世纪末进入中国,但起初仅限于初步研究,国家对物联网的认知还处于自由发展阶段。2015年之后,国家开始重视对物联网的研究和投入,支持政策和资金开始介入,物联网行业前景得到进一步拓展。

经过梳理,中国物联网发展呈现出以下特点。第一,物联网行业地区特征明显。中国的物联网行业主要分布于环渤海、长三角和珠三角经济圈,这些地区资金实力雄厚、基础设施配套完善、拥有高端人才资源,为物联网的发展提供了技术、人力和物质基础。第二,政策制定针对性强,移动物联网(Narrow Band Internet of Things,NB-IoT)规模化落地发展。如表7-1所示,2017年6月,中国发布了《工业和信息化部办公厅关于全面推进移动物联网(NB-IoT)建设发展的通知》,要求电信企业加大对NB-IoT的部署力度,并在2017年底实现40万个NB-IoT基站的建设目标。后续出台一系列政策,不断细化部署,将NB-IoT作为中国物联网发展的主流标准。

表7-1 2016—2021年物联网行业相关政策

政策	时间	发布部门
国家制造强国建设小组关于设立工业互联网专项工作组的通知	2018年2月	工信部
推进互联网协议第六版(IPv6)规模部署行动计划	2017年11月	国务院
关于全网推进移动物联网(NB-IoT)建设发展的通知	2017年6月	工信部
物联网发展规划(2016—2020年)	2017年1月	工信部
"十三五"国家信息化规划	2016年12月	国务院
关于深入推进移动物联网全面发展的通知	2020年5月	工信部

"十四五"时期是物联网新型基础设施建设发展的关键期,为深入贯彻落实好党中央、国务院决策部署,系统谋划未来三年物联网新型基础设施建设,

工信部等8部门共同印发《物联网新型基础设施建设三年行动计划(2021—2023年)》,提出到2023年底,在国内主要城市初步建成物联网新型基础设施,社会现代化治理、产业数字化转型和民生消费升级的基础更加稳固。[①]

(二) 2020—2021年物联网发展最新态势

除了中央政策规划的加码外,中国物联网核心技术取得重大突破,行业成本不断下降以及企业巨头全面布局物联网等因素也在不断驱动中国物联网行业发展,产业生态初具雏形。中国物联网将进入新一轮发展潮流,呈现出以下发展态势。

1. 物联网连接数持续上升,连接结构发生改变

中国物联网连接数持续上涨。据工信部《2019年通信业统计公报》,2019年中国物联网连接数为36.3亿,在全球占比达到30%,其中移动物联网连接数占比较大,已从2018年的6.71亿增长到2019年底的10.3亿。[②]预计到2025年,中国物联网连接数将达到80.1亿,年复合增长率14.1%。"十三五"期间,互联网总体产业规模保持在20%的年均增长率[③]。

物联网连接结构发生改变。物联网连接分为消费物联网和产业物联网两个类别,消费物联网主要指的是面向消费者或者以消费者为最终用户的物联网应用,例如智能音箱、智能家居、可穿戴设备等。然而,随着物联网加速向各行业渗透,产业物联网连接数占比也在不断提高。

2. 相关技术加速创新融合,智能化、服务化水平提高

物联网技术本身仍处于加速创新阶段,物联网和其他技术之间的不断融合,将持续推动平台和网络服务能力的升级、物联网应用的落地以及物联网服务的智能化。首先,是与5G技术融合。5G和物联网两者相辅相成、密不可分:5G为物联网的充分落地提供了网络支撑;物联网也是5G建网最重要

[①] 《关于印发〈物联网新型基础设施建设三年行动计划(2021—2023年)〉的通知》(2021年9月10日),中国政府网,https://www.gov.cn/zhengce/zhengceku/2021-09/29/content_5640204.htm,访问日期:2021年10月6日。

[②] 运行监测协调局:《2019年通信业统计公报》(2020年2月27日),中华人民共和国工业和信息化部网站,https://wap.miit.gov.cn/jgsj/yxj/xxfb/art/2020/art_fba81d47193a4f1f83e7ebe694313ab9.html,访问日期:2021年3月27日。

[③] 中国信息通信研究院:《物联网白皮书(2020)》,2020年12月,第1页。

的应用场景。其次,是与人工智能融合。物联网通过连接万物的互联网设备将收集到的数据上传至云端,通过机器学习模型等技术对数据进行分析和处理,以生成所需要的信息并积累知识。随着知识的学习,机器模型逐渐拥有智能,并能够运用这种智能去服务人类,这就是人工智能与物联网的融合运用,即 AIoT。

3. 物联网基础设施整合探索不断深入,进入新阶段

从 2015 年起,产业界对物联网基础设施的整合探索就从未停止。对物联网基础设施的整合可以分为三个阶段:第一阶段是以智能路由器、智能可穿戴设备等面向终端开发的智能硬件为代表;第二阶段以通用物联网平台和操作系统为代表;随着物联网领域的应用需求越来越充分,对物联网底层基础能力的整合需求越来越急迫,以物联网网络基础设施为代表的第三阶段已经到来。

物联网网络基础设施开始向全场景覆盖,立体化演进格局初步形成。移动网络、局域网、卫星网络等共同组建了立体化的物联网网络基础设施,为物联网的常态化应用提供随时随地的可靠接入。移动物联网的价值将不断凸显,开始成为推动经济社会数字化转型的重要引擎。

(三)物联网对中国媒体行业的影响

如今,全球正以不可遏制的速度进入物联网时代,物联网技术的发展将会在新闻传播领域产生伟大而深刻的变革。同时我们也要认识到,只有在物联网生态中,全程媒体、全员媒体、全息媒体和全效媒体的愿景才能够真正实现。

1. 延伸新闻传感触角

首先,丰富了新闻信息来源渠道。物联网时代,媒体融合实现了传感器与新闻传媒的结合,传感器作为"触角"延伸到社会的各个角落,因此也能从各个方面收集到第一手相关资讯。其次,物联网也能扩大新闻生产主体。机器不仅成为了信息的采集者,还可以实现对新闻信息的智能加工,拥有智能系统的智能终端——新闻写作机器人也成为了智能新闻生产的重要主体。

2. 万物互联,实现场景化赋能

在第五代移动通信技术和人工智能技术的加持下,中国已经初步实现了万物皆媒、万物互联的物联网巨型生态系统。5G 开启的万物皆媒、万物互联时空中,借助数据创造的万千新场景,更加离不开对应用场景、生活场景、传播介质深入细致的洞察感受,智能传播能力成为关键。①

3. 为媒体智能升级带来新的机遇

传统媒体的智能升级必须提高对物联网的重视程度,并加强对物联网运用的人才储备。传统媒体在追求传播流程更新、媒体形态融合的过程中,在实现媒体高质量传播的同时,也要加强对物联网技术的学习和追踪,在已有传播技术的基础上,积极尝试新的、基于物联网技术的传播方式和传播途径,使媒体未来转型更为深刻和彻底。

四、人工智能芯片:智能媒体发展的战略高点

(一)人工智能芯片发展背景

从通用概念上来说,人工智能芯片是指面向人工智能技术和相关算法而生产的半导体芯片。从广义上来讲,只要能够运行人工智能算法的芯片都可被称为人工智能芯片。人工智能核心计算芯片的发展大致经历了三个阶段:基于现场可编程逻辑门阵列(field programmable gate array,FPGA)的半定制阶段、针对深度学习算法的全定制阶段和类脑计算芯片阶段。② 2007年以前,人工智能研究还没有发展成为成熟的产业,在这一时期人工智能对于芯片的要求不高,通用的 CPU 芯片即可满足日常需求。进入 2010 年之后,云计算开始广泛推广,人工智能研究员在借助大量 CPU 和 GPU 技术的基础上结合云计算技术进行混合运算。2015 年之后,业界开始研发专门针对人工智能的专用芯片。

1. 基于 FPGA 的半定制人工智能芯片

在芯片还未成规模、深度学习算法尚未稳定时期,利用具备可重构特性的 FPGA 芯片来实现半定制的人工智能芯片是最佳选择。在这一阶段最具有代表性的公司是国内的初创公司"深鉴科技"。该公司设计了深度学习处

---

① 王晓红,王芯蕊:《在场、连接、协同:5G再造视听传播》,《中国新闻传播研究》2021年第6期。
② 中国安防行业网:《浅谈AI芯片的简要发展历史》(2019年3月19日),搜狐网,https://www.sohu.com/a/302273338_99947626,访问日期:2021年4月1日。

理单元（deep processing unit，DPU）的芯片，希望以专用集成电路（application specific integrated circuit，ASIC）级别的功耗来达到优于 GPU 的性能。这种半定制芯片虽然依托于 FPGA 平台，但是由于其利用了更为便捷的指令集和编译器，产品可以实现更快速的开发和迭代，与专用的 FPGA 加速器产品相比，已经具有非常明显的优势。

2. 针对深度学习算法的全定制人工智能芯片

此类芯片是完全采用 ASIC 设计方法全定制的芯片，集成度、功耗和可靠性等指标在深度学习算法中都具有优势，尤其在高性能、低功耗的移动应用端体现明显，缺点是电路设计需要定制，相对来说开发周期较长，功能难以拓展。谷歌的 TPU 芯片、中国科学院计算所的寒武纪深度学习处理器芯片就是这类芯片的典型代表。寒武纪在国际上开创性地进行了深度学习处理器研究，其芯片已于 2019 年实现产业化。

3. 类脑计算芯片

此类芯片的设计目的不再仅仅局限于加速深度学习算法，而是希望在芯片基本结构甚至器件层面上开发出新的类脑计算机体系结构。类脑计算芯片不采用冯·诺伊曼架构而是基于神经形态架构来设计，是模拟生物神经网络的计算机制。这类芯片的研究还处于初级阶段，距离大规模广泛使用仍有较大差距，甚至存在较大风险，但从长期来看，这种类脑计算芯片可能会给当下计算体系带来颠覆性变革。这类芯片以 IBM 的 TrueNorth 芯片为典型代表。TrueNorth 处理器由 54 亿个晶体管组成，构成了包含 100 万个数字神经元阵列，这些神经元又可通过 2.56 亿个电突触彼此通信，具有极高的效率。[①]

（二）中国人工智能芯片发展现状

从人工智能芯片的发展历程来看，中国人工智能芯片起步较晚，仍处于发展的初级阶段，但未来进步空间较大，具有较高的发展潜力。

1. 中国人工智能芯片发展阶段：尚处于幼稚期

虽然中国人工智能芯片发展势头良好，但当前人工智能芯片行业仍处于

---

① 任源、潘俊、刘京京等：《人工智能芯片的研究进展》，《微纳电子与智能制造》2019 年第 6 期。

发展的幼稚期。主要原因是中国的人工智能芯片行业发展起步较晚，整体发展规模正处于快速增长阶段的前夕。长期以来，中国在CPU、GPU等处理器设计上一直处于追赶地位，绝大部分芯片设计企业主要依赖于国外的IP核心设计芯片，缺乏自主创新能力。且人工智能领域的应用还处于初步应用阶段，国产处理器和国外竞争对手相比还存在较大差距。

2. 中国人工智能芯片市场规模：极速拓展

近几年，国家高度关注人工智能芯片产业的发展，相继出台了一系列产业支持政策。人工智能芯片行业投融资从2017年开始逐渐兴起，到2018年投资者的投融资热情攀至顶峰，全年投融资事件达到13起，金额达41.79亿元。此外，中国人工智能芯片的市场规模不断扩大的同时，行业也在加速洗牌，投资者倾向于以更大的金额投资优秀的头部公司，到2020年中国人工智能芯片领域的投融资事件下降至5起，金额达37.5亿元[①]。

2021年，人工智能达到1998亿元规模，2026年将超6000亿元，人工智能芯片作为人工智能产业的关键硬件，其2021—2026年的CAGR在40%以上，是拉动整体产业核心规模增速与带动规模增速的重要拉力[②]。

3. 人工智能竞争格局：与国外发展差距较大

根据清华大学中国科技政策研究中心发布的《中国人工智能发展报告2018》，中国已经成为全球人工智能专利布局最多的国家。但是很多人工智能领域的基础专利都掌握在欧美等发达国家手中，且国内的人工智能芯片企业，由于大多是初创公司，所以在人工智能芯片领域的渗透率较低，高端人才缺乏，导致中国人工智能芯片行业发展缺乏长期内生动力，和国外发展存在较大差距。国内企业生产的芯片主要聚集在ASIC和类脑芯片领域，如中国科学院计算技术研究所发布的全球首个深度学习处理器芯片"寒武纪"主打ASIC芯片，上海西井信息科技有限公司则涉足类脑芯片（参见表7-2）。

---

① 李明俊：《2021年中国人工智能芯片行业市场现状与发展前景分析　互联网与AI推动行业加速发展》（2021年3月3日），前瞻经济学人网，https://www.qianzhan.com/analyst/detail/220/210303-0771e512.html，访问日期：2021年4月13日。

② 艾瑞：《2021年中国人工智能产业研究报告（Ⅳ）》（2022年1月24日），"艾瑞咨询"微信公众号，https://mp.weixin.qq.com/s/i0tEDXe2p5Nf1vQgmHmbQQ，访问日期：2022年1月30日。

表7-2　全球人工智能芯片厂商竞争层次情况

芯片种类	特征	应用	布局企业	市场竞争状态
CPU	逻辑控制、串行运算等通用计算	云端/终端推断	英特尔、AMD	垄断
GPU	图像处理、密集型并行运算	云端/终端训练	英伟达、AMD	垄断
FPGA	可定制编程	云端/终端推断	Xilinx、英特尔	垄断
ASIC	可根据算法进行定制	终端训练/训练	谷歌、寒武纪	分散
类脑	模仿人脑异步、并行和分布式处理信息	终端推断	IBM、西井科技	分散

资料来源：前瞻产业研究院整理。

（三）人工智能芯片对中国传媒行业的影响

人工智能技术正在建构着全新的新闻传播生态，也重塑着新闻产业的业务链。从宏观层面来看，智能化技术推动着新闻媒体组织内部的结构重组和资源分享，促进新闻媒体间的合作乃至跨界合作；从微观层面来说，智能化技术在新闻产业链中的运用，实现了新闻生产流程的再造。①

1. 智能终端性能提升，革新媒介传播格局

如今智能手机已经成为网民接入互联网的主要渠道，智能芯片的研发也为网民使用智能手机等终端设备提供了良好条件。人工智能芯片的研发和进步，除了能够提升智能终端设备的性能之外，还将不断改善智能设备的使用环境，开创新的媒介传播格局。例如智能手机等终端可以延伸新闻的采访功能，使新闻写作更为精细化和个性化，同时受众也可以成为传播者，参与到新闻生产当中，近几年出现的"公民新闻"对传媒产业也产生了深刻影响。

2. 智能语音交互，提升媒体传播效率

人工智能芯片的另一个应用领域为实现智能语音交互，助力传媒产业发展。当传媒业与智能语音技术结合，传媒内容从"无声"变为了"有声"，语音输入、字幕生成等智能语音技术解放双手，语音互动广告等新玩法也为媒体

---

① 李欣、许泳佳：《再造流程：新闻生产智能化应用现状及前景分析》，《中国出版》2021年第1期。

行业带来了新的盈利点……如今许多手机应用或者智能家居等也都搭载了人工智能语音识别系统,通过对语音的交互,传媒业可以更好地实现传播的高效、智能和安全。

3. "芯片＋算法"助力媒体行业蓬勃发展

中国的人工智能发展更多体现在算法方面,而媒体作为对算法应用最为广泛的行业之一,芯片对于媒体行业发展也具有关键性作用。2018—2021年,云天励飞公司以"端云协同"为核心技术路线,以算法芯片化为核心技术能力,打造了算法平台、芯片平台两大核心技术平台,并在上面建立了六大能力平台,可以快速为客户落地各种应用场景。

智能算法是以用户为中心的算法型信息分发模式,实现了信息生产与传播范式的智能化转向,同时带来了用户价值主导下的场景化适配。在未来,媒介将成为一种算法型媒介,"换句话说算法就是一种媒介,一种更高意义上的媒介"①。

五、5G：新传播格局构建的持续助推力

(一) 中国5G发展新概况及前景

2021年,工信部召开"十四五"信息通信行业发展规划新闻发布会表示,中国5G发展已取得世界领先的显著成就,并就未来进一步扩大5G基站等新型基础设施建设做出规划。2021年,中国已建成5G基站超过115万个,占全球70%以上,是全球规模最大、技术最先进的5G独立组网网络,全国所有地级市城区、超过97%的县城城区和40%的乡镇镇区实现5G网络覆盖;5G终端用户达到4.5亿户,占全球80%以上。②

1. 5G网络加快部署建设

2020年中国凭借超大规模市场基石,5G发展动力持续增强,产业各方

---

① 滕晗：《喻国明：祝贺"智媒云"3.0版本发布　主流媒介面临巨大发展机遇》(2020年1月11日)，封面新闻，https://www.thecover.cn/news/CUVISbbSzDE＝，访问日期：2021年1月13日。
② 信息通信发展司：《工业和信息化部召开〈"十四五"信息通信行业发展规划〉新闻发布会》(2021年11月16日)，中华人民共和国工业和信息化部网站，https://www.miit.gov.cn/gzcy/zbft/art/2021/art_c8650b489552421daf55fca47cbc67aa.html，访问日期：2021年11月20日。

从产业端和消费端同时发力，5G 融合应用日趋活跃，中国 5G 应用正从"试水试航"走向"扬帆远航"。

2021 年，在中央和各地政府助推以及数字化进程加速的大背景下，中国 5G 从高速建设向高质量发展阶段迈进。

通信运营商作为网络基础设施建设者、运营者以及数字化转型先行者，在 5G 发展中扮演着至关重要的角色，而其在 5G 上的布局节奏基本上决定了整个中国 5G 迈进步伐。随着 5G 发展持续提速，5G 网络在更大范围内铺开，三大运营商的 5G 商用布局也进一步落地。

2. 5G 应用顶层设计持续优化

早在"十三五"期间，中央就在加快推进 5G 商用、5G 建设和 5G 应用等方面出台了多个重要文件。工信部深入贯彻落实党中央、国务院决策部署，按照 2021 年《政府工作报告》要求，加大 5G 网络和千兆光网建设力度，丰富应用场景。工信部联合中央网信办、发展改革委等九部门印发《5G 应用"扬帆"行动计划（2021—2023 年）》，编制印发《关于推动 5G 加快发展的通知》《"双千兆"网络协同发展行动计划（2021—2023 年）》《工业和信息化部办公厅关于印发"5G+工业互联网"512 工程推进方案的通知》，从网络建设、应用场景等方面加强政策指导和支持，引导各方合力推动 5G 应用发展。[1]

3. 地方政府加快 5G 应用实践探索

在地方政策的大力支持下，各地 5G 与垂直行业的融合应用已经逐步由探索阶段进入落地实施阶段，试点示范应用效果进一步凸显，全国各地涌现出一批成功的 5G+垂直行业落地案例。[2] 以上海市为例，根据出台的《上海 5G 产业发展和应用创新三年行动计划（2019—2021 年）》，上海推动"5G+4K/8K+AI"应用示范，包括推进 5G 与智能制造、工业互联网、大数据、人工智能、超高清视频等深度融合，打造若干 5G 建设和应用先行示范区等。

4. 运营商加大 2B 侧业务拓展

中国以四大运营商为主体，持续推动 5G 融合应用示范和创新业务拓

---

[1] 潘峰、刘嘉薇：《2021 年我国 5G 应用发展回顾和展望》（2022 年 1 月 21 日），"中国信通院 CAICT"微信公众号，https://mp.weixin.qq.com/s/45Ty7LmggUS9xwKboyIcdg，访问日期：2022 年 2 月 8 日。
[2] 彭健：《5G 应用进入加速导入期 C 端市场有望迎来爆发增长》，《中国电子报》2020 年 12 月 15 日。

展。通过加强与垂直领域相关企业的深度合作,5G 已衍生出丰富多样的应用场景,如超高清视频直播、VR/AR、车联网、工业互联网等。"5G+直播"是最快最广实现落地的融合应用,特别是 4K/8K 超高清级别的视频、游戏等细分领域创新应用活跃。在国庆 70 周年阅兵、春节晚会、全国两会、篮球世界杯等多个国际体育赛事、重大活动中都采用了 5G 技术,进行多视角超高清直播。[1]

(二) 2020—2021 年 5G 解锁新场景

国际电信联盟无线电通信局(International Tecommunication Union-Radiocommunication Sector)为 5G 定义了三大应用场景:一是增强移动宽带,其峰值速率将是 4G 网络的 10 倍以上;二是大连接(海量机器类通信),将实现从消费到生产的全环节、从人到物的全场景覆盖,即"万物互联";三是高可靠低时延通信,通信响应速度将降至毫秒级。[2] 2020—2021 年,5G 商用的实现也在不断解锁新应用场景。

1. 无人驾驶

5G 无人驾驶技术已应用于工业领域与特定园区。例如,宝钢股份上海宝山基地一辆辆蓝色的无人驾驶重载框架车稳稳地沿着预定的路线,不断地从宝钢股份宝山基地产成品物流智能仓库(一期)将待装船的成品卷材运出,送往附近的宝钢全天候成品码头。这是宝钢股份与中国电信携手推动的 5G 工业互联网合作应用案例,也是中国冶金行业首次投入工业化应用的最大载重公路无人驾驶车辆。在特定区域内的无人驾驶也可以理解为智能物流,这种类型的无人驾驶技术已经发展得较为成熟。[3]

2. 工业互联网

工业互联网的本质和核心是通过工业互联网平台把设备、生产线、工厂、供应商、产品和客户紧密地连接融合起来,可以帮助制造业拉长产业链,形成跨设备、跨系统、跨厂区、跨地区的互联互通,从而提高效率,推动整个制造服

---

[1] 彭健:《5G 应用进入加速导入期 C 端市场有望迎来爆发增长》,《中国电子报》2020 年 12 月 15 日。
[2] 沈荫栎:《运营商 5G 发展策略研究》,南京邮电大学硕士学位论文,2021 年。
[3] 李蕴:《5G 无人车:宝钢运输作业"新姿势"》,《IT 时报》2019 年 12 月 27 日。

务体系智能化。① 以中国电信联合中建科工集团打造的钢构行业产线升级项目为例,该项目基于中国电信5G+翼联工业互联网平台,通过对设备数据采集以及与多个业务系统集成,打通设计、生产、安装等各环节数据,实现对钢结构全生命周期的信息化管控,完成了基于工业互联网平台的行业应用开发与大数据的分析应用,满足钢结构行业成本分析、工艺优化等多个业务场景的需求。②

3. 智能制造

智能制造融合了5G、云计算和人工智能等技术,通过更加灵活高效的生产系统,满足柔性制造的需求,使企业迅速适应变化多端的市场。③ 京桩机工厂5G智能制造项目是三一重工携手中国电信、华为联合打造的面向"互联网+"协同制造的5G虚拟专网建设标杆样板点。整个5G全连接工厂已经上线了多种场景下的多种5G+融合创新应用,通过5G+云+AI能力,构建可灵活部署、泛在接入、智能分析的全云化、数字化工厂,5G技术将为智能制造带来巨大动能。④

4. 超高清视频

2021年,工信部印发的《"双千兆"网络协同发展行动计划(2021—2023年)》指出,未来3年中国千兆网络将覆盖4亿家庭,发展3000万用户。

加速千兆光网建设,为8K超高清视频产业的发展打下坚实基础,拉动超高清视频产业发展。2021年10月25日开播的中央广播电视总台奥林匹克频道(CCTV-16)以IP组播方式进网入户,是首个在全国IPTV平台上线的4K频道,共计覆盖全国4.16亿用户。⑤ 根据《超高清视频产业发展行动计划》"4K为主,兼顾8K"的宗旨,2021年成为中国8K超高清制播产业链端到端打通的重要一年。

5. 云VR

云VR是指云计算、云渲染与VR相结合,借助高速网络将云端的显示、

---

① 《工业互联网推动制造业的数据应用变革》,《智慧工厂》2019年7月15日。
② 金琳:《中国电信逐鹿工业互联网开放平台》,《上海国资》2020年第6期。
③ 攻城大狮哥:《2020年5G将颠覆八大应用场景》(2020年5月10日),知乎,https://zhuanlan.zhihu.com/p/139504790,访问日期:2021年6月20日。
④ 崔亮亮:《装备制造业首个5G全连接工厂来了》,《通信产业报》2021年6月21日。
⑤ 连晓东、卢梦琪、许子皓:《中国超高清视频产业这一年》,《中国电子报》2022年1月18日。

声音等传输到终端设备,实现 VR 的内容上云。VR 直播能够大幅提升临场感,已经大量应用于体育赛事、综艺节目直播等场景中,而 2020 年作为赛事大年也创造了从硬件到内容的行业性投资机会。

(三) 5G 技术对中国传媒行业的影响

1. 泛媒介景观的通信基础

5G 技术的高容量和低能耗特性创造了万物互联的媒介景观,增强了人们与场景的关联,社会中的每一主体都能通过传感器与外部世界建立联系。首先,5G 的泛在网和海量连接解决了现有信号盲点问题,能够连接此前 4G 无法覆盖的偏远区域,大大增加了媒体传播的空间场域;其次,5G 终端的技术、功能、形态等将随着物联网的发展不断创新,媒介形态不再局限于传统介质,任何物体都可以成为媒体传播的载体;最后,5G 强化了通信网络在垂直行业的应用,如车联网、医疗、工业制造等。①

2. 解锁媒体行业发展新应用

5G 网络为新闻媒体生产创新赋能,在不断融合人工智能、云计算、4K/8K、AR/VR 等新技术的基础上,5G 不断扩宽行业服务场景,解锁媒体行业发展新应用。5G 技术的运用,一方面能增加新闻捕捉和制作新闻的能力,重构传播的形态与业态;另一方面借助虚拟现实/增强现实、超高清等技术,新闻生产也能够给用户带来更沉浸式和更多维的体验。近年来,5G 技术加速赋能媒体行业内容生产及传播,5G 远程监工、5G 慢直播成为其中的典型案例与应用。

3. 媒体深度融合的助推器

5G 技术驱动条件下,加快媒体深度融合要着重把握三个重点。第一,要以更加开放的姿态拥抱新技术。第二,要以更加敏锐的视角跟踪新技术。媒体要顺应技术发展趋势,若要从中获益,需要时刻保持对新技术的求知欲和敏感性。第三,要以更加包容的心态运用新技术。5G 赋能背景下,媒体和场景资源的愈发丰富与受众碎片化的注意力的矛盾加剧了媒体间的竞争态势,

---

① 陈维超、汪鸿桢:《基于用户场景的"5G+广告"业态创新及实现路径》,《中国石油大学胜利学院学报》2020 年第 34 期。

故融合联动将是各类媒体实现互利共赢的可行路径。

六、区块链：去中心化的媒体业态变革

（一）中国区块链发展现状

区块链技术是一种去中心化、全透明化的分布式数据技术方案，受到国内外广泛关注。从狭义上来说，区块链是一种按照时间顺序将数据区块以顺序相连的方式组合成的一种链式数据结构，并以密码学方式保证的不可篡改和不可伪造的分布式账本。[①]

从政策角度来看，中国区块链发展政策环境利好，各地区加快部署应用。自从2019年区块链技术上升到国家战略高度之后，中国区块链产业蓬勃发展，得到了中央及地方的全面政策支持。2020年中国国家部委、各省政府及省会城市发布的与区块链技术相关的政策、法规、方案文件共217份[②]，充分显示了中国对区块链技术发展的重视。

从产业发展角度来看，中国企业规模趋于稳定，向应用领域发展。根据国家互联网应急中心"区块链之家"的监测数据显示，2018年中国区块链企业数量新增势头最猛，但2019年起受到资本逐渐回归理性等原因的影响，区块链企业增长率大幅下降。随着中国区块链产业链逐步走向完善，中国区块链相关企业规模正逐步趋于稳定。

（二）2020—2021年区块链给媒体带来发展新业态

随着社会认可度的提高，区块链技术逐渐被运用到媒体产业的多个领域。区块链技术的去中心化、可追溯、不可篡改的特点不仅有助于确权、流通和追溯交易，对于媒体行业的内容生产、传播以及内容变现、收益分享和内容监管等方面都有极大的促进作用。

1. 区块链重塑短视频社交生态

截至2020年12月，中国网络视听用户规模达9.44亿，短视频、用户规

---

① 工业和信息化部信息化和软件服务业司：《中国区块链技术和应用发展白皮书（2016）》，中国区块链技术和产业发展论坛，北京，2016年。
② 王建功：《区块链应用于图书馆服务的策略探析》，《河南图书馆学刊》2022年第5期。

模为8.73亿,日均使用时长为120分钟,短视频作为新兴信息传播方式,不断深入与电商、旅游等产业融合,传播场景持续扩展,已逐渐成为其他应用的基础功能①。不过,短视频发展逐渐遭遇瓶颈,短视频平台的获客成本、留客成本不断提高,日活数增长逐渐放缓。区块链技术为短视频社交生态重塑提供了新的机遇。

2. 区块链颠覆网络直播现有运营模式

人工智能和区块链技术因其自身所具有的复杂性,对未来社会所产生的影响积极与否尚未可知。AIChain是一个利用人工智能技术链接区块链的网络服务平台,利用AIChain架构的区块链底层技术逻辑,可以将数据投资方、应用开发方等不同立场的角色连接起来,通过内部激励机制来吸引更多的资源所有者参与,从而逐渐丰富数据储备和应用场景,以更公平的价值分配方式颠覆了现有的直播商业运营模式,从而激发主播的创造力和激情,提高平台的用户黏性。

3. 区块链助力内容新生态构建

中国的媒体融合已逐渐走向纵深,用户成为媒体传播的焦点和中心,个性化、多样化、场景化的信息传播方式充分体现了媒体融合的核心逻辑:用户中心价值论。而区块链的进步,是解决内容真实性、版权保护和价值变现等问题的关键。在媒体深度融合进程中加强区块链应用,需要先运用区块链技术对现有内容版权进行保护,促进内容价值变现,实现以用户为中心的未来媒体新生态。

(三)区块链对中国传媒行业的影响

2020—2021年,中国主要网络新媒体已经加速布局区块链,不断进行相关产品的研发,推动区块链技术在新闻媒体行业中的应用,如表7-3所示,中国主要网络媒体正致力于布局区块链相关产品。虽然新闻媒体正加速布局区块链,但从当下的新闻实践来看,区块链为媒体行业带来机遇的同时也面临着挑战。

---

① 单鹏、吕杨:《2021中国网络视听发展研究报告:网络视听用户规模达9.44亿》(2021年6月2日)、中国新闻网,https://www.chinanews.com/cj/2021/06-02/9491226.shtml,访问日期:2021年7月4日。

表 7-3　中国主要网络媒体区块链布局情况

媒体	区块链产品
人民网	人民网区块链频道
新华网	版权链推进计划、新华智云区块链版权保护
腾讯	链游《一起来捉妖》、腾讯云 TBaas、TrustsQL
百度	超级链 Xuper、BBE 平台、莱茨狗
网易	网易星球、网易圈圈、易头条、网易招财猫
新浪网	新浪网区块链频道
搜狐	搜狐旗下狐狸金服成立区块链研究中心

1. 区块链为媒体行业带来的机遇

随着技术的不断发展和成熟,区块链逐渐被运用于媒体行业的多个领域。第一,区块链可以提高新媒体传播的信息安全性。第二,区块链可以更好赋能知识产权保。在新闻行业,自媒体"洗稿"现象极为泛滥,人们对知识产权保护的呼声越来越高,区块链除了能保护知识产权外,还可帮助原创者提升经济收益。[①]第三,区块链技术可以使万物互联更好地落地,大大拓展传媒业的业务范围。区块链技术可以吸引更多用户参与,包括用户和设备等。

2. 区块链技术在媒体运用过程中出现的问题

区块链和传媒业的结合拥有美好的未来和巨大的潜力,但仍旧处于初级发展阶段,在运用过程中还存在着许多不足。第一,区块链新闻可能存在延时问题。由于区块链新闻的写入需要遍历所有节点,整个链条完成一次传播的时间会因此出现延迟。[②] 第二,中国区块链技术的应用水平仍处于初级阶段,距离真正的技术落地和广泛应用还需要时间的检验。第三,当前的区块链应用存在唯技术论的风险。在许多其他产业,对区块链技术的运用只需要技术成熟即可,而在传媒产业中更重要的是要关注意识形态层面的舆论价值导向。

---

① 宋巍:《区块链的新闻业赋能前景及瓶颈突破》,《青年记者》2021 年第 22 期。
② 骆欣庆:《区块链技术的底层逻辑及其在传媒产业中的应用》,《传媒》2020 年第 15 期。

七、人工智能机器人：人机协同的未来趋势

（一）机器人产业发展相关规划

在 2021 年中国机器人产业发展大会上，工信部装备工业一司汪宏副司长到会并致辞，他表示，经过多年来特别是"十三五"期间的不懈努力，中国机器人产业呈现良好发展势头。

为在"十四五"期间加速推动机器人产业高质量发展，工信部会同国家发展改革委、科技部等 14 个部门联合印发了《"十四五"机器人产业发展规划》，从夯实产业基础、增加高端产品供给、拓展市场应用、优化产业生态四个方面入手，加快推进规划的落实落地，持续完善产业发展生态，推动机器人产业加速迈向中高端。①

事实上，早在 2006 年 2 月，国务院就发布了《国家中长期科学和技术发展规划纲要（2006—2020 年）》，首次将智能机器人列入先进制造技术中的前沿技术，随后中国关于人工智能机器人的发展规划和政策层出不穷，智能机器人成为国家智能技术产业发展的重中之重。这些政策不仅覆盖了机器人的全类别，还覆盖了机器人关键技术研发、生产制造、下游应用的全环节，为中国机器人产业发展提供了良好的政策环境。②

（二）人工智能机器人的主要应用类型

1. 工业机器人：从"机器换人"到"智能制造"需求拐点渐近

中国现代化水平的日益提高、社会人口老龄化问题的日益突出和年轻一代观念意识的转变，制造业利用廉价劳动力竞争的模式亟待改变。在此背景下，机器替代人工或将成为确定性较高的长期发展趋势，而与人工相比，自动化制造设备具有工作效率高、制造精度高等特点，随着企业人工成本的不断上升，智能制造设备在帮助企业优化生产、提高产品质量的同时也帮助企业

---

① 中国发展网：《中国机器人产业发展大会在京举办》（2022 年 1 月 28 日），中国发展网，http://www.chinadevelopment.com.cn/news/zj/2022/01/1763808.shtml，访问日期：2022 年 2 月 8 日。
② 邢新欣、张焱：《我国机器人产业发展现状与对策研究》，《科技中国》2020 年第 11 期。

降低了运营成本,提升了利润。未来工业机器人将不再是孤立的存在,智能制造装备发展的趋势方向将是自动化、标准化、集成化和信息化。

2. 服务机器人:5G 商用时代下有望诞生的千亿级应用市场

服务机器人的应用存在工作范围受限、业务覆盖受限、提供服务受限、运维成本高等痛点,因此应用边界较为狭窄,难以满足大规模市场需求,解决这一问题的根本在于更强的运算能力和更稳定的数据传输能力。5G 赋能服务机器人,在 5G 技术高速率、低时延、大连接能力的支持下,人工智能机器人被赋予了更加完善的交互能力,极大优化了机器人的性能,为服务机器人的场景应用提供了无限可能。

(三) 机器人在媒体行业的应用

"人机协作"或者"人机共生"成为新闻编辑室中自动化新闻生产方式,这是机器人新闻生产中人与机器协同工作的形象性说法。机器人新闻的产生,意味着算法、程序或者机器人介入到新闻生产之中,成为"增强新闻"的有力工具。①

1. 聊天机器人

新闻聊天机器人以人工智能和机器学习技术为驱动,其系统可将非结构化信息输入(语音、文本或手势)转换为机器可读形式,从而使受众与新闻之间通过自然语言的方式进行互动。中国的新闻聊天机器人最早出现在 2016 年全国两会。截至 2021 年,中央及地方共有十多家媒体相继推出聊天机器人,并成功进行了线上线下的融合报道。中国的新闻聊天机器人还处于初级发展阶段,未来聊天机器人如果想要变得更加智慧,向用户提供更好的服务,知识库的创建和对话用户界面的优化是迫切需要解决的问题。②

2. 写稿机器人

在"5G+"生态中,5G 技术的大规模应用将大幅降低机器人产业的成本,提升机器人数据采集、远程控制和协同分析的能力,为机器人大规模进入

---

① 卢长春:《新闻聊天机器人:新闻生产的机遇与挑战》,《现代传播(中国传媒大学学报)》2020 年第 42 期。
② 同上。

生产生活提供了保障。① 5G场景下,机器生产内容的产能得到释放,人工智能机器人逐渐被运用到新闻生产领域。机器人写作在新闻领域的应用,发端于财经、金融、体育类等模式化较强的报道场景,利用原有模板可以快速生成一篇新闻报道。近几年,中国主流媒体纷纷试水写稿机器人,甚至出现了机器人记者和机器人主播,在中国新闻生产领域大放异彩,极大提高了新闻生产效率。

(四)机器人对中国媒体行业的影响

媒体融合浪潮中,技术的发展和革新不仅改变了新闻的生产方式和传播方式,甚至给整个新闻生态带来了革命性影响。

1. 新闻生产定制化趋势增强

机器人在新闻生产环节的应用使个性化内容生产和传播得到加强。这种精准定制包括两个方面:一方面,新闻定制是一种基于关键词的信息推送功能,这种形式主要通过用户的类别选择和服务器对用户行为判定进行推送;另一方面,新闻定制更强调生产。前者即便没有新闻机器人也可以实现,但后者也许只有依托于新闻机器人才能实现。从现实情况出发,新闻记者的数量与受众的数量呈绝对的不对等关系,新闻机器人的运营方可以通过追加服务器数量来提升产量。

2. 新闻生产自动化趋势加强

人工智能机器人具有较强的数据信息统计、存储、采集、分析功能,可以快速、便捷、准确地获取数据信息。新闻生产方式的自动化主要有以下三种形式。一是以结构化数据为基础生成稿件。在大量整合好的便于计算机读取的结构化数据的基础上,以相关行业专家给定的计算公式为参考并判别规则,自动利用预先设置好的新闻模板生成新闻稿件,这种方式适用于生产普适性、大众化稿件。二是以挖掘的用户数据为基础生成个性化稿件。通过对单个用户的阅读内容、阅读习惯等进行挖掘和分析,或借助用户自定的标签将同一信息内容重新整合,制作成多角度、多形式、多趣味的稿件,从而为用户提供更加个性化的产品及服务,增强用户黏性。三是以记者数据模型为基

---

① 塔娜、矫芳:《5G时代的机器人写作》,《新闻战线》2020年第8期。

础智能化生成稿件。① 首先建构记者的数据模型,将采集到的图、文、声、像以及其他背景资料与记者的数据模型相结合,通过程序运算自动生成与该记者风格相匹配的稿件。②

3. 新闻从业者的职业可替代性增强

在信息化媒介环境下,转载型新闻仍占有一定市场。在信息源方面,新闻机器人能够完全依照国家网信办公布的可供转载新闻的新闻单位名单进行转载,风险极低。③ 在媒体运营方面,使用新闻机器人转载新闻非常简单,从网站拉取单条新闻的文本并从内容中提炼标题、关键词,时间只需几秒钟。一台新闻机器人就可以承担网站的所有栏目的转载工作,只需保留少量的技术和维护人员,成本相对较低。与过去其他技术发展和社会趋势一样,机器人新闻这一新形式使记者重新考虑自己的角色和核心技能。

---

① 许向东、郭萌萌:《智媒时代的新闻生产:自动化新闻的实践与思考》,《国际新闻界》2017 年第 5 期。
② 刘迷:《机器人新闻:开启新闻生产模式新样态》,《今传媒》2018 年第 5 期。
③ 张亚丹:《机器人技术应用传统新闻领域的现状展望分析》,《城市党报研究》2020 年第 6 期。

第八章 应用篇：智能媒体跨界破圈，深度融入社会发展

20世纪50年代，人工智能的概念开始被人们提及，经过半个多世纪的发展，发端于互联网行业的人工智能技术已经延伸并渗透到互联网以外的诸多行业中，成为新一轮科技革命和众多行业产业变革的重要驱动力量。随着人工智能技术的日益成熟，其在新闻传播领域的应用也得到了新的发展，展现出蓬勃的生命力和广阔的前景。本章将对人工智能在传媒出版领域、舆情监测等方面的新兴应用进行介绍，以期梳理智能媒体的新发展与新变化。

一、人工智能技术驱动媒体深入变革

自2015年新闻写作机器人面世，"AI＋新闻"模式在新闻领域不断得到应用。在智能化发展道路上，媒体行业时刻关注人工智能技术的最新动态与前沿成果，把握先机，使科技成果得以转化为行业的现实生产力。人工智能技术已从选题策划、内容采集、新闻制作、内容审核、信息分发等多个环节渗透到新闻生产链条中来。其中，出版行业也进行了积极的尝试，出版流程得以重塑和优化，智慧出版得以发展。

（一）优化传媒生产流程

1. "AI＋传感器"：选题策划与信息采集的智能化

近几年，人工智能技术开始不断深入参与新闻生产领域的信息采集，传统新闻及信息的"手工操作式"生产方式逐渐被改变，在人工智能、云计算等技术的助力下,社交媒体监控、智能设备留存数据加以算法识别,助推信息抓取的全面性与准确性,增强了新闻来源的丰富性与有效性。

2020年,中国日报社媒体大数据应用平台通过建立"国务院联防联控机制新闻发布会"专题,对1月26日至5月9日共128场国务院联防联控机制新闻发布会全文内容进行收集与整理。①

移动互联网时代,各类物理、生理传感器成为囊括用户场景信息的重要硬件设备,其对信息的实时监测及量化,使新闻素材更加有据与多元。无人机在重大突发事件中成为记者进行新闻素材收集的首选设备。2020年4月8日,澎湃新闻发布了一篇名为《图解|解封首日,离开武汉的居民都去了哪儿?》的数据新闻,该篇报道的信息来源即为通过高德地图的卫星导航系统、GPS全球定位系统、百度迁徙系统等收集的武汉市民的出行情况数据。②2021年劳动节第二天,湖北荆州的地方媒体《荆头条》利用传感器采集来的数据,报道5月1日当天全市各旅游景点的具体旅游人次及客房预订情况。③新华网生物传感智能机器人Star利用传感器收集特定场景下的用户数据,通过人工智能依托算法推测出用户的情绪、感受等,以此进行信息研判。

2. 人工智能加速内容生产,实现产能突破

2015年,腾讯财经自动化写作新闻机器Dreamwriter一篇名为《8月CPI同比上涨2.0% 创12个月新高》的稿件开启了国内媒体行业机器人写稿的篇章。此后写稿机器人陆续不断出现,诸如新华社的"快笔小新"、今日头条的"xiaomingbot"以及新华智云的25款不同功能的智能机器人等。

写稿机器人可以通过关键词实现从多个网页的新闻来源中抽取到相关文字,完成瞬间阅读与分析,高效生成标准新闻稿件,机器人新闻写作提高了新闻生产的效率,节省了记者的劳动成本。但是在当下的弱人工智能阶段,机器人进行新闻写作仍存在很大的局限。人机协作模式是当下及未来机器人与新闻记者在传媒领域的共同发展趋势(参见图8-1)。

---

① 韩冰、马嘉桧、杜雨:《大数据助力媒体行业抗疫报道的应用实践》,中国新闻技术工作者联合会2020年学术年会论文集。
② 张轶君,王亚赛:《图解|解封首日,离开武汉的居民都去了哪儿?》(2020年4月9日),澎湃新闻,https://www.thepaper.cn/newsDetail_forward_6884575,访问日期:2021年6月28日。
③ 马庆、刘亚:《智媒时代的传播变革:传感器新闻的兴起及应用》,《湖北社会科学》2021年第8期。

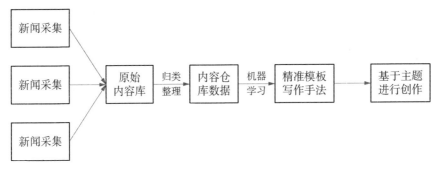

图 8-1　机器人写稿流程

资料来源：宋玉萌，《新华社智能化编辑部建成运行　实现人工智能再造新闻生产全流程》（2019 年 12 月 12 日），新华网，http：//www.xinhuanet.com/politics/2019-12/12/c_1125340864.htm，访问日期：2021 年 6 月 28 日

在媒体智能化转型过程中，媒体智能平台成为助力新闻生产的有力方式之一。新华社的智能编辑室利用"媒体大脑"、人工智能合成主播、时政动漫平台等智能化工具和平台，实现 30 余个品类全媒体产品的智能化生产。①2021 年，该平台生产了世界杯短视频 35 511 条，平均用时 50.7 秒，极大提高了新闻生产效率。

3. "深度学习+知识图谱"助力高效内容审校

大数据时代，"PGC+UGC+MGC+AAC"的新闻生产模式制造了数以亿计的内容，算法与人工智能监管纠错机制应运而生，在信息识别与监管、审查校对与纠错方面发挥越来越重要的作用。

媒体平台的智能系统基于人工智能技术发挥其信息监管和纠错机制的功能，利用"深度学习+知识图谱"相结合，通过对信息中包含的文字、涉及的人物或事件进行语言识别、图像识别、音视频识别等，并与信息库中的内容进行对比，完成审核与校对，以保证信息传播的真实性与可靠性。中央广播电视总台研发的"AI 云剪辑"依靠人工智能技术进行视频审核，该系统支持镜头质量评测、穿帮镜头检测，从一定程度上降低了人工审核的压力。津云新媒体智能视频审核平台对接津云自研的网站发布系统，大数据分析系统，政

---

① 宋玉萌：《新华社智能化编辑部建成运行　实现人工智能再造新闻生产全流程》（2019 年 12 月 12 日），新华网，http：//www.xinhuanet.com/politics/2019-12/12/c_1125340864.htm，访问日期：2021 年 6 月 28 日。

务舆情系统等,在算法和人工智能云平台的加持下,做到审核"难以感知""无处不在"。① 新华社打造的"较真"智能检校服务系统,依赖对其输送优质稿件作为参考基础,对网络信息中可能出现的错误之处进行记录、预判和修正。②

媒体领域对于人工智能技术的应用,同样改变了出版行业的内容审核方式与流程。方正智能辅助审校云服务系统中的方正智能审校工具除错别字检查、格式检查等常规功能外,还支持对政治敏感内容进行重点检查。在出版行业,内容的排版也是一项极为重要且烦琐的工作,方正书畅的自动排版等功能如今已能显著提高工作人员的工作效率,同时方正书畅的多格式输出引擎,还可支持纸电同步输出。③ 人工智能技术的应用使得内容排版在一定程度上变得高效便捷,且呈现方式更加多元化。

4. 算法机制下的智能化分发与反馈

智能媒体时代,媒体致力于借助算法技术提高内容分发的效率及准确性。移动智能媒体时代,各类应用终端、网页等包含着大量的用户注册信息、搜索记录、阅读倾向、社交痕迹等,借助大数据与算法进行用户数据的抓取与分析,可以实现个性化的内容定制及精准细化的运营。

2020年,抖音平台利用算法与情感识别技术,基于用户画像按一定频率定期为用户推送符合其兴趣爱好的视频;今日头条平台利用智能识别模型收集和汇总媒体的公开报道,借助算法技术实现相关新闻的针对性推送。

算法推荐在智能化分发之外,还可实现及时获取用户有效的反馈,使媒体与用户之间的交互更加精准及有效。新华社智能媒体编辑室依托其智能版权评价系统和区块链技术,可以实现精准评估信息传播效果。人民日报和光明日报依托自身的中央厨房与融媒体实验室,可以对新闻报道进行实时监测、动态排名、传播路径等,为媒体进行内容优化、扩大传播面提供数据依据。

---

① 董立景:《广电总局"人工智能应用创新大赛",天津津云新媒体"连下三城"!》(2021年6月1日),澎湃新闻,https://www.thepaper.cn/newsDetail_forward_12928339,访问日期:2021年6月28日。
② 王熠、成鹏、刘颖旭:《智媒时代的新闻内容核校实践与前瞻》,《中国记者》2020年第6期。
③ 方正电子:《研讨智能化工具助力图书生产,共促出版数字化转型》(2021年11月13日),"方正电子"微信公众号,https://mp.weixin.qq.com/s/AHaWu7nPYJ4j0BUYoWOqrA,访问日期:2021年12月3日。

（二）丰富媒体内容呈现方式

1. VR+5G：拓展与优化新闻内容呈现形式

2020—2021年，VR在传媒领域得到了越来越多的应用，VR新闻成为一种备受关注的新闻形式。2021年全国两会期间，央视网推出《全景沉浸看报告》，采用"VR+AR"技术将真实全景视频与虚拟动画相结合，《长江日报》"两会直播间"启用5G+VR高清直播、大数据传播力分析等功能将关键信息转换成2D、3D动画元素，结合图片、视频全方位多媒体呈现。

在出版行业，虚拟现实技术也逐渐得到应用与重视，旨在不断优化出版方式与传播形式。2020年，荣宝斋的"VR版《荣宝斋珍藏2》"通过拥抱VR新技术，实现了《皆山园图卷》首次全面出版面世，将中国传统水墨画的神奇与魅力再现于VR出版物中。[1]2021年，在中宣部出版局指导下，"追寻光辉足迹"主题阅读在各地陆续举办，VR成果展是该活动的一大特色，展览利用VR技术搭建H5线上展厅，打造身临其境般的线上看展体验，观众可通过点击、滑动等交互操作近距离观看展览内容，增强了线上观展的沉浸感。[2]

虚拟现实技术在拓展新闻呈现形式上应用诸多，5G通信技术在助力智能媒体优化内容呈现方式与质量上同样应用突出，成效显著。2021年春节联欢晚会，中央广播电视总台采用"5G+4K/8K+AI"技术，实现多机位拍摄，采用8K伴随高清制作模式，应用了大量轨道机器人、无人机、在线虚拟系统等30多套8K拍摄设备进行节目制作，真正让全国观众体验到8K绚丽多彩的视觉盛宴。[3]

5G与新技术结合也为数字阅读行业开拓了新市场，实现了信息呈现效果与阅读体验的优化。中图公司通过打通华为底层技术，实现了5G手机和VR眼镜的直连启动，读者可以体验180度视野无限延伸为720度，并且在

---

[1] 刘畅：《300年老字号探索VR出版新业态》，《中国出版传媒商报》2020年第11期。
[2] 段鹏程：《重磅｜"追寻光辉足迹"主题阅读活动VR体验全网上线，欢迎关注！》(2021年11月30日)，上观新闻，https://sghexport.shobserver.com/html/baijiahao/2021/11/30/598305.html，访问日期：2021年12月3日。
[3] 韩传仁、赵纪努：《5G时代基于VR、AR技术在广电媒体行业中应用与探索》，《广播电视信息》2022年第7期。

5G网络环境下,无延时地呈现8K超高清视频。①

2. 人工智能虚拟主播再升级,广泛用于新闻报道

中国最早的人工智能主播始于2004年《光影周刊》栏目推出的"小龙",受技术限制,其进行播报与主持工作需要在人力支持下才能完成。而后随着十几年人工智能技术的发展,人工智能主播逐渐在媒体领域兴起。2019年央视网络春晚推出了人工智能虚拟主持人团队,2020年5月,新华社联合搜狗发布了全球首位3D版AI合成主播"新小微",拉开3D AI合成主播的新篇章。② 2021年4月,由腾讯游戏和新华社联合打造、专门面向航天主题和场景研发的数字记者"小净"正式亮相,承担起载人航天工程、行星探测工程、探月工程等国家重大航天项目的"现场报道"任务。③ 人工智能虚拟主播作为主持人、播报员的智能助手,在文字稿、图片稿件的基础上快速合成鲜活的新闻视频,提升了新闻的时效性,增强了新闻的生动性。

在传统电视媒体领域,人工智能合成主播也得到了具体的发展与应用,例如石家庄新闻网的人工智能虚拟主播"小石"。2021年10月,湖南卫视推出的数字主持人"小漾",在综艺舞台上与诸位主持人、嘉宾动作交互流畅,形象青春靓丽,表情变化自然。

经过不断创新升级,人工智能主播从离身性进化到具身性,朝着数字化、智能化与形象化的方向进化,但其现阶段仍处于模仿真人主播阶段,欠缺对素材的深度理解和自如运用,在共情力、互动性、个性化方面仍有很大不足。因此,相关技术部门仍需在机器人仿真、具象化情感表达以及实时渲染等方面继续深耕,优化传播效果。

3. 智能语音技术促进有声书市场发展

《2022—2028年中国有声读物市场调查与投资战略报告》显示,2021年中国有声读物行业市场规模达87.4亿元,较2020年增加了6.6亿元,同比

---

① 应悦、吴江:《5G新阅读亮相服贸会,读者可亲身"浸入"阅读场景》(2020年9月5日),新京报,https://www.bjnews.com.cn/detail/159930046415560.html,访问日期:2021年12月3日。

② 胡一峰:《AI合成主播加盟两会报道展示传播方式新格局》(2020年5月25日),科技日报,http://digitalpaper.stdaily.com/http_www.kjrb.com/kjrb/html/2020-05/25/content_445537.htm,访问日期:2021年12月6日。

③ 武汉晚报:《全球首位数字航天员带我们走进空间站》(2021年6月22日),光明网,https://m.gmw.cn/2021-06/22/content_1302370617.htm,访问日期:2021年12月6日。

增长8.2%。中国或将成为有声书市场第一大国,有声书成出版业新的发力点。此外,智能音箱市场的繁荣发展也为有声书提供了新的呈现终端,进一步促进了有声书市场的发展,除了真人演播的有声书外,还有主打人工智能合成语音朗读的有声书。例如,中央广播电视总台音频客户端"云听"、字节跳动旗下"番茄畅听"先后上线;腾讯将酷我畅听和懒人听书合并为"懒人畅听",将长音频正式纳入其音乐娱乐生态之中,"耳朵经济"快速发展。[1]

(三)助力媒体版权保护与资产管理

1. "区块链+大数据"加强版权保护

随着5G智媒时代的到来,数字内容数量不断庞大,内容版权的保护成为媒体行业的重点关注问题。区块链技术因其去中心化、可溯源、防篡改性、全留痕等特征,为版权保护体系发展提供了一个可行的路径。业界针对"区块链+版权保护"也进行了一些探索,2020年4月,中国新闻出版研究院发布了应用区块链技术打造的"国家知识服务平台——数字内容正版化公示查询系统",该系统可以实现有效的正版化全流程管理,通过为采选机构招投标服务提供投标者正版化授权证明,可以有效避免采购中数字内容版权风险,对推动数字内容的正版化应用产生积极作用。[2]

2. 大数据等技术助力文化数字资产管理

随着计算机、大数据等技术的发展,文化数字资产管理体系建设提上日程,相较于书籍等传统形式,数字化的文化资产呈现可以实现更好的留存与传播。2020年8月,安徽出版集团和腾讯公司达成战略合作协议,谋划推进"安徽文化产业数字资产建设"项目向综合性数字文化服务延伸,可实现"一部手机全面感受安徽文化",让民众可以随时随地"看"文化、"赏"美景。[3] 新华网在2021年末发行了由腾讯云至信链提供区块链底层技术支持的中国首

---

[1] 张琦:《网络音频 云上倾听"好声音"》,《山西日报》2022年11月23日。
[2] 王坤宁:《数字内容正版化公示查询系统发布》(2020年4月30日),中国新闻出版广电网,https://epaper.chinaxwcb.com/epaper/2020-04/30/content_99787342.html,访问日期:2021年12月6日。
[3] 腾讯科技:《腾讯与安徽出版集团达成战略合作,打造"数字安徽文化"发展新模式》(2020年8月28日),央广网,http://www.cnr.cn/ah/ppahah/20200828/t20200828_525230702.shtml,访问日期:2021年12月6日。

套"新闻数字藏品",记载了这一年许多值得铭记的历史时刻,这是央媒发行数字藏品的最早尝试。

二、大数据时代舆情监测的新发展

随着人工智能技术的发展,以及5G时代的来临,网络逐渐成为极为重要的舆论场,数据的量级较传统媒体时代已经有了指数级的增长。现阶段,海量的数据已经让传统的舆情监测方法失灵,很多媒体、舆情监测机构开始使用大数据及人工智能技术进行舆情监测,本部分将对大数据时代的舆情监测运行机制和新冠肺炎疫情中舆情监测系统的应用进行简要介绍,并试图探讨大数据时代舆情监测未来的发展趋势。

(一)大数据时代的舆情监测运行机制

大数据技术加持下的舆情监测运行机制主要是以下路径进行:数据挖掘和实时数据处理、舆情分析、舆情预测预警及研判。

1. 数据挖掘和实时数据处理

据统计,在互联网上每天有数十亿篇媒体文章产生以及超过500亿次在线信息搜索。同时,人们越来越多地通过微博、微信和短视频等社交媒体表达意见、传播语言、共享信息,甚至建言献策。传统的数据挖掘过程通常是一次性的静态过程,而舆情分析中的数据挖掘则是一个流动不间断的过程。[①]值得注意的是,数据收集须确保合规操作,同时7×24小时多维度稳定地实时监控舆论信息,且尽量涵盖新闻网站、电子报刊、贴吧论坛、博客、"两微一端"等所有主流信息渠道,同时,也应可以采集图片、音频、视频等多媒体数据,避免重要监测信息遗漏。

2. 舆情分析

现阶段的舆情分析主要是"人工+人工智能"分析为主,人工智能分析主要是依托自然语言处理、自动分类聚类、云计算等技术,提供包括情感倾向、

---

① 百分点大数据技术团队:《构建强大的数据分析系统 做好舆情分析》,中国信息化周报,2020年11月23日,第12版。

摘要提取、文章相似度、实体提取、事件聚类等模型能力,为用户把握舆情动向提供精准的数据支撑,帮助用户可以在人工智能分析的基础上进行更加精确的舆情分析。

3. 舆情预测预警及研判

现阶段,多数的舆情服务提供商主要还是提供"人工+自动预警"服务。例如,清博的人工舆情预警服务,是通过全网监测负面关键词词库,来发现舆情信息,然后由舆情专家分析定级,并进行舆情预警的汇报。一般危机通过邮件汇报,重要危机进行即刻汇报和汇总分析,重大危机则进行逐条预警。在舆情爆发的初期,每两小时汇总处理进度,并形成负面事件还原报告以及阶段性的分析报告。① 此外,晴空猎鹰大数据舆情监测系统同样支持用户设置预警关键词过滤舆情信息,对创建的预警任务设定预警机制,当有相关信息触发预警机制时,系统将通过微信、邮件等方式第一时间通知用户。②

(二)智媒时代舆情监测未来发展趋势

1. 区块链技术赋能媒体舆情服务

区块链有去中心化、防篡改性、全留痕等特征,与传统舆情服务模式相比,"区块链+舆情"服务具备三大优势,即可以实现全节点记录溯源追踪,打击网络谣言,提高舆情研判的科学性和预见性,结构化处理数据,提高舆情处置的高效和针对性,即区块链技术将有可能把所有环节信息进行快速结构化处理,一次性公之于众,并且可以进行事实回溯及真实性核查,从而降低爆料人的预设立场,为相关部门后续纠偏以及舆论引导提供助力。媒体或舆情监测机构通过借力区块链技术,将在很大程度上提升舆情服务的技术能力,协助党政机关及时引导网络舆情,更好地与网民在网络中进行良性互动。③

---

① 李伟超、杨照方、潘颖婧、齐云飞:《大数据环境下网络舆情预警服务研究》,《情报工程》2020年第6期。
② 京东数科:《京东数科旗下晴空猎鹰大数据舆情监测系统正式上线!》(2020年4月28日),"京东科技"微信公众号,https://mp.weixin.qq.com/s/wJIGXZcMduHznJYGah9kmw,访问日期:2021年12月21日。
③ 段赛民:《"区块链+舆情服务",可为媒体经营转型赋能!》(2019年11月22日),"传媒茶话会"微信公众号,https://mp.weixin.qq.com/s/gyFoX_EKD39ekXaEOboNkA,访问日期:2021年12月24日。

2. 科学手段助力舆情精准监测

大数据舆情分析面临着数据量大、维度多样、结构复杂等问题。研究对象也从受众个体发展到了受众之间、传受之间的复杂网络关系,甚至杂糅了时间、空间维度等场景化信息。但现有的舆情研究仍以数量统计和词频分析为主,难以深入挖掘大数据的潜在价值。需要使用科学舆情研究方法,为舆情研究助力。① 同时,大数据时代舆情预测也需从经验性预测走向实证性预测,经验性预测有着原始、直观、感性的特点,不够理性客观,个人的好恶和情绪状态会影响舆论预测的结果。如今,当信息流的速度和社会变革的速度同时加快时,传统的舆情预测方法已不再能很好地指导社会实践。利用现代科技高效系统地进行舆情预测是未来的发展趋势,将定性研究和定量研究结合起来的实证性舆情预测将成为主流。②

三、智能媒体参与社会治理

媒体在融合发展过程中,不断向着智能化方向转型,信息传播能力与效果显著增强。而与此同时,社交媒体及各大网络平台的广泛应用使得信息呈现爆炸式增长,信息的无处不在、无所不及给社会治理提出了新的挑战。媒体不再仅需要承担信息传播和引导舆论的社会功能,同样在社会治理中扮演着重要角色。

(一)创新政务宣传与服务,建设"新闻+"媒体

1. 政务新媒体矩阵加强政民互动,创新生产宣发手段

2020—2021年,在互联网信息技术的助力下,媒体融合不断向深入推进,"三微一端一网"的政务新媒体矩阵是移动互联网时代加强政民互动、树立政府公信力、创新社会治理的重要载体,各级政府部门在近些年进行了诸多媒体融合及政务新媒体探索与实践,诸如"中国政府网""共青团中央""平安北京"等官方账号通过微博、微信、抖音、哔哩哔哩等多个平台发布权威信

---

① 王荣:《大数据环境下,舆情研究方法如何迭代?》(2020年8月17日),"中国网信杂志"微信公众号,https://mp.weixin.qq.com/s/_BKw-0iRpK5ZCU-8Ult8Rg,访问日期:2021年12月24日。
② 谢耘耕、李丹珉:《网络舆情监测分析的十大趋势》,《新闻记者》2020年第12期。

息,进行政策解读及舆论引导,传播社会正能量,提升政府公共治理的能力。

政务新媒体在发展的过程中,不断完善其政务公开、舆论引导、互动服务等方面的功能。湖南省党网红网作为政务网站,在当地政府进行社会治理中发挥着重要作用。为推进平台的智能化转型升级,红网自主研发了"红网云",通过一键分发的智能系统,对内部包括14个市州、122个区县的全平台同步推送,实现主流声音迅速扩张,增强主流舆论的覆盖力度,进而在第一时间抢占舆论高地。①

在数字媒体技术下,互联网平台成为人们"发声"的场所,公众通过各大网站、社交媒体积极参与社会话题,表达多元化意见。政府部门依托于大数据、云计算等,针对不同网民关切问题针对性予以回答。2020年11月,齐鲁晚报·齐鲁壹点推出"中台战略",实现了政务服务和社会治理模式的创新。② 2021年,杭报集团在杭州市委宣传部的具体指导下,全力推进"橙柿互动"主流都市融媒体传播体系的创新和探索,构建了"优质新闻+同城社交+新消费"的都市融媒体创新模式。2021年4月,陕西日报群众新闻网端在报、网、端、微开设"我为群众办实事·民声"融媒栏目,以"民声"栏目为抓手,建立起"诉求汇集、问题解决、转办督促、结果反馈"的长效机制,做好解决群众"急难愁盼"问题的助推器。③

2. 县级融媒体拓展自身功能,加强民生服务

基层是社会治理的重要部分,县级融媒体在基层社会治理中发挥着重要枢纽作用。各地的县级融媒体中心是政府进行信息传播和组织动员、公民表达诉求的重要平台,是基层和公众进行信息沟通的桥梁。

为更好地获悉及解决公众诉求,河北省辛集市融媒体中心为加强便民服务,开通了"市委书记群众直通车""环保举报热线"、网上便民服务大厅等功能平台,并设置了异地就医、缴纳水电费、医保社保等与百姓息息相关的模块;邯郸各县(市、区)将融媒体平台与市县乡村四级"微信矩阵"实行互联,旨在加强应急指挥、政务民生服务等功能。多地县级融媒体中心齐心发力,参

---

① 舒斌:《现代社会治理中的媒体力量》,《传媒》2021年第2期。
② 魏传桦:《新型智慧媒体如何为社会治理赋能——以齐鲁晚报·齐鲁壹点中台战略为例》,《青年记者》2020年第36期。
③ 田涯、张亮亮:《2021中国应用新闻传播十大创新案例出炉》,《陕西日报》2021年12月5日。

与基层社会治理建设工作，密切联系群众，争做群众服务者。[①]

（二）智能媒体传播的"共治"探索

社会治理强调多元治理主体的参与、互动和共治，力求通过公民参与、公开、权责对等的制度模式保持社会的良性运转和积极发展，从而实现秩序、效率和公平的多元社会价值。[②]媒体作为参与社会治理的一方主体，依托大数据、人工智能等技术，构建信息共享与内容传播的平台，为其他主体参与社会治理提供渠道，推动政府和公民的互动、协作，助力社会治理实现"共治"。

政府官网、政务新媒体作为政府的权威网络平台代表，支持用户在互动区域进行提问、意见反馈，进而了解用户诉求。在这一过程中，自媒体在相关信息及时且有效地披露与传播中起到了一定的作用，在一定程度上减少了公众的怀疑和行为失当。在此基础上，政府部门及时解决相关问题，满足公民合法与合理的诉求，提升政府公信力，推动社会治理"共治"模式的发展。

（三）"大数据+AI"提升社会治理精准度，助力谣言防治

移动互联网时代背景下，信息与数据不断成为社会治理过程中的重要资源。为打通政务信息，九次方大数据推出大数据共享融合平台，致力于实现网络、数据和应用的"互联互通"，协助政府部门创新治理模式、提升治理能力。[③]

为准确预测舆论动向，政府部门或媒体机构通过打破数据壁垒收集网络信息，并进行数据的可视化及分析，进而为做出精准的科学决策提供数据依据，实现社会治理的精准化。例如，齐鲁晚报·齐鲁壹点的数据中台借助大数据和云计算收集所需数据并进行分析，为新闻生产、舆情监管、决策制定提

[①] 赵娇莹、张世豪：《河北：加快县级融媒体中心建设，打通基层治理"最后一公里"》（2020年9月20日），"陕西融媒体发展中心"微信公众号，https://mp.weixin.qq.com/s/4zmaSW7NHpQw0VeECU_kew，访问日期：2021年12月26日。

[②] 李明德、蒙胜军：《探究智能媒体在社会治理层面的效用》，《中国社会科学报》2020年11月5日，第3版。

[③] 九次方大数据：《大数据融合共享提升社会治理》（2020年12月11日），"九次方大数据"微信公众号，https://mp.weixin.qq.com/s/DWhpsgTXABIxJwob1ALsTA，访问日期：2021年12月26日。

供数据依据。

后真相时代,网络上谣言不计其数,主流媒体联合微博、微信、论坛、网站的辟谣平台进行辟谣。中国科学院自动化所中科闻歌闻海系统专设"这些谣言不可信"版块,实时抓取各类谣言并进行辟谣的推送。字节跳动通过使用其内容健康度检测工具"灵犬 3.0"助力实现视频类谣言的审查与下架[①],有效打击了谣言的传播,有助于维护网络环境安全及人心稳定。

---

① 国家广播电视总局:《广播电视人工智能在新冠肺炎疫情防控期间的应用调研报告》(2020 年 3 月 27 日),国家广播电视总局网,http://www.nrta.gov.cn/art/2020/3/27/art_3685_50553.html,访问日期:2021 年 12 月 3 日。

第九章 融合篇：深度融合视域下媒体的智能化实践

媒体融合是基于现代信息社会媒介演进形式而提出的重要趋势性发展理念，也是中国传媒发展的重要纲领性战略。2020年，中共中央办公厅、国务院办公厅印发《关于加快推进媒体深度融合发展的意见》，将媒体融合进程推进至"深融"阶段，要求推动传统媒体和新兴媒体在体制机制、政策措施、流程管理、人才技术等方面加快融合步伐，尽快建成一批具有强大影响力和竞争力的新型主流媒体，逐步构建网上网下一体、内宣外宣联动的主流舆论格局，建立以内容建设为根本、先进技术为支撑、创新管理为保障的全媒体传播体系。在此背景下，各级各类媒体立足当前媒体生态格局，进行了一系列智能化变革实践。

一、网络媒体进入智能化大变局时代

网络媒体，又被称为"互联网媒体""第四媒体"，指借助互联网平台，使用计算机、手机等终端进行传播的多媒体媒介，是继报纸、广播、电视媒体出现后的新媒体。网络媒体主要可以分为两种类型。一是传统媒体为适应互联网时代的发展所进行网络化的发展与转型，如人民网、央广网等网络平台；二是基于互联网伴生的商业性质的传统网络媒体，如新浪网、腾讯新闻等。

（一）人机协同重塑生产机制，打造智能媒体平台

2020年7月10日，2020世界人工智能大会腾讯论坛上，腾讯公司副总

裁、腾讯研究院院长司晓发表演讲指出:"未来,智能技术会是一个渗入到生活、无所不在的状态,可以说它很重要,因为万物都会依赖于它;也可以说它不起眼,因为智能技术化为无形,融于万物之中了,腾讯正在向着这样的目标努力。"[①]当下,随着人工智能技术、大数据、云计算、物联网、5G 技术的兴起,媒体向智能化方向改变,其中本来就依托互联网兴起的网络新媒体更是抓住了新兴技术发展的风口,力图改变生产运营方式,紧跟时代向智能媒体迈进。

2020 年,Dreamwriter 已由原来单一的写作机器人拓展到语音智能交互、文本理解处理、自动配图、视频创作等多种功能集合的智能化平台,被称为青云智能开放平台。据相关数据,青云智能开放平台年发稿量 30 万篇,稿件字数达 6 000 万,平均成文速度 0.46 秒每篇。其涵盖的新闻内容有体育、财经、法律等 20 个种类。[②] 青云智能开放平台是腾讯新闻算法部门独立研发的人工智能内容辅助系统,其有五大核心能力分别为:智能语音、智能配图、智能视频、智能写作以及文本处理。

腾讯新闻推出了专属畅听版,使用户"听新闻"成为可能。青云智能平台采用 seq2seq 框架构建语音合成系统和最新的神经网络声学模型技术,能够生成近乎真人的音色[③],并根据用户喜好,选择人工智能男女主播进行切换。腾讯智能配图功能以腾讯新闻高质量的新闻及图像信息作为素材储备,设计基于深度学习的文本图像语义匹配模型,结合文本语义信息和图像语义信息搭建搜索引擎,实现图文相关性自动匹配,提升文字传播影响。青云智能开放平台的图文转视频功能是短视频生产的一项重要突破。该功能可以将一篇文章,根据上述智能配图功能进行图片的匹配,结合语音生成与视频素材,仅仅需要 3 分钟就可以短视频制作。

腾讯写作机器人 Dreamwriter 运作流程主要包括五个环节,分别为:建立信息数据库,完成机器对大数据库的学习,根据发布需要具体完成一篇文

---

① 《泛在智能:腾讯发布 2020 人工智能白皮书》(2020 年 10 月 1 日),腾讯研究院,https://www.tisi.org/16624/,访问日期:2021 年 12 月 28 日。
② 冉桢、张志安:《移动、视觉、智能:媒体深度融合中组织再造的关键》,《新闻与写作》2021 年第 1 期。
③ 梁姗姗:《五大核心力,赋能内容生产与运营》,《新闻战线》2020 年第 8 期。

章,审核完成的内容,最后发布新闻。① 青云文本处理的模块集成了错别字智能识别、新闻摘要提炼和事件脉络梳理三大功能,在腾讯自主研发的纠错算法模型中收录了权威的字词典,通过强大的学习能力,能够依据上下文以及词语的常用表达快速找到文本中错误词汇。新闻摘要的提炼依托于 Newsbrief 算法挖掘和 NLP 技术示例,通过对文章类型、行为结构、段落及语句间语义关系、句子重要性等方面建立模型,可实现对新闻摘要的定制化提炼,以及语义的自动化区分。

(二)网络媒体全链智能化应用实践

2020 年 12 月 12 日,2020 中国应用新闻传播论坛暨中国应用新闻传播十大创新案例颁奖大会在北京举办。新浪新闻客户端作为互联网媒体典型代表,获得了荣誉表彰。新浪致力于打造"智能+"全场景全链路的智能媒体生态。作为互联网门户网站智能化转型的成功案例,新浪试图创新集采、编、审、播为一体的融媒体全链新生态,并以在智能化线索采集系统"鹰眼"系统和智能分发环节形成智能全景生态优势。新浪新闻与超过 300 家主流媒体实现长期合作,实现了央级媒体 100% 覆盖。②

(三)智能时代网络媒体传播的责任与担当

智能技术的不断发展与创新,改变了传统传媒行业的生态格局。网络新媒体的兴起与蓬勃发展对传媒格局的样态进行了重构。经历了 20 多年的发展,网络媒体以技术为支撑,从早期的内容固定的门户网站,到用户可以自主搜索信息,再到沉浸式信息流的投喂,随着网络媒体平台用户数量的日益增多,网络媒体智能化、移动化转型对于社会的影响将越来越大,这也就要求网络媒体需要有一定的责任与担当来应对新的媒体生态格局。

1. 遵守国家政策法规,树立正确新闻观

2020 年 9 月 27 日,2020 中国网络媒体论坛在上海成功举办。中央宣传

---

① 崔超瑾:《人工智能语境下新闻业变革研究——以"腾讯写作机器人 Dreamwriter"为例》,《西部广播电视》2019 年第 24 期。
② 王巍:《"智能+"赋能,推动媒体融合》,《新闻战线》2019 年第 20 期。

部副部长、中央网信办主任、国家网信办主任庄荣文发表讲话并指出,网络媒体要深入贯彻落实习近平总书记重要指示精神,以政治意识把牢方向,以问题导向破解难题,以创新思维探索新路,以实干精神推动落实,担负起新时代赋予的职责使命。① 网络新媒体作为拥有强大用户市场与流量的媒体,具有强大的影响力,要树立政治意识,将马克思主义新闻观作为正确引导,自觉遵守国家的政策法规,并坚持正确的舆论导向。

2021年,包括腾讯、百度、优酷、爱奇艺在内的大量网络媒体平台受到不同政府部门的约谈、下架或者处罚,反映出国家对于网络媒体管理与要求。网络媒体追求"流量"本无过错,但是不能为追求流量和商业效益而忽视了新闻作品的质量,使"标题党"、反转新闻等现象频频出现。网络媒体应向主流媒体看齐,时时刻刻坚持自己的责任与使命,做引领网络舆论导向的排头兵。

2. 避免过度娱乐化,向主流话语体系靠近

为避免泛娱乐化、过度追星等问题,国家广电总局出台《关于进一步加强广播电视和网络视听文艺节目管理的通知》的要求,坚决摒弃以明星为卖点、靠明星博眼球的错误做法,严格控制偶像养成类节目,减少影视明星参与的娱乐游戏、真人秀、歌唱类选拔等节目播出量。各类网络媒体的自制综艺节目向着传播正能量,腾讯视频打造的《创造营2020》致力于展现少女们在追逐梦想的过程中如何变得自信勇敢、拼搏向上成为有实力有态度的女孩。2021年,芒果TV推出励志职业体验真人秀《我们的滚烫人生》,深入各行各业,寻找平凡英雄,致敬行业精英,与他们比肩而立,通过体验他们的工作,唤醒普通人深藏在内心的英雄梦想,致敬时代奋斗精神。这些网综艺节目从节目形式、节目定位、环节设置等环节都能看到网络媒体努力融入主流传统媒体的话语体系,向着积极正能量的方向迈进。

---

① 中国网信网:《聚焦"变局中开新局:中国网络媒体的责任和使命"》(2020年9月27日),中华人民共和国国家互联网信息办公室网站,http://www.cac.gov.cn/2020-09/27/c_1602769361492641.htm,访问日期:2021年12月30日。

二、报刊媒体的智能化转型

对于传统报刊媒体而言,由于受到新媒体的冲击较早,大部分报刊媒体都在新媒体市场进行了先期布局,在政策、技术、市场、用户等多维驱动之下进行合并、转并、停办、休刊,以资源集约、结构合理、差异发展、协同高效为指导原则向智媒方向进行创新与转型。①

(一)"智能+":媒体生产流程进一步优化

以报刊为代表的纸媒既注重延续其在主流舆论引导方面的权威性和优势资源,又努力顺应智能媒体的发展趋势,借助大数据分析、区块链、5G技术和人机交互等技术为媒体生产和流通的各流程与环节赋能,实现科学高效便捷的内部管理优化。

2020年,新华社研发的"媒体大脑"数据覆盖了31个省市自治区,共计992家媒体机构在"媒体大脑"MAGIC平台上合成了20万条视频内容。② 疫情报道机器人、数据新闻机器人、直播拆条机器人、海报视频机器人、字幕生成机器人成为新闻机构最常用的媒体机器人。③ 此外,新华社还以"媒体大脑"为平台依托推出移动端应用"剪贝",打通与"媒体大脑"的账号、数据(素材、作品)共享,实现一次上传,随时调取,数据互通,构建了科学的云端跨屏素材管理模式。与此同时,"剪贝"整合了移动端的直播、审核及协同生产流程,能够根据语音识别技术和人脸识别结果对直播画面进行拆条处理,实现了媒体内容资产管理流程的移动端前置,为后续多人多终端共享协作生产奠定了基础。通过"现场云""媒体大脑"和全媒体采编发的新技术应用,新华社进一步推动现代化分社建设,将智能化生产加工的流程优化进行全国性铺

---

① 黄楚新、许可:《2021:破局突围 智慧发展》(2021年1月5日),中国新闻出版广电报网,https://epaper.chinaxwcb.com/epaper/2021-01/05/content_99794046.html,访问日期:2021年12月30日。
② 刘文杰、杨垒垒、周慕超:《多元探索与模式创新:新冠肺炎疫情影响下的互联网视频行业透析》,《中国新闻传播研究》2020年第2期。
③ 刺猬公社:《2020年了,欢迎来到"智媒时代"》(2020年4月29日),"刺猬公社"百家号,https://baijiahao.baidu.com/s?id=1665276326760868922,访问日期:2021年12月30日。

开,在报道时效、稿件产能和好稿数量上实现了提质增效。人民日报智慧媒体研究院发布重磅智能产品"人民日报创作大脑",将内容优势与人工智能和算法进行整合,在提升主流价值算法适用性的同时,提高了智能分发的效率。人民日报"创作大脑"具备直播智能拆条、在线视频快编、图片智能处理、智能字幕制作、可视化大数据、实时新闻监测等18项重点功能,是集轻应用平台、智慧媒体云、知识社区、开放生态于一身的一站式智能创作平台。[①]

中央级报业媒体努力完善自身的智媒布局,积极推进智能技术促动下的业务流程全国影响力辐射,各省市级报业集团也根据自身特点与定位进行了持续的智媒建设。上海报业集团规划了"20—50"智媒体布局,进一步推进以5G、大数据、云计算、物联网、区块链、人工智能等六大技术为经,以新闻传播的采集、生产、分发、接收、反馈等五大流程为纬,核心聚焦20个应用场景的"智媒体矩阵"建设。[②] 其中,解放日报-上观新闻、文汇报-文汇智媒体编发系统、新民晚报-新民云智、新闻晨报-周到上海、上海日报-"一网通办"英文版、澎湃新闻-PAI视频、界面·财联社-星矿金融数据平台等重点项目基本收尾,初步完成了集团"20-50"智媒体布局。[③] 在具体流程方面,上海报业集团践行"非标到标,标到非标"的核心理念,采用爬虫技术、OCR内容识别系统、基于NLP的智能解析和标签系统、高吞吐量的流式数据处理平台等自动化智能化的技术手段对非标准化数据进行采集处理,并使用智媒技术中台对繁杂的数据和内容来源进行有效清洗,处理为标准化的中间数据,形成包含资讯库、标签库、知识图谱等规整的数据仓库,通过有效的存储、检索、服务功能在平台上进行关联勾稽,发现其内在逻辑,最终通过非标产品的个性化分发实现精准推送和服务。[④]

---

① 人民日报:《今天,人民日报发布的这个产品不一般》(2020年12月24日),"人民日报"百家号, https://baijiahao.baidu.com/s?id=16869579977746344287,访问日期:2021年12月30日。
② 祝越:《新技术是网络媒体服务智能化的"基石"》,《文汇报》2020年9月28日。
③ 新民晚报:《冲出"跑者蓝调"的烟霾丨上海报业集团加快媒体深度融合发展推进会暨2021年度工作会议举行》(2021年2月26日),"新民晚报"百家号,https://baijiahao.baidu.com/s?id=1692752172962618286,访问日期:2021年12月30日。
④ 同上。

（二）"场景+"：基于需求的产业布局

2020年，随着移动互联网的蓬勃发展，智能终端与设备深度参与人们的生产与生活，建立起以用户为中心，以服务为意义的传播机制，以用户的"需求侧"为依据构建应用型场景及服务成为众多报刊媒体融合转型的一大方向。在智能生产方面，有新华社推出"快笔小新"、人工智能合成主播、"媒体大脑"、媒体机器人等一系列智能生产创新应用。在智能分发方面，则出现了人民日报推出的"党媒算法"，努力在个性需求和群体价值上实现新的平衡。

2021年，媒体深度融合已经远远超越了媒体机构内部、媒体行业自身的融合，呈现出生态化开放式的"大融合"格局。各大报业集团进一步拓宽自己的业务场景，在已有智能技术的基础上，以自身定位和业务优势为垂直发力点，努力挖掘社会化的服务需求，实现合作、分享和共赢。上海报业集团以上海城市数字化转型和新城建设为契机，聚焦应用场景，与虹口区签署北外滩规划建设战略合作协议，启动北外滩"世界会客厅"演播室，联合打造集新媒体展示、研发、传播、采访等多项功能于一体的空间，致力于聚合全球资源，以优质原创内容辐射全球市场。[①]

除了城市生活场景的铺开，上海报业集团还积极联手高校和企业，规划建设创新实验室。2020年，集团与华为公司在已有合作基础上签署《深化合作备忘录》，进一步明确华为公司作为上海报业集团智媒体战略的"使能者"，联合成立创新实验室，探索在ICT基础设施、公有化和媒体传播等领域的全面深化合作。双方将以联合创新实验室为依托，在AR文化和VR娱乐、互联网新媒体内容标签系统和智能推荐系统、区块链版权系统、虚拟主播与交互式新闻、智能金融数据平台、基础技术云转型等媒体创新应用场景，共同开展产品方案的孵化和落地。[②]

与省级报业集团聚焦于数字经济、智慧城市建设等应用场景不同，县市级

---

① 姜圣瑜、刘晓来：《深度融合，探索"媒体+"的无限可能》，《传媒观察》2021年第6期。
② 新民晚报：《冲出"跑者蓝调"的烟霭丨上海报业集团加快媒体深度融合发展推进会暨2021年度工作会议举行》（2021年2月26日），"新民晚报"百家号，https://baijiahao.baidu.com/s?id=1692752172962618286，访问日期：2021年12月30日。

报业更注重服务区域群众的生产生活实际。2020年2月,富阳日报策划推出了"助农服务公益平台",联手区农业农村局、商务局、供销社等多个部门,为疫情影响下的农户搭建了线上销售平台;报社还与区商务局联合推出了"富阳严选,等你来买"栏目,构建新的销售应用场景,帮助外贸企业售卖库存产品。①

(三)"平台+":多元互通的服务整合

在技术、内容和数据等资源的深层驱动下,媒体的平台化建设与创新已成为近些年媒体融合的一大热点。中央级媒体自建"入口级"平台,努力提升舆论引导力,地方主流媒体则着力于对原有媒介形态和媒介功能进行扩充,在信息传播的基础上叠加多元的社会服务,打造"资讯+政务+商务+服务"的全媒体平台,打通线上线下渠道,盘活本地资源,实现自身发展的集聚效应。

2020年,封面传媒在已有云平台的基础上继续发力,从"技术服务媒体"迈向"智慧文博、数字文旅"新领域,通过"封面造"云博览平台的全流程实践,形成了智慧文博解决方案(标准)。② 2021年,深圳报业集团与力合科创集团合作,深入大数据产业领域,联合共建力合报业大数据中心,在"文化+数据+科技"领域进行全面合作,培育发展大数据新兴业态,致力打造粤港澳大湾区大数据产业服务平台。③

(四)"智库+":深度融合的社会参与

随着媒体深度融合的推进,传媒业务的边界已不断向外拓展,不可抗拒地渗入社会体系的方方面面,对整个社会生态进行重塑。未来媒体的功能将更多地参与到国家治理体系和治理能力现代化进程中,实现媒体功能延展与社会共享共治。各大报业集团在智能转型过程中,注重转变角色定位,创新业态培育,将自身优势资源与社会发展进行深度功能性融合,服务于人类生

---

① 徐时松:《应用场景构建:县市区域媒体转型之道》,《中国报业》2021年第5期。
② 川观新闻:《封面传媒智媒云4.0重磅发布 2020第五届C+移动媒体大会今日云端启幕》(2020年12月28日),川观新闻网,https://cbgc.scol.com.cn/news/425408,访问日期:2021年12月31日。
③ 姚卓文:《力合报业大数据中心启用,致力打造粤港澳大湾区大数据产业服务平台》(2020年12月30日),"全国党媒信息公共平台"搜狐号,https://www.sohu.com/a/441498514_565998,访问日期:2021年12月31日。

活新空间的创造,各大报业集团将智库建设作为参与科学决策、民主决策的转型方向,并以此为抓手进行决策资源的社会治理转化,服务于政务民生和智慧城市建设。

2020年12月26日,南方报业集团以"新政务 新服务 新商务"为主题进行了第三届南都智库产品发布,并同时举办了媒体深度融合发展高峰论坛。论坛聚焦媒体融合转型和智媒创新发展,关注智媒融入数字经济和智慧城市的共建路径,探讨智媒服务的发展空间,推动媒体深度融合高质量发展。① 2020年1月,深圳报业集团宣布成立深新传播智库,希望以更加开放的视野、创新的理念、灵活的方法,在多元中倡主流、在多变中把大势、在多样中融新知,建设富有创见、蕴含价值、秉赋活力的新型智库平台,已有125位国内知名专家受聘成为深新传播智库专家,主要智库产品包括决策参考、域外参讯、智库报告和大数据分析等方面。② 2021年,大众报业集团齐鲁晚报·齐鲁壹点立足打造"新型现代智慧传媒"目标,把主力军向主阵地全面转移,"智媒、智云、智库"三智矩阵成功布局,"传媒+N"的智媒生态初见成效,用户黏性与活跃度日益增强。作为大众报业集团融合发展的一个缩影,齐鲁晚报从"一纸风行",到"智趋未来",再到"生态赋能",已由单一报纸产品,转变为多元赋能的智慧化媒体平台。③

三、广播媒体的智能化改革

随着互联网移动通信技术和人工智能技术不断深入传媒行业,整个传媒业正在向着智媒时代迈进,新技术的驱动下的广播媒体改革呈现出了鲜明的变化和特点。

---

① 南方网:《智媒南都创新"新闻+政务服务商务" 打造媒体深度融合新样本》(2020年12月28日),南方网,https://news.southcn.com/node_54a44f01a2/5fffff03be9.shtml,访问日期:2021年12月31日。
② 深圳特区报:《深新传播智库成立》(2020年1月10日),深圳特区报网,http://sztqb.sznews.com/PC/content/202001/10/content_806212.html,访问日期:2021年12月31日。
③ 崔岩:《齐鲁晚报·齐鲁壹点中台战略发布,齐鲁新媒体党建智库同步成立》(2020年11月26日),"齐鲁晚报网"百家号,https://baijiahao.baidu.com/s?id=16844180114451710 06,访问日期:2021年12月31日。

（一）"广播+智能"触发深度融合新引擎

随着媒体融合的不断深入，广播媒体也呈现出新的发展样态。"广播+智能"成为当下广播媒体发展的重中之重，广播媒体的智能化从内容、渠道、应用、场景等多方面创新，改变了传统模式下的单向传播，向着互动化、移动化、交互化方向发展，为受众提供沉浸式互动性的体验。

微软小冰是面向新交互形式的完整人工智能技术框架。[①] 从第五代微软小冰问世开始，它便作为人工智能主播与全国各大广播电台开展创新合作。湖南电台 893 汽车音乐广播、FM 98.2 北京青年广播的每周日晚 9 点档、河北综合广播《今日十万+》等多个广播电台相继成为微软小冰合作的对象。第八代微软小冰的框架 AvatarFramework 中共有 47 个成员，其中代号 201 的虚拟人类拥有超级自然语音，专门负责对话和访谈类的内容。[②] 2020 年 7 月 8 日，该虚拟人类作为嘉宾受到"故事 FM"访谈节目的专访，向大家讲述了人工智能眼中所观察到的人类世界，以及"她"对于人类与人工智能之间是如何互动、人类与人工智能之间有什么样的关系表达了自己的看法。

此外，小冰团队还研制出了人工智能版"Office"，小冰官方将这一系列产品称为 X 套件。该套件中有一款对广播行业的发展变革影响巨大，该产品被称为 X Studio。该产品面向声音协同，使 X Studio 主播可以在演讲、电台节目等复杂的语言场景和环境中进行工作。[③]

（二）广播媒体的融合变革，打造声音新媒体平台——"云听"的探索实践

传统广播的媒介融合创新先后经历了创办网站、台网联动、建设"两微一

[①] 新华网：《第八代微软小冰发布　交互将成就未来巨大变革》（2020 年 8 月 21 日），中国网，http://news.china.com.cn/live/2020-08/21/content_933241.htm，访问日期：2021 年 12 月 27 日。

[②] 京客网快报：《微软小冰框架内新成员首次在「故事 FM」接受人类世界的采访》（2020 年 7 月 8 日），"京客网快报"百家号，https://baijiahao.baidu.com/s?id=1671631393932459252，访问日期：2021 年 12 月 20 日。

[③] 至顶网：《第八代小冰来了，带着她酷炫的商用方案走来了！》（2020 年 8 月 24 日），腾讯网，https://new.qq.com/omn/20200824/20200824A05AW600.html，访问日期：2021 年 12 月 27 日。

端"(微信、微博、移动客户端)三个发展阶段。① 当下,广播媒体的发展处在三种方式共存并融合的阶段,多平台同步发布与更新内容。各大电台的内容运营渠道主要包括传统广播节目、电台官方网站、电台移动端应用、新浪微博、公众号小程序等平台,有针对性地依据不同平台的受众群体进行内容传播。

在转型的过程中,广播媒体的移动化传播显得至关重要。本着"台网并重、先网后台、移动优先"的战略,中央广播电视总台集合其大量资源、优势平台、专业人员,进行传播渠道和产品形式的融合,力图开拓音频产品市场,把握广播融媒转型的先机。2020年3月4日,中央广播电视总台高品质声音聚合分发平台"云听"正式上线,这是继中央广播电视总台"央视频"上线之后推出的基于移动端发力的声音新媒体平台,是落实习近平总书记对总台"守正创新,把新媒体新平台建设好运用好"重要批示精神的又一个重要战略举措。② "云听"基于总台"5G+4K/8K+AI"等新技术,将人工智能与5G网络在平台开发和建设中的创新应用放在首位,希望实现广播媒体的深度融合,为总台广播频率改版及传统广播向移动音频转型提供技术和平台支持。

1. 坚持内容为王,精准把握音频市场

在内容方面,"云听"不仅仅涵盖传统广播业务,也积极开拓新的业务渠道。据中央广播电视总台公布的数据来看,"云听"上线以来,拥有166个细分频道,150万小时版权内容,汇聚了全国各地主要省市地方台广播频率节目300余路。③ 其中,主要分为三大板块内容:"听精品""听广播""听电视"。作为央视音频新媒体的代表,"云听"和湖北广播电视台交通广播部联合出品并上线了首部抗疫主题微广播剧《在家门口过年》,分别录制普通话和武汉话两个版本。疫情期间,该剧通过"云听"音频内容分发平台进行播放,并授权给全国300多家电台进行播出放送。

---

① 杨罡:《从国内广播媒体的实践看新媒体时代下广播的创新发展》,《视听纵横》2016年第6期。
② 央广网:《中央广播电视总台音频客户端"云听"正式上线 移动音频"国家队"入场》(2020年3月5日),央广网,http://www.cnr.cn/shanghai/tt/20200305/t20200305_525003838.shtml,访问日期:2021年12月27日。
③ 央广网:《国家级声音平台云听牵手酷我畅听 打响精品内容突围战》(2020年7月30日),央广网,https://news.cnr.cn/native/gd/20200730/t20200730_525187511.shtml,访问日期:2021年12月27日。

2. 依托总台资源优势，打造移动音频"国家队"

依托于中央广播电视总台强大的版权资源优势，"云听"设置了"听电视"板块中，用户可以收听到《中国诗词大会》《朗读者》《百家讲坛》《易中天品三国》等许多优秀优质的电视作品，将庞大的电视节目资源进行转化，实现二次营销与传播。央广网执行总裁李向荣表示："'云听'通过整合中央广播电视总台资源，创建声音行业发展新模式，打造互联网音频行业'国家队'在做到差异化内容体系建设的同时，也扛起了主流媒体的责任。通过唤醒尘封的历史资源，盘活总台现有的音频资源，并着力打造自己的大 IP，开发绿色生态的市场化产品。"①

"云听"与"央视频"共同构建起中央广播电视总台音视频移动端的"一体两翼"格局，被业界寄予厚望，是总台的重要战略平台。对于传统广播行业，它是具有时代意义的推动广播媒体进行转型融合的范本。

（三）技术赋能广播新闻，引领5G智慧电台新方向——湖南广电5G智慧电台建设举措

5G与广播传媒的互联互通能够实现计算机网络、电信网和广播电视网的三网融合，对于增强用户数量、丰富节目内容以及实现大规模的资源覆盖有重要的影响。② 5G时代的到来，将会使移动互联网再次革新，同时为广播媒体的发展提供新的空间与机遇。

2020年3月20日，湖南广电"开火"5G智慧电台项目组成立大会在湖南长沙顺利举行。智慧电台是5G高清视频多场景应用国家广播电视总局重点实验室音频模块自主研发的人工智能广播节目编排系统，是利用新技术顺应媒体深度融合趋势的战略性项目，可通过智能抓取、编排、播报、监控、云端分发，一键式自动化生成新闻、资讯、天气、路况、音乐串接等播出内容，仅需5分钟即可生成一套24小时播出的在地电台节目。③ 5G智慧电台是

---

① 传媒茶话会：《"云听"惊蛰亮相，移动音频"国家队"有看头！》（2020年3月4日），央广网，http://www.cnr.cn/sxpd/sx/20200304/t20200304_525002753.shtml，访问日期：2021年12月27日。
② 孙晓丽：《5G网络时代广播传媒的融合发展分析》，《新闻研究导刊》2020年第11期。
③ 5G智慧电台：《公司介绍》（2020年11月24日），5G智慧电台网，https://www.5gradio.com.cn/app.php?m=content&c=index&a=lists&catid=7，访问日期：2021年12月30日。

"5G+"在融媒体建设当中的一个新应用,是广播实现媒体融合的一个基础设施,也是"5G+AI""5G+内容""5G+云计算""5G+大数据"等一系列融合叠加的产物。①

1. 人工智能技术赋能智慧电台

在强大技术的支撑下,5G智慧电台可以实现24×365全天候实时播放。作为中国智慧广电的先行者与中国5G智慧电台的开拓者,湖南广电5G智慧电台开发了一套智能化广播的播出系统,采用人工智能主播实现24小时实时消息或新闻的在线播出。据5G智慧电台公布的信息来看,在路况、新闻、天气、音乐这些主要收听模块中,共存储了16个人工智能主播语音库。智能主播可以随意调配时间,并即时播报满足不同时段用户的需求。此外,经过了长期的机器学习训练,它可以将大量的文本内容按照分类整理、抓取、审核形成可用的文本素材,并通过NLP自然语言处理技术将文本信息转化为语音。5G智慧电台的全天候实时工作意味着技术的发展已经可以实现电台的智能化、无人化播报,将会为广播媒体行业带来全新的变革。

2. 以内容为核心,打造广播精品

5G智慧电台以湖南广电音视频数据库及资源为依托,借助《歌手》《声临其境》等优质IP实现版权长尾效应的发挥,并与喜马拉雅、各省级台和市级台等都达成了节目内容的合作,增强用户吸引力与使用率。在本地化内容方面,智慧电台能够获得第一手的时事新闻、路况信息等。在2020中国新媒体大会上,百度地图与湖南广电5G智慧电台签署战略协议,宣布联合打造新一代5G AI智慧电台。凭借百度地图行业领先的人工智能、交通出行大数据、云计算和GIS技术优势,以及提供全国主要城市实时拥堵排行、城市交通大数据报告、交通拥堵研判平台、人工智能路况播报平台、智慧诱导发布平台等一系列产品服务,能够即时传达交通路况的最新消息。这些即时权威的实况信息,为5G智慧电台高效准确地传送给听众提供了数据支撑,为出行节约时间成本、便民利民提供了好的契机。

---

① 牛嵩峰、黎捷、肖柳等:《5G智慧电台:融媒传播时代广播媒体突围的新载体》,《全国互联网与音视频广播发展研讨会(NWC)暨中国数字广播电视与网络发展年会(CCNS)论文集(2020年特辑)》2020年。

3. 下沉"县级"市场,实现广播再造价值

2020年5月9日,湖南省首家县级"5G智慧电台"宜章人民广播电台FM 99.6正式上线运营,这是湖南省第一家建成运营的县级2.0版本的5G智慧电台。① FM 99.6主要服务于65万宜章听众,不仅能满足音乐、新闻、交通等自动化播出,也引进了湖南广电《我的新闻会唱歌》《我们读书吧》等36个精品节目。除调频广播,宜章县也实施了有线广播和应急广播村村响在全县布局,覆盖人口集中的广场、公园、乡镇、村落等。作为新兴人工智能技术发展下的产物,5G智慧电台的创新升级重塑了广播价值,使党和政府的声音、省市县政府的决策部署以及高质量广播节目即时传送,与"村村响"大喇叭联通,直达全县、全村的每个角落。②此外,宜章县的主要文化旅游活动,还将在湖南广播电视集团所属各类平台和合作平台上播出。5G智慧电台能够帮助各省县级媒体加快融合升级实现良好运营,并成为最具影响力的内容生产商及品牌落地服务商。预计在不久的将来,湖南广电5G智慧电台可以为超过1000个频道提供智能化广播服务,打造智能化、定制化的5G战略平台。

(四) 广播媒体终端格局改变,音频智能交互应用场景出现

突如其来的新冠肺炎疫情使人们的生活发生了翻天覆地的变化,同时也使各行各业受到了不同程度的冲击与挑战。其中作为传统媒体的广播业呈现出了新特点与新模式。

以智能手机、iPad为智能接收终端的移动互联技术推动了一系列音频应用诞生并不断壮大,例如"喜马拉雅FM""荔枝FM""云听"等。此外,百度、小米、京东、阿里巴巴纷纷推出智能音箱设备,希望能够抢占家庭音频市场的先机。

此外,车载收听因其场景化收听和伴随性服务的优势,受到了广大车主的青睐和喜爱。因此,大力发展车载广播收听,实现车载智能终端的普及,成为了近几年各大媒体以及互联网企业的重要选择。"广播+车联网"的战略布局成为了广播行业的焦点与热点,车载智能终端的出现为实现广播内容资

---

① 焦阳:《浅谈5G时代下的广播新发展》,《记者观察》2021年第5期。
② 郴州日报:《湖南省首家县级"5G智慧电台"正式上线》(2020年5月11日),郴州文明网,http://hncz.wenming.cn/xqbb/202005/t20200511_6457080.shtml,访问日期:2021年12月30日。

源丰富化、用户定制化、传受智能化提供了新的平台。"广播＋车联网"主要有三种接入方式，分别为前装、后装、无装。

前装主要指在汽车的生产过程中，广播媒体通过与汽车企业签订协议，直接将音频产品嵌入汽车内部。例如，中央人民广播电台打造的音频类移动端产品"中国广播"客户端与福特汽车进行品牌深度合作，共同打造新型车载娱乐方式，适配了福特 App Link 国际流行的车载系统。[①] 后装指的是通过后期安装硬件的方式形成"广播＋车联网"的智能终端产品，其中福建广播影视集团与福建省福信富通网络科技股份有限公司共同合作的"广电车盒子"就是典型代表。无装是最便捷、最快速实现车载智能终端的方式，也是使用率最高的方式，只需要一部智能手机，通过蓝牙匹配的方式就可以直接与汽车进行互联互通。百度"CarLife 车载平台"、阿里巴巴"YunOS Carware"等系统为车主提供了智能平台，再加上"中国广播"等主流媒体以及"喜马拉雅FM"等音频类应用在内容资源上的支持，共同为用户打造了便捷的车载连接音频娱乐体验。

无论是当下广播媒体对智能音箱的交互应用，还是"广播＋车联网"的布局，都反映出了收听端智能化的重要性。广播收听终端的智能化，反映了广播行业向着构建音频智能交互应用场景的不断努力。未来的广播行业将朝向场景化、交互化、智能化方向迈进，在媒体深度融合的浪潮中，广播将会通过革新焕发出新的生机。

四、电视媒体的融合发展与智能化推进

自媒体融合上升为国家战略以来，国家层面出台诸多关于广播电视加强深度融合、智能化转型的意见文件，在政策保障和引领推动之下，中央及各级广播电视机构积极响应媒体融合政策，运用智能科技引领媒体发展，实现传统媒体和新兴媒体在机构体系、流程管理、内容形式、传播方式等多个维度的融合创新，驱动变革，不断进行自身的功能拓展，向全程媒体、全息媒体、全员

---

① 央广网：《中国广播牵手百度 CarLife 车联网时代音频娱乐新体验》(2017 年 6 月 7 日)，央广网，http://news.cnr.cn/native/gd/20170607/t20170607_523790599.shtml，访问日期：2021 年 12 月 29 日。

媒体、全效媒体发展,进而致力于更好地引导主流舆论,扩大主流价值影响力。

(一)国家政策——电视媒体深度融合发展的方向标和助推器

2020年9月26日,中共中央办公厅和国务院办公厅共同印发了《关于加快推进媒体深度融合发展的意见》[①],进一步明确了各级部门推动媒体融合发展的要求和方向。作为传统的电视媒体,在媒体智能化转型的道路上要以先进技术引领驱动融合发展,强化对于5G、大数据、人工智能等技术的应用,将更多优质资源配置向互联网主阵地汇集,做大做强网络平台,在保证内容优质的基础上创新表现形式和拓宽传播渠道,强化媒体与受众的连接,以更开放和更全面的平台去吸引和影响更多的用户。同年11月13日,国家广电总局印发了《关于加快推进广播电视媒体深度融合发展的意见》,从总体要求和目标任务、打造具有强大影响力和竞争力的新型主流媒体、满足人民群众美好生活新需要、全面加强内容建设与供给、强化先进技术创新引领、加快深化体制机制改革、推动全媒体人才队伍建设、大力推进管理创新、加强组织保障和政策支持等九大方面进行了广播电视媒体深度融合发展的聚焦式规划。[②]

2020年10月15日,国家广播电视总局印发了《国家广播电视总局关于推动新时代广播电视播出机构做强做优的意见》,指出各级电视媒体发展要坚持移动优先策略,全力建设全媒体服务、智慧化传播、具有强大影响力和竞争力的主流媒体。[③] 推进电视媒体融合发展,在内容创意、制作生产、节目播出、运行开发等方面加快与新兴网络媒体的深度合作与融合质变,顺应当代用户的视听习惯,加大力度创作融媒体产品,增强内容的互动性、鲜活性和故

---

① 新华社:《中共中央办公厅　国务院办公厅印发〈关于加快推进媒体深度融合发展的意见〉》(2020年9月26日),中国政府网,http://www.gov.cn/zhengce/2020-09/26/content_5547310.htm,访问日期:2021年12月29日。
② 广电总局:《广电总局印发〈关于加快推进广播电视媒体深度融合发展的意见〉的通知》(2020年11月13日),中国政府网,http://www.gov.cn/gongbao/content/2021/content_5582647.htm,访问日期:2021年12月29日。
③ 宣传司:《国家广播电视总局印发〈国家广播电视总局关于推动新时代广播电视播出机构做强做优的意见〉的通知》(2020年11月5日),国家广播电视总局网站,http://www.nrta.gov.cn/art/2020/11/5/art_113_53696.html,访问日期:2021年12月29日。

事性,强化"大小屏"共振引流,通过多屏终端吸纳更多用户。①

2021年3月16日广电总局印发《关于组织制定广播电视媒体深度融合发展三年行动计划的通知》,要求地市级以上广播电视台要提高政治站位,树立改革思维,强化问题导向,抓紧谋划和制订本机构媒体深度融合发展三年行动计划,明确任务书、时间表和路线图,严格高效组织实施,推动媒体深度融合工作取得实效。各省级广电行政部门要精心组织、分类指导本辖区内各广播电视台行动计划的制订工作,全力推进广播电视媒体深度融合发展进程。②

(二)融合之道——电视媒体的体制变革与功能升级

随着媒体深度融合的步伐不断加快,2020—2021年众多广电媒体机构单位积极落实相关政策,结合自身定位和特点在内容生产机制、内容形式、传播方式、媒体功能多个方面创新发展升级,取得了较好的成果,使媒体融合取得重要进展。

1. 打造全媒体传播矩阵,强化服务功能

面对愈加激烈的新媒体市场竞争,诸多电视台积极借助人工智能、5G等技术更新内容表现形式和生产机制,联合互联网平台(两微一端一网、抖音、快手等)改变自身媒体形态,发展成为包含传统媒体专业资源、政策资源、受众资源+新媒体技术、内容、产品、渠道等的综合平台,实现大小屏共振、互相引流,建立常态化的全媒体内容传播矩阵。

南京广播电视集团作为2020年全国广播电视媒体融合征集评选活动入选的先导单位,融合改革成果突出。南京广电始终以融媒化、移动化为目标,按照去频道化的思路深度整合电视频道,在内容生产上向着产品化、市场化发展,致力于创造适合多屏传播、多渠道分发、服务企业成长和服务市民生活的融媒体产品。依据资源优势扩大垂直领域范畴,拓宽自身功能板块,摆脱

---

① 宣传司:《国家广播电视总局印发〈国家广播电视总局关于推动新时代广播电视播出机构做强做优的意见〉的通知》(2020年11月5日),国家广播电视总局网站,http://www.nrta.gov.cn/art/2020/11/5/art_113_53696.html,访问日期:2021年12月29日。
② 媒体融合发展司:《广电总局印发〈关于组织制定广播电视媒体深度融合发展三年行动计划的通知〉》(2021年3月16日),国家广播电视总局网站,http://www.nrta.gov.cn/art/2021/3/16/art_3557_55971.html,访问日期:2021年12月29日。

单一的新闻发布功能,借助网络平台发展直播、短视频及其衍生产业,探索电视+政用+商用等融合多个领域的创新功能服务模式,强化对于用户的政务、生活、就业等的服务。

广东广播电视台在媒体融合政策要求下,将电视媒体和移动媒体从内容制作和传播方式进行深度合作和融合,实施"大屏+小屏"双轮驱动战略,包括以 IPTV、互联网电视 OTT 为代表的大屏,和以微博微信抖音等第三方平台账号、自主研发移动客户端"触电新闻""粤听"为代表的小屏,努力打造出全媒体时代的新型广播电视台。[①]

重庆广播电视总台在融合进程中,时刻关注技术前沿发展动态,洞察发展趋势,借助互联网优化自身生产机制,以"平台网络化、渠道生态化、内容产业化"为发展战略,坚持互联网思维和全媒体生产传播模式,促进台网融合发展。积极利用人工智能、5G、大数据、云计算等新技术,重塑采编流程,优化管理手段,自主开发了集 IPTV 电视、电脑、手机和便携式 4G/5G 盒子于一体的全媒体传播体系,顺应互联网时代的移动化特征;为提高生产效率和内容质量,总台精简栏目节目,致力于打造精品化和专业化的内容;为强化自身服务性,扩展功能版块,增加政务服务、民生信息、互动社交等功能。

电视媒体通过与网络媒体平台进行合作共享,打破社交媒体和传统电视媒体之间的壁垒,开放内容信息平台,改革内容生产机制;在网络平台上提供互动专区,促进用户参与,增强和用户的互动性,增强用户黏性;打破时空的限制,提升信息传播的深度和影响力。同时,通过延伸媒体垂类链条,为用户提供更加全面详细的内容,满足更多用户个性化、专业化的需求;不断拓宽功能版块,强化电视媒体的服务性,打造用户离不开的媒体平台。

2. MCN 模式成为电视媒体内容场景发展的重要模式

在短视频和直播发展势头猛烈的市场下,广电媒体积极进行 MCN 模式的尝试,在优质、正能量内容的不断引入之下实现了加速推广、应用和升级。央视"小朱配琦"的组合跨界出道,在电视媒体和电商平台进行直播带货,进行 IP 孵化和矩阵建设,探索更多的商业变现模式。此联合变革既提升了品

[①] 蔡伏青:《社长总编谈媒体融合|广东广播电视台:大小屏双轮驱动 重构大视频生态》(2020 年 9 月 17 日),中国记协网,http://www.zgjx.cn/2020-09/16/c_139371875.htm,访问日期:2021 年 12 月 29 日。

牌的声量和流量,为其带来较大收益,同时还改变了电视媒体原来单一的广告营利方式,使其有了更多用户交互机会和变现可能,扩大了电视媒体的品牌影响力和号召力。

湖南广播电视台娱乐频道作为2020年全国广播电视媒体融合典型案例,遵循互联网思维,变革底层操作系统,坚持移动优先,大体上搭建了以短为主、长短结合的内容生产体系,形成了以新为主、新旧融合的媒体发展模式,基本实现了2B为主、2C融合的多元盈利方式。电视媒体与众多新媒体平台信息共享互通,各种内容传播形式,扩充内容垂类涉及领域,建立了全媒体内容生产与传播矩阵。

浙江卫视电视媒体在融合短视频和直播发展布局的过程中,同样进行了生产机制的MCN化,通过搭建专业垂直的孵化平台,将内容、形式与产业融合,释放更多的内容活力,通过互联网和智能技术驱动,对媒体产品进行重构,并在全媒体平台进行分发,实现流量和价值的最大化。

3. "5G+AI+4K/8K"创造全新电视产品,升级内容生产架构

智能媒体时代,电视媒体的融合进程在智能技术助力下得到加速推进。多地的广电总局主动同5G运营商和设备提供商建立广电5G应用实验室,开展5G环境下的视频应用和产品创新,通过利用5G、VR、AR、人工智能等技术,使得电视媒体的信息传播更加智能化。如广电总局广播电视科学研究院牵头研发了智能电视操作系统(TVOS4.0),该系统协同了半导体、媒体、安全、连接、智能等技术,打破了多平台之间的隔离问题,促进一体化发展水平,催化融合质变。同时,该系统引入了更多的人工智能应用,支持8K、VR和云游戏等更高技术格式、更新应用场景、更美视听体验的高新视听新业态,改善了多屏互动和人机交互体验,有效提升了广播电视终端智能化、标准化、节约化和集约化水平。[①]

在电视节目从高清向超高清视频转换的升级阶段,诸多电视台进行4K全域落实与8K尝试,创新超高清电视制播模式,加快全媒体制播体系的建立。如广东台在2020年8月正式启用高清/超高清播控中心,积极探索和运

[①] 高凯:《广电研发智能电视操作系统 促进媒体融合》(2021年1月5日),人民网,http://scitech.people.com.cn/n1/2021/0105/c1007-31989019.html,访问日期:2021年10月29日。

用5G、4K/8K、大数据、云计算等,重点布局"5G + 4K/8K + AI",致力于赋予视听节目更好的呈现形态和质量,实现了国内省级广电台中首次采用全流程IP播出架构,即播出全链路IP化和播出整备系统云化。①

2020—2021年,多地电视媒体机构依托"5G + 4K + 云 + 人工智能"体系,采取了"免接触录制"的智能制播模式,实现快速拍摄、剪辑、存储、分发等,诸如上海东方传媒和湖南卫视即通过"云制作"完成了各自疫情期间的节目录制,借助5G技术保证4K超高清画质的优质内容实时传播共享,实现了内容生产架构的更新和智能化。

(三)电视媒体的智能化融合实践——全新的内容形式与呈现方式

在媒体融合进程中,多地电视媒体巧用平台资源,守正创新,推出符合网络传播规律并具有原创特色的融媒体产品,争取在第一时间抢占网络传播制高点,并致力于打造自身全媒体IP品牌。如2020年5月全国两会期间,广东广电融媒体中心联合全台内容生产部门及各级融媒体中心,共同推出大型融媒直播项目《只争朝夕看广东24小时》,24小时不间断跨屏直播广东经济新常态,向受众展示广东实时新样貌,全网观看量近7 000万,打造出"新媒体平台 + 频道频率"深度融合的信息呈现方式。②

在新冠肺炎疫情期间,央视频借助5G和VR等技术,进行了关于火神山、雷神山医院建造全程的慢直播,吸引了亿次以上网友的关注和打卡。其VR全景直播为众多"云监工"带来临场般的沉浸式感官体验,5G传输和4K/8K系统实现了高质量的视频传输,给予观众良好的视听体验。此外,多家电视媒体推出了"云旅游"活动,并通过大小屏共振引流,扩大传播效果。诸如湖北广电网络"居家抗疫 云上赏花"活动和福建广电以电影影片景点为主题的"云旅游",用户通过参与活动,借助VR技术可体验较为真切的"现场"观赏感。

---

① 蔡伏青:《社长总编谈媒体融合|广东广播电视台:大小屏双轮驱动 重构大视频生态》(2020年9月17日),中国记协网,http://www.zgjx.cn/2020-09/16/c_139371875.htm,访问日期:2021年12月29日。
② 同上。

（四）中央广播电视总台的融合案例

中央广播电视总台作为中央级广播电视媒体，在媒体融合发展过程中须走在最前列，起到带头引领和示范作用。在国家相关媒体融合政策要求下，总台按照"台网并重、先网后台"的思路，持续推动"三台三网"加速融合，建立总台新媒体"一键触发"机制，实现"1＋1＋1＞3"的效果。在内容生产传播机制上，要求三台移动端共同推送总台的重要和优质内容；在平台运营上，通过打造多个网络平台传播主体，并进行 IP 化运营，致力于将其建设成为各垂类、各形式下的传播品牌。

2020—2021 年，中央广播电视总台全面推进深度融合，在技术布局上向 5G＋4K/8K＋AI 战略格局转变，并将其作为总台建设国际新型主流媒体最重要的技术支撑。[1] 新闻媒体报道、直播位于超高清视频相关 5G 应用关注度的前十。为进一步创新超高清电视制播模式，总台加快提升 4K/8K 超高清电视视听节目产能与质量，借助 VR 给予用户更高质量的超高清节目视听体验，运用 AI 创新超高清电视生产流程。[2]

在百度世界 2020 大会上，总台以最新的"AI＋VR"技术为核心，打造了"视＋听＋触"多维融合的舞台立体屏演播室，立体化展示了 AI 技术对国民生活的影响，在直播中实现了动态虚拟场景的实时呈现。在主持人和嘉宾进行体验之时，直播间运用智能技术实现了虚拟世界与现实空间的完美融合，具备强烈的视觉呈现效果，为观众带来了耳目一新的直播视听体验。

2020—2021 年，广电总局积极响应贯彻党中央决策部署，统筹管理好传统电视媒体和网络新媒体，运用智能技术加快内容生产，尽可能实现免接触云端录制或借助人工智能机器人参与录制，通过 5G、大数据等技术促进多终端的互通共融，提高传播效率，起了带头引领和重要示范作用。

---

[1] 诸玲珍：《中央广播电视总台编务会议成员姜文波："5G＋4K/8K＋AI"重构超高清电视制播体系》，《中国电子报》2020 年 11 月 10 日。
[2] 彭丹：《互联网时代，电视媒体如何与新兴媒体深度融合？第六届"世界电视日"中国电视大会探讨行业焦点》（2020 年 11 月 20 日），"文汇报"搜狐号，https://www.sohu.com/a/433206888_120244154，访问日期：2021 年 11 月 29 日。

在大力促进媒体融合和智能化实践之外,总台同样一直在探索新型技术体系的尝试开发和应用,联合中国移动、华为等公司共同承担了"5G+4K/8K超高清制播示范平台"新基建工程项目。该示范平台按照"云、管、端"一体化的方式,致力于升级体育演播室群为4K/8K超高清电视制播系统,建设上海国际传媒港多功能4K/8K超高清电视演播厅,并对其添加5G+4K/8K接入功能,对接总台的新媒体平台及上海国际传媒港电影城,大力提升电视媒体超高清电视节目制作能力。①

五、社区媒体的智能化发展

智慧社区作为智慧城市建设中重要的组成部分,成为业内关注的焦点。智慧社区建设强调"互联网+"与城乡社区服务的深度融合,向设施智能、服务便捷、管理精细、环境宜居的建设方向发展。② 作为社区传播的重要媒介,社区媒体也顺应时代进行了转型升级逐渐向智能化方向升级转型。

(一)媒体融合趋势下社区媒体的智慧化升级转型

社区媒体作为一种重要的媒介形式,立足本地社区,承载着为社区成员和组织服务的职责,发挥着社区信息传递与沟通互动平台的建造者、社区公共空间与诉求表达渠道的提供者、社区意识和社区文化的塑造者等作用。③新媒体技术的发展,使原有媒介的格局被打破,逐渐形成了以互联网为基础的,集文本、音视频、图片等于一体的新型社区媒体。

从传播的渠道来看,新型的社区媒体借助移动化的智能终端,打破时空界限以开放、自由的方式进行信息的生产。与此同时,改变了传统媒体时代建立的话语机制和舆论机制,居民可以自由讨论并表达出自己的看法,为居民参与社区建设提供了良好的表达与沟通平台。除了有传统的社区网之外,还积极打造社区相关的移动端应用、小程序建设,使社区媒体向移动化方向迈进。

---

① 姜文波、赵贵华:《5G+4K/8K+AI重构电视媒体制播体系》,《广播与电视技术》2020年第12期。
② 张斌、夏军、张敬、刘锋:《依托智能包裹柜构建社区邮政服务圈探讨》,《邮政研究》2018年第7期。
③ 吴雅:《结构、再现与交互:新媒体对社区公共领域的重构》,《新闻知识》2020年第6期。

从传播的内容来看,新型社区媒体能够满足社区居民的基本需求,为居民提供个性化服务。"人民社区"小程序是由人民日报数字传播有限公司和四川省社区文化教育服务与发展研究会于2018年10月19日合力推出的自媒体融合平台。据"人民社区"小程序统计,其已与成都市40余个街道办、300余个社区建立伙伴关系,是四川省最具有影响力与代表作的社区媒体。① 通过智能化平台,"人民社区"小程序参与建设聚合社区新闻资讯、家电维修、日常消费、社区文化活动等一系列的服务,从而打造小型社区生态,为街道、社区提供权威、便捷、高效的"互联网+"便民服务。"人民社区"小程序设有多个板块,包括亲子、公益、教育、休闲娱乐等,通过与多个商家合作,线上线下相结合的方式,线上宣传,线下体验,方便居民进行日常生活的消费与活动体验。

从传播的主体来看,新型社区媒体促进了传播主体的多样化,打破了邻里之间陌生的关系,增加了互动交流的可能。同时,新型社区媒体为居民向社区组织、管理部门表达自己的诉求提供了良好的平台。华西社区组织建立的新型社区媒体,实现了社区组织以及管理部门的全覆盖。公民能够对公共权力施行监督并对政策建言献策,让政府部门听到群众的呼声。这种良性互动,能够使得新型社区媒体向着主流化方向迈进。

(二)媒体融合视阈下社区媒体传播的启示意义

2014年,中央全面深化改革领导小组第四次会议审议通过《关于推动传统媒体和新兴媒体融合发展的指导意见》之后,媒体融合进程不断加快,融合程度持续加深。社区媒体平台愈来愈趋于融合向着全媒体方向发展。社区媒体的融合发展,对于社区传播起到了创新性的作用,也为社区媒体深入基层社区治理提供了良好途径。

1. 空间接近性加强联络沟通

距离的接近性是新闻价值中重要的要素之一,社区媒体的优势就是在空间方面与居民之间的距离很近,其产生的新闻内容也是关乎居民切身利益的。因此,社区媒体在传播过程中,应当从便利居民的方面出发,深入居民生

---

① 颜煌:《转型升级背景下社区传播的功能构建——以"人民社区"为例》,《传媒》2020年第20期。

活的环境,挖掘居民关心关注的新闻资讯。同时,在媒体双向传播的过程中,倾听居民的想法与声音,实时发布动态,让居民拥有更多归属感和认同感。此外,在社区新闻的采集中,主动邀请社区居民加入进来,充分调动居民参与社区媒体工作的热情,使居民通过自己的视角,记录身边发生的故事。

2. 确保服务性是社区媒体发展的关键

社区媒体融合的根本目的是引导群众、服务群众,应当把将群众放在首位,将满足群众的需求作为出发点与落脚点。社区媒体在其网站、公众号、小程序、微博等地开设政务公开等相关板块,加强与居民之间的沟通与连接。提高为居民办事的效率,加快社区事务的解决,加强公共服务的构建。要深刻认识到社区媒体是连接党、政府、群众之间的桥梁,实现下情上达有效的沟通机制。

3. 加强文化建设形成独特的社区媒体文化品牌

作为信息传播的媒介,社区媒体应该紧跟时代,打造社区媒体文化品牌,利用文化资源,进行品牌化的发展与转型。例如,已经形成自己独特品牌的"回龙观社区网""华西社区传媒""望京网"等社区媒体平台都在不断创新融合路径,展现社区治理的独特特点,利用融媒体与移动端的不断发展,通过开展丰富多样的文化活动,打造属于自己的品牌特色,构建符合新时期发展的融媒体平台。

第十章 产业篇:深耕布局,智能媒体相关产业持续发展

2020—2021年,随着大数据、5G、人工智能等技术的广泛应用,中国智能媒体相关产业经历了一场前所未有的新变革。鉴于智能媒体产业对中国经济影响的愈发深入,本章对智能媒体相关产业的市场规模、产销量对比、行业竞争态势、各企业市场定位分析等进行了较为详尽的梳理和汇总。

一、中国经济智能化转型进程加快

(一)人工智能产业投融资:人工智能成重点投资领域

人工智能作为技术创新和社会发展的产物,是人类进步史中的一种重要技术形态,已成为新一轮科技革命和产业变革的核心驱动力,并积极影响着经济、社会、生活等方方面面。随着其发展进步,未来必将为社会大众提供覆盖面更广、体验感更佳、便利性更优的生活服务。

1. 工业赛道获资本青睐,总体轮次靠前

"十四五"规划发布以来,新基建作为国家的重点战略发展方向驱动着工业互联网的发展,机器学习则作为工业互联网的必要支撑技术获得了众多资本的青睐,其中代表性融资案例为国家级的工业互联网公共服务平台企业——航天云网,于2021年3月获得26.3亿元的大额融资。此外,中国机器学习的融资轮次主要集中在A+轮及以前,占累计融资事件数的49.8%,这意味着机器学习市场并未定型,赛道中还活跃着诸多新参与者。在13.9%的C轮及以后融资事件中,不乏数据治理企业(含数据中台与数据平

台)、新药研发企业,也有以机器学习为行业标签的头部玩家。①

2. 资本回暖,成熟企业融资转向二级市场,部分企业冲刺成功

从投融资角度看,人工智能自2014年起成为中国创投热点,并于2018年在科技部《新一代人工智能发展规划》的推动下热度达到顶峰。

据艾瑞咨询统计,以2018年至2021年11月为融资统计分析区间。在经过2020年行业洗牌后,2021年资本回暖,资金流入更为成熟企业(C轮及以后),同时也流入众多A+轮及以前的初创企业,投资者重拾对人工智能创业回报的信心。②

(二)政策红利成第一推动力,商业化发展环境稳中向好

1. 支持政策密集发布,财政补助倾斜较大

2017年7月,国务院发布《新一代人工智能发展规划》,成为中国第一部关于人工智能产业发展的纲领性规划。现今,人工智能已上升至中国国家战略高度,连续三年写入政府工作报告。2021年2月,工信部印发通知,支持创建北京、天津、杭州、广州、成都国家人工智能创新应用先导区。这是继2019年上海、深圳、济南、青岛之后的第二批国家人工智能创新应用先导区。至此,国家人工智能创新应用先导区数量增至8个,覆盖到京津冀、长三角、大湾区、成渝地区。

从政策制定层面上看,人工智能被中国列入为供给侧结构性改革的一个重要方向。政府通过政府数字化、智能化转型项目,政府引导基金等方式进行项目引导与资金扶持,加快人工智能产业发展,促进经济智能化转型,培养新的经济增长点,提升劳动生产与资源分配效率,助力解决产业过剩等问题。以上海市为例,市一级政府部门2020年共发布71条提及人工智能的政策,科技创新、智能制造、战略性新兴产业等扶持政策中都将人工智能纳入考虑,其中明确政策优惠与补贴细则的7条,倡议使用人工智能应用的46条。盘点部分明星人工智能企业发现,每年可获取的财政补助偏高,表明社会整体

---

① 艾瑞产业研究报告:《2021年中国人工智能产业研究报告(Ⅳ)》(2022年1月21日),艾瑞咨询网,https://www.iresearch.com.cn/Detail/report?id=3925&isfree=0,访问日期:2022年11月4日。
② 同上。

对人工智能抱有较高期望。①

2. 数字经济为机器学习创造发展机遇

数字技术的发展与应用,使得各类社会生产活动能以数字化方式生成为可记录、可存储、可交互、可分析的数据、信息与知识,数据由此成为当代社会的新生产资料和关键生产要素。与传统经济相比,数字经济的蓬勃发展为生产要素、生产力和生产关系赋予了新的内涵与活力,其在推动劳动工具数字化的同时,也构建了共享合作的生产关系,如API经济、平台经济等合作模式得到广泛认可与推广。②

在此背景下,加快推动数字产业化、推进产业数字化转型成为了企业顺应时代发展、打造数字化优势的主动选择,而机器学习作为数字产业化的商业应用与产业数字化的技术工具,迎来了难得的发展机遇。这一机遇体现在企业的数据意识觉醒并采购数字解决方案或应用中。诸多企业开始构建数仓、数据中台、数据平台等与数据治理有关的项目,并基于已治理好的数据,构建各类"数字+AI"应用。而无论是数据治理这一过程,还是"数字+AI"应用,都离不开机器学习这一最基础的AI算法工具。③

(三)智能产业助力城市发展与产业经济价值实现

1. 人工智能于各环节提升经济生产活动效能

2020—2021年,人工智能技术及产品在企业设计、生产、管理、营销、销售多个环节中均有渗透且成熟度不断提升。同时,随着新技术模型出现、各行业应用场景价值打磨与海量数据积累下的产品效果提升,人工智能应用已从消费、互联网等泛C端领域,向制造、能源、电力等传统行业辐射(参见图10-1)。④

---

① 艾瑞产业研究报告:《2020年中国人工智能产业研究报告(Ⅲ)》(2020年12月25日),艾瑞咨询网,https://www.iresearch.com.cn/Detail/report?id=3707&isfree=0,访问日期:2022年11月4日。
② 艾瑞产业研究报告:《2021年中国人工智能产业研究报告(Ⅳ)》(2022年1月21日),艾瑞咨询网,https://www.iresearch.com.cn/Detail/report?id=3925&isfree=0,访问日期:2022年11月4日。
③ 同上。
④ 同上。

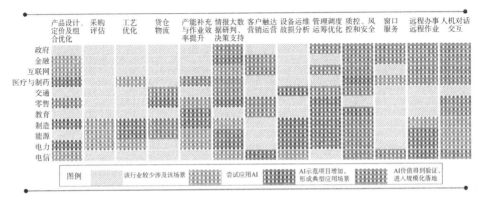

图 10-1 人工智能技术广泛渗透进经济生产活动主要环节

（数据来源：艾媒数据中心 data.iimedia.cn）

2. 人工智能产业发展迎来城市与区域竞争新变局

在产业数字化和数字产业化浪潮下，城市经济转型和升级过程中创造出的智能化需求，是促进创新资源聚集和产业发展的关键因素。以智能化需求为导向，构建和培育富有活力的创新生态，是区域人工智能科技产业发展的前提和基础。[①]

根据中国新一代人工智能发展战略研究院 2018—2021 年针对区域人工智能科技产业竞争力评价指数的追踪研究表明，2021 年长三角总评分首次超过京津冀位列第一。人工智能和实体经济融合发展进程的加速和北方人工智能科技产业创新资源的"南移"是改变区域竞争力发展格局的重要因素。[②]

二、智能语音与对话式人工智能加速产业落地融合

（一）智能语音加速产业落地融合

疫情加速了智能语音的技术落地与场景融合。"非接触"需求给语音领

[①] 艾瑞产业研究报告：《2021 年中国人工智能产业研究报告（Ⅳ）》（2022 年 1 月 21 日），艾瑞咨询网，https://www.iresearch.com.cn/Detail/report?id=3925&isfree=0，访问日期：2022 年 11 月 4 日。
[②] 中国新一代人工智能发展战略研究院：《中国新一代人工智能科技产业区域竞争力评价指数（2021年）》，2021 年，第 15—24 页。

域及对话式人工智能产品带来了新的机遇与增长动能。在后疫情时代下,基于对话机器人实现意图理解并做出回答或执行相应任务的产品形式将会被更加广泛应用在服务、营销等交互场景,并可作为疫情防控机器人,助力政府、社区防疫的通知与排查。根据艾瑞测算显示,2021年中国对话式人工智能产品的市场规模达到80亿元,带动相关产业经济规模达728亿元。除典型的对话式人工智能产品外,2021年智能语音技术在教育、医疗、司法、公安、互联网等垂直行业应用的核心产品规模达到79亿元,带动相关产业经济规模达448亿元。[1]

(二)发展现状:资本市场回归平稳,多领域应用落地

1. 融资情况:资本市场回归平稳,交互服务为热门赛道

从融资热度来看,智能语音赛道在2018年进入快速发展期,2019年进入融资爆发期,而后进入平稳发展阶段。从融资轮次来看,智能语音企业融资阶段多集中在A+轮及以前和PreB到B+轮,两者占比高达72%。2021年,切分垂类场景的智能语音初创企业较为活跃,新进入厂商纷纷瞄准以医疗、招聘、工业等为代表的智能语音市场,期望获取行业经验和细分场景加成下的竞争性优势。在交互服务和营销的功能标签外,金融、医疗和政务为标签最多的行业赛道。其中,金融和政务更多是以对话机器人产品形式或解决方案形式切入,而医疗更多是以智能语音垂直行业应用的产品形式落地。[2]

2. 市场规模:落地应用多领域,市场颇具潜力

2020—2021年,智能语音的语音识别、语音合成和语音转写能力已落地应用在互联网、医疗健康、司法、教育和工业等多行业领域。从规模占比来看,互联网、司法和教育仍占据三大头部应用领域,预计2026年三大细分领域占比加总达到64.4%。从业务增长性来看,国家颁布教育"双减"政策,课后服务学生的自主阅读学习给智能语音应用产品带来较大市场;另外在医疗信息化背景下,医疗加速智能应用体系建设,以语音应用为入口切入

---

[1] 艾瑞产业研究报告:《2021年中国人工智能产业研究报告(Ⅳ)》(2022年1月21日),艾瑞咨询网,https://www.iresearch.com.cn/Detail/report?id=3925&isfree=0,访问日期:2022年11月4日。
[2] 同上。

电子语音病历、导诊机器人、辅助诊断治疗等领域,已从三甲医院逐步向下渗透。①

(三) 中国智能语音与对话式人工智能产业发展问题与趋势

在技术侧,智能语音行业发展仍然面临着声纹识别的不稳定性、语音识别的鲁棒性以及训练场景的长尾性的落地挑战;而在应用侧,智能语音技术已逐步从纯技术形式应用,转向"语音 + AI 技术 + 行业"的创新式发展。受供给侧的业务增长突破和需求侧的客户诉求推动,智能语音技术调用不仅是单纯为转写"人说了什么"或者输出"机器要说什么",而是正逐步与语义理解、知识图谱等人工智能技术融合,让使用智能语音技术的机器本体更加具备认知性和行业关联性,结合行业和市场需求输出整体性、结果导向型的实用解决方案。②

三、手机厂商加快 5G 市场布局

(一) 疫情推动智能手机使用时长增加,5G 手机规模不断扩大

1. 疫情推动中国智能手机使用量增长

由于新冠肺炎疫情期间推行的居家隔离措施,中国的媒体访问飙升。新冠肺炎的流行使大部分作为数字用户的中国消费者更加依赖他们的电子设备,特别是智能手机。作为中国消费者生活中不可或缺的一部分,智能手机在新冠肺炎期间也成为了人们与亲人交流的最安全方式和首选方式,导致智能手机的使用时间增加。

2. 头部品牌间差距逐渐变小,华为市场表现较为突出

据每日互动调查,截至 2021 年末,5G 手机在智能手机市场的占有率已经达到 28.0%,较 2020 年底 8.5% 的市占率,增长了 2.3 倍。③ 2021 年是

---

① 艾瑞产业研究报告:《2021 年中国人工智能产业研究报告(Ⅳ)》(2022 年 1 月 21 日),艾瑞咨询网,https://www.iresearch.com.cn/Detail/report?id=3925&isfree=0,访问日期:2022 年 11 月 4 日。
② 同上。
③ 个推:《每日互动(个推)发布 2021 年度 5G 手机报告》(2022 年 3 月 21 日),"个推"百家号,https://baijiahao.baidu.com/s?id=1727894725836358169,访问日期:2022 年 11 月 8 日。

5G手机市场加速发展的一年。这一年里,5G技术全面成熟,5G手机快速走向大众,主流市场固有市场格局已经被打破。据工信部2021年通信业统计公报,5G用户数快速扩大,5G移动电话用户达3.55亿户。[1]

(二)中国智能手机产业发展问题与趋势

智能手机出货量连续下滑,折叠屏引领消费电子新方向。折叠屏手机的出现是对解决屏幕尺寸与单手操作便利性及便携性之间矛盾的重要尝试。受消费者平均换机周期延长的影响,叠加因疫情影响而出现的供应商组件短缺,中国智能手机出货量自2017年持续下滑;而折叠屏手机作为融合多种先进技术的创新机型出货量持续扩大,预计未来随着折叠屏手机出货量达到一定规模后将推动全球智能手机出货量缓慢回升。[2] 国内品牌厂商及第三方厂商在OLED薄膜封装及铰链设计等关键技术上发展迅猛,推动折叠屏手机快速走向成熟。在中国智能手机出货量连年下滑的背景下,中国折叠屏手机出货量逆势增长,2021年出货量169万台,增长率44.4%。华为是最受用户关注的品牌。[3]

折叠屏手机市场将会不断增长,玩家将持续壮大,除已推出折叠屏手机的品牌厂商外,更多品牌厂商同样在筹备发布自身折叠屏手机,以OPPO已发布的抽拉式概念机为例,通过将屏幕从机身一侧以卷轴形式抽出,在减小屏幕弯折角度的同时可使屏幕获得更大的面积。未来,随着铰链相关技术的成熟,各品牌厂商为凸显自身优势将推出更多创新形态的折叠屏手机以此推动行业不断发展,如华为专利中公布的抽拉+环绕/折叠一体式折叠屏手机,可实现在单一机器上根据使用场景的不同选择多样化的屏幕显示形态(参见图10-2)。[4]

---

[1] 个推:《每日互动(个推)发布2021年度5G手机报告》(2022年3月21日),"个推"百家号,https://baijiahao.baidu.com/s?id=1727894725836358169,访问日期:2022年11月8日。
[2] 艾瑞产业研究报告:《2022年中国折叠屏手机市场洞察报告-简版》(2022年1月12日),艾瑞咨询网,https://www.iresearch.com.cn/Detail/report?id=3919&isfree=0,访问日期:2022年11月8日。
[3] 同上。
[4] 同上。

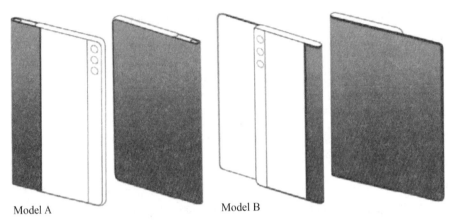

图 10-2　华为抽拉+环绕一体式折叠屏手机专利演示

（资料来源：华为公开专利）

四、中国智能家居之智能视觉快速发展

（一）家用智能视觉产品发展概况

1. 智能视觉产品：智能家居行业的"滩头阵地"

依据人机交互的方式，主流的智能家居设备分为智能视觉产品、智能语音产品和智能触控产品。其中智能语音产品和智能触控产品主要为被动式交互，以用户为起点，通过语音或触摸控制面板的方式发出指令；智能视觉产品在日常运行情况下采取主动交互的方式，以机器为起点，自主感知并输出执行结果或提供建议给用户，用户根据结果或建议进一步实现具体的交互反馈。实际上，智能家居产品的开发多呈现多模态交互的趋势，在触控基础上叠加语音、视觉交互能力，而智能视觉作为智能化水平较高、应用范围最广的技术能力，为用户带来了优质、丰富的智能家居体验。①

2. 智能家居与智能视觉交叉渗透，即将迎来全屋智能 4.0 时代

家用智能视觉 1.0 起源于安防监控系统，是对传统安防的简单裁剪和移

---

① 艾瑞产业研究报告：《2022 年中国折叠屏手机市场洞察报告-简版》（2022 年 1 月 12 日），艾瑞咨询网，https://www.iresearch.com.cn/Detail/report?id=3919&isfree=0，访问日期：2022 年 11 月 8 日。

植,然而随着智能家居的普及化,家用智能视觉形成了独立的市场模式和赛道,其应用不再停留在基础监控上,在家用智能视觉 2.0 时代,智能视觉与智能家居深度融合,极大丰富了家用摄像头的功能和满足家庭安防刚性需求,并在家用智能视觉 3.0 时代实现了多硬件搭载和多场景延伸,创新性地提升了智能家居体验。在未来的 4.0 时代,家用智能视觉将在智能家居中起到领导、协同调度的作用,以视觉能力提振智能家居整体的用户体验,真正走进自主感知、自主反馈、自主控制的全屋智能阶段。[1]

3. 远程监控与智能看护推动智能视觉发展

据应急管理部消防救援局数据,居民火灾发生数仍居于高位,占比在 44%左右徘徊,是按发生场所分类的火灾中占比最大的。数据还提到,由于老年人和未成年人的安全防范和自我逃生能力不足,在居民火灾中超过半数为 60 岁以上老人和 18 岁以下未成年人伤亡,居民住宅火灾长期面临严峻挑战。家用智能视觉摄像头可以智能识别异常火光,提前预警火灾的发生,避免家中老人和儿童伤亡风险。智能视觉等家用安防产品将借助目标检测技术探测家中指定区域是否有人闯入,如果发生险情将自动开始录像并及时向主人报警,有望帮助降低盗窃案件的发生频率。[2]

根据全国老龄办第四次中国城乡老年人生活状况抽样调查结果,中国约有 4 063 万失能半失能老年人,占老年人口 18.3%。[3] 由于老龄化问题的加剧和二孩政策的放开,2015 至 2020 年,中国少儿和老年(65 岁以上)抚养比逐年攀升。城镇家庭,特别是双职工家庭、单亲家庭面临严峻的托育和赡养困境。家用智能视觉产品的快速普及,作为人力看护的增益和补充,能够有效缓解"一老一小"居家安全的民生难题和社会焦虑。[4]

4. 互联网基础设施日趋完善是智能感知发展的前提

互联网基础设施的完善是智能视觉摄像头产业发展的先决条件。自 2014 年至 2020 年,中国光纤宽带用户规模持续增加,从 6 000 万增长至 4.5

---

[1] 艾瑞产业研究报告:《2021 年中国智能家居行业研究报告:智能视觉篇》(2021 年 5 月 18 日),艾瑞咨询网,https://www.iresearch.com.cn/Detail/report?id=3777&isfree=0,访问日期:2022 年 11 月 8 日。
[2] 同上。
[3] 董亭月:《社会支持有助于消除老年人孤独感》,《中国人口报》2017 年 3 月 20 日。
[4] 同上。

亿,极大地扩充了家用智能视觉产品的潜在用户规模。在新型无线网络技术方面,5G 和 Wi-Fi 6 将形成互补共存的关系,凭借其高速率和低延时的特性,赋能智能家居行业。2020 年下半年国内运营商大规模集采 Wi-Fi 6 产品 Wi-Fi 6 射频芯片巨头 Qorvo 和华为、TP-Link 等业内厂商均预计未来三年内 Wi-Fi 6 将成为市场主流。① 5G 和 Wi-Fi 6 技术的应用能够降低智能产品数据传输的时延,增强智能视觉监控的时效性,方便用户实时同步地看护家中老幼和监控家中情况。同时,高速带宽也可以支持更高分辨率的视频进行传输,为后续视频分析、识别的开展创造了充分的条件,便于用户更清楚地跟进家中实际情况。②

(二) 发展现状:产品创新推动爆发性增长,海外市场颇具潜力

1. 产品创新推动爆发性增长

2018—2020 年,家用智能视觉市场高速增长,2020 年中国家用智能视觉产品市场规模为 331 亿元,自 2016 年以来的年复合增长率高达 53.5%。主要原因是自 2018 年起智能视觉扫地机器人、可视智能音箱等家用智能视觉产品陆续面世并快速增长,推动了家用智能视觉产品的市场规模。随着家用智能视觉与智能家居产品的进一步融合,未来市场将持续增长并逐步趋于稳定,从 2020 年到 2025 年的年复合增长率约为 21%。③

2. 中国家用摄像头产品市场相对成熟

作为中国家用智能视觉市场的核心产品,经过 2016 年的爆发,家用摄像头市场现已处于相对成熟阶段。2020 年中国家用摄像头出货量达 4 040 万台,预计未来五年的年复合增长率为 15.1%。未来家用智能视觉云平台多元的价值服务和联动生态将吸引用户付费,实现家用摄像头市场规模的爆发性增长。2020—2021 年,中国家用摄像头的核心厂商有萤石、小米和

---

① 艾瑞产业研究报告:《2021 年中国智能家居行业研究报告:智能视觉篇》(2021 年 5 月 18 日),艾瑞咨询网,https://www.iresearch.com.cn/Detail/report?id=3777&isfree=0,访问日期:2022 年 11 月 8 日。
② 同上。
③ 同上。

360等。①

3. 海外市场具增长潜力,2025年全球市场规模将突破700亿元

2020年全球家用摄像头出货量为8889万台,约为中国市场的2.2倍,未来五年全球市场的年复合增长率为19.3%,预计2025年全球家用摄像头出货量将突破2亿台。海外家用摄像头市场渗透率较低,市场增速较快,预计未来五年全球家用摄像头产品市场规模年复合增长率为14.1%,2025年将突破721亿元,家用摄像头厂商应加码海外市场,寻求新增市场空间。②

(三)中国智能视觉产业未来发展展望

1. 产品趋势:终端形态多元,功能融合

智能家居行业中,摄像头模组结合视觉技术可获取深度图像信息,捕捉物体三维数据,赋能家用智能终端检测识别,令家居智能化水平得到大幅度提升。家用智能视觉已应用到家用摄像头、智能猫眼、扫地机器人、智能冰箱、智能电视等智能家居产品中,提高了传统家用设备和电器的性能,脱胎于家用安防,延伸提供了长幼宠物看护、便捷生活、休闲娱乐等创新功能。随着前沿技术发展,基础安防需求被充分释放,新需求被深度发掘,家用智能视觉将与传感器、美容仪、智能窗帘等智能家居产品进一步融合,提供美容美体、智能控制等丰富的服务。③

2. 市场趋势:拓宽业务领域

家用智能视觉厂商的收入结构以硬件销售为主,云平台以用户付费购买视频存储时效和空间的模式获利,云服务收入占比较低,收入结构相对单一。基于家用智能视觉产品易部署、好上手、高性价比、性能稳定的特点,下一阶段家用智能视觉厂商可拓展B端小微商户、养老社区、康养中心等相似度高的场景,创造新的市场空间,寻求新的收入增长点,已有头部厂商布局B端市场。此外,面向B端发展SaaS服务,针对C端发掘智能家居痛点和数据变现

---

① 艾瑞产业研究报告:《2021年中国智能家居行业研究报告:智能视觉篇》(2021年5月18日),艾瑞咨询网,https://www.iresearch.com.cn/Detail/report?id=3777&isfree=0,访问日期:2022年11月8日。
② 同上。
③ 同上。

场景,以价值服务吸引用户付费,实现盈利重心向软件服务转移和营收爆发性增长的突破性转变。①

3. 厂商策略:联动全屋智能

家用智能视觉厂商以家用安防产品作为初始立足点,切入智能家居行业。因刚性需求,家用安防成为了智能家居中落地最快且最具象的应用场景,涉及视频流相关的大量前端数据感知与云端数据处理服务,如消息推送、视频回放、安全预警等。随着视觉能力在智能家居产品中的广泛应用,未来将不局限于家用安防单个场景的单独联动,而是围绕视觉能力打造多场景自主联动,使智能家居具备主动感知、识别与反馈能力。例如,家用摄像头采集并识别到厨房地面水渍,调度扫地机器人中断当前工作,优先清洁具有摔倒隐患的水渍;家庭成员通过智能可视门锁开锁入户,识别确定当前用户身份,根据用户偏好提供对应的服务,如指令空调温度、窗帘关闭、顶灯亮度等。②

五、智能机器人需求持续增长

(一)智能机器人的多场景应用与多因素驱动

1. 中国智能机器人分类及发展

中国机器人主要分为工业机器人和服务机器人两大类,其中工业机器人主要包括切割焊接机器人、装配机器人、喷涂机器人、运输机器人、分拣机器人及协作机器人等;服务机器人包括个人/家用、专业服务机器人及特种机器人等三类。1959 年美国诞生世界上第一台工业机器人,开启了机器人时代。中国 1972 年才开始研制国产工业机器人,所以中国工业机器人的发展远远落后于美国。但是中国工业机器人发展迅速,现如今中国已经成为了全球最大的工业机器人应用市场。

在服务机器人发展方面,中国落后于其他国家,现在的服务机器人仍处

---

① 艾瑞产业研究报告:《2021 年中国智能家居行业研究报告:智能视觉篇》(2021 年 5 月 18 日),艾瑞咨询网,https://www.iresearch.com.cn/Detail/report?id=3777&isfree=0,访问日期:2022 年 11 月 8 日。

② 同上。

于发展阶段。而早在1968年美国斯坦福研究所就成功研制出世界上第一台智能机器人,1969年早稻田大学研究室研发出了双脚走路的仿生机器人。①而中国机器人研究从20世纪70年代才开始进入萌芽阶段。所以中国想要达到甚至超越国外水平,仍有一段很长的路要走。

2. 服务机器人需求提升

服务机器人主要用于个人或家用,主要种类包括扫地机器人、娱乐机器人、教育机器人等。

扫地机器人近几年发展势头尤为猛烈,根据谷歌趋势(Google Trends)全球搜索热度来看,2020年扫地机器人搜索热度峰值同比提升19%。② 教育机器人专利申请数量在近几年里呈上升趋势,好的教育产品在中国有巨大的市场需求。

专业服务机器人成为大势所趋。在专业服务机器人领域,医疗服务机器人作为典型代表,随着技术的不断进步,新型材料、大数据及人工智能等技术与医疗领域的密切结合,医疗服务机器人不断地进步和改革,人们对医疗服务需求的重视和提升也说明了医疗机器人的行业应用将成为大势所趋。医疗机器人市场中,医疗康复机器人、医疗辅助机器人的需求不断提高,技术也在快速进步;而医疗手术机器人和医疗后勤机器人的发展则相对缓慢,市场空间也在不断扩展当中。

还有一些公共服务机器人应用主要集中在餐厅、酒店、图书馆、酒店以及一些娱乐场所中,例如,餐厅的送餐机器人、酒店的无人配送机器人、图书馆的咨询机器人等。从商业用途和商业价值考虑,落地规模较大、真正体现应用价值的机器人类型主要有婴岛机器人、末端配送机器人和智能安防机器人。③

3. 行业发展驱动因素:政策引导

在政策层面,中国推出大量政策扶持激励智能机器人发展,明确智能机

---

① 前瞻经济学人:《2020年中国机器人行业发展现状分析[组图]》(2020年4月9日),"前瞻经济学人"百家号,https://baijiahao.baidu.com/s?id=1663479795486009847,访问日期:2022年11月10日。
② 《中国家电行业半年度报告(2021)》,《家用电器》2021年第8期。
③ 李思文:《〈2020中国服务机器人产业发展研究报告〉|亿欧智库》(2020年5月29日),"亿欧"搜狐号,https://www.sohu.com/a/398525521_115035,访问日期:2022年10月23日。

器人产业顶层战略地位,突破核心部件与关键技术难点,助力机器人向多样化应用领域延伸。

2020—2021年,中国工业机器人的产量逐年攀升,2021年整体产量突破36万套,稳居全球第一大工业机器人市场。2020年,中国制造业的机器人密度实现每万人246台,逼近全球制造业机器人使用密度的2倍。机器人产业的蓬勃发展是企业积极响应国家号召的体现,截至2021年底,机器人领域的专精特新"小巨人"企业数量达到101家,涵盖整机、核心部件、系统集成等各类领域,为产业健康发展奠定坚实基础。[①]

4. 行业发展驱动因素:技术赋能

机器人核心硬件,如减速器、伺服电机,长期受制于国外是限制行业发展的重要因素。伴随智能制造的转型升级,许多企业开始摒弃买办思维,加快国产自研进程,逐步缩小国产部件与进口零件的性能差距,核心零部件的国产化替代比重增大,进一步打破国外垄断核心技术的局面。受益于国内人口体量对数据资源的支持,国内企业在大数据、人工智能、云计算物联网等战略性新兴产业的发展比肩国际甚至处于领先水平。据统计,近十年中国人工智能专利申请量居全球首位,占比超过74.7%。智能技术的加持减轻机器人对核心硬件的依赖程度,以软件赋能硬件,国产机器人另辟蹊径,应用领域从传统工业走向服务、医疗、农业、安防等新场景。[②]

5. 行业发展驱动因素:生产驱动

充足、高效、专业的劳动力是保障国家经济发展的前提。相较于人工,机器人在生产效率、质量、工作稳定性、环境依赖性等多个方面具有固有优势。特别是在完成高精度、耗时长、环境恶劣等工作时,机器人可有效提升生产效率,提高产品质量,并且保障人身安全。企业尤其是制造业的智能转型升级,使机器人在工业领域具备成熟应用体系;在服务业、教育、医疗等领域的尝试延展了机器人的应用边界。伴随着人口老龄化,机器人代人成为应对未来劳动力短缺的一种可能。[③]

---

① 艾瑞产业研究报告:《2022年中国智能机器人行业研究报告》(2022年11月4日),艾瑞咨询网,https://www.iresearch.com.cn/Detail/report?id=4095&isfree=0,访问日期:2022年11月8日。
② 同上。
③ 同上。

（二）发展现状：产业走势良好，机器人应用成果显著

1. 产业走势良好

伴随语音识别、机器视觉、自主导航、人机交互等智能技术的发展，传统机器人行业进入快速智能化转型期。2020年，中国智能机器人市场规模达到168亿元。在整体经济形势相对低迷的背景下，机器人行业仍然表现出较为强势的增长力，2021年市场规模突破250亿。艾瑞预测，2025年中国智能机器人市场规模接近千亿。相较于工业机器人，应用于非工业领域的机器人存在更多与人直接接触的机会，对机器人智能化的要求更高，智能渗透率大于工业领域的渗透情况。[①]

2. 特色领域机器人企业日趋成熟

基于繁荣的竞争格局，商业服务类机器人、工业类机器人均涌现出规模化代表企业，持续获得资本注资。以医疗类、农业类、安防类机器人为代表的企业逐渐受到资本青睐。

作为机器人家族中的年轻成员，在机器视觉、语音识别、知识图谱等智能技术的加持下，服务机器人发展强势，逐步向酒店、餐饮、零售、安防、巡检等领域不断渗透。成本、效率、服务质量等因素是商业服务行业的关注重点，机器人的加入为服务效率提升，服务质量统一，管理运营的智能化、现代化转型搭建桥梁。配送类、清洁类机器人在2021年商用服务市场中占据主导地位，获得业内更高认可。[②]

（三）中国智能机器人产业发展问题与趋势

1. 智能机器人部分关键技术有待突破

作为工业后发国，中国在产业基础上相对薄弱，在工业机器人产业中，核心上游零部件对机器人的性能起决定作用。而中国主要还是依赖进口解决这一问题，没有属于自己的尖端技术。与国外相对成熟的技术相比有较大的差距。在机器人的智能化技术掌握中，仍有很多进步的空间，例如智能移动、

---

① 艾瑞产业研究报告：《2022年中国智能机器人行业研究报告》（2022年11月4日），艾瑞咨询网，https://www.iresearch.com.cn/Detail/report?id=4095&isfree=0，访问日期：2022年11月8日。
② 同上。

良性闭环、执行体系等关键技术有待突破。①

就服务机器人的发展而言,以技术、产品、资本、营销为核心的良性闭环尚未完善;就医疗机器人而言,控制执行受控于人为意识判断,智能化程度处于发展初期;而对于农业机器人来说,非结构化自然环境对机器人技术提出更高要求,业务与技术的双向挑战放缓机器人的迈进步伐。②

2. 服务机器人家庭化发展成为主流趋势

一方面,中国经济以平稳快速的方式向前发展,人们的生活条件和生活质量将会越来越高;另一方面,中国老龄化问题越来越严重,更多的老人需要被照顾,使很多年轻家庭压力增大。伴随着信息高速发展和生活、工作节奏的加快,人们需要从繁杂的家庭劳动中解脱,随之而来的将是广大的家庭服务机器人市场,例如家庭护理机器人、玩具机器人、清洁机器人等。③

美的、海尔等家电品牌也开始跨界开发机器人业务,帮助人们实现"智能制造+智能家居",打破服务机器人局限单一场景、单一任务的困境。坚持以用户需求为中心,提升人机交互体验成为了未来市场的突破口。④

3. 技术侧、产品侧、产业侧协同发力助推智能机器人发展

核心零部件的国产化替代进程对产业发展有着举足轻重的意义,提升自研硬件性能,打破外资品牌长期掣肘的局面需业内企业持续发力。软件赋能硬件,以多源感知为基础,依托海量数据改进以算法为核心的智能技术,通过"端边一云"协同架构,缓解终端数据处理压力,增强机器人对环境变化的实时响应,并用数据反哺迭代智能技术。⑤

机器人的产品演进与市场的需求升级同步转变。现阶段的机器人产品主要落地标准、单一的工作场景,产品功能仅可覆盖场景初级需求。伴随产品逐步规模化,企业对场景需求的洞察加深,机器人产品一方面将从广度上拓展应用可能,推出新型品类覆盖如高危、恶劣、劳动力短缺等场景;另一方

---

① 艾瑞产业研究报告:《2022年中国智能机器人行业研究报告》(2022年11月4日),艾瑞咨询网,https://www.iresearch.com.cn/Detail/report?id=4095&isfree=0,访问日期:2022年11月8日。
② 同上。
③ 同上。
④ 同上。
⑤ 同上。

面将破除壁垒,实现机器人全场景作业,灵活、协作参与人类活动,触达用户刚性、实际需求。①

作为"制造业皇冠顶端的明珠",智能机器人的研发、制造与应用是产业生态各个主体的共创成果。伴随大批新兴力量的加入,构建健康的生态体系,汇聚产业各方主体的资源力量,是智能机器人产业跨步向前的重要趋势。从国家层面强化机器人产业整体战略规划,精准扶持产业主体对象;号召头龙企业发挥主体优势,从技术端、产品端向产业输送创新力量;产学研用联动,以需求为牵引,提升机器人产品与场景需求的契合程度;借助资本力量,促进产品创新,持续赋能整体产业。②

---

① 艾瑞产业研究报告:《2022 年中国智能机器人行业研究报告》(2022 年 11 月 4 日),艾瑞咨询网,https://www.iresearch.com.cn/Detail/report? id＝4095&isfree＝0,访问日期:2022 年 11 月 8 日。
② 同上。

第十一章 反思篇：共生、融合与博弈
——智能媒体发展面临的问题与挑战

智能媒体发展给社会生产生活带来极大便利的同时，也衍生出诸如隐私泄露、数据失真、茧房固化、认知失衡等法律层面、治理层面和伦理层面的问题，引发新的现代性风险。但人类社会的演化不是一向如此吗？真正的前进难有坦途，重要的是在这个过程中直面问题，在融合、调适、博弈之中寻求合理的共生之道。本章以此为中心，尝试梳理了2020—2021年智能媒体发展中出现的问题，以期为其后续发展提供参考。

一、智能媒体与传媒发展治理

（一）智能媒体发展与媒体机制变革

新闻媒体的发展已从互联网时代步入了人工智能时代，人工智能不断推动着新一轮的媒介技术变革，使得媒体与"智能"的关系日渐密切，以人工智能技术为代表的前沿科技将是未来媒体发展的核心动力。伴随着技术的更迭，新闻生产已经从传统的组织化生产向社会化生产深刻转变，诸多新兴信息聚合类平台的影响力不断增强，主流媒体只有借助新技术新应用充分发挥自身新闻生产专业化、精品化优势，才能真正适应日益激烈的市场竞争环境。①

---

① 新华社"人工智能时代媒体变革与发展"课题组、毛伟：《人工智能时代新闻媒体创新发展的对策建议》，《中国记者》2020年第2期。

在此背景下,智能媒体发展面临的主要问题首先表现在传统组织架构和业务流程的不适应。中国各级主流媒体都已经或多或少地在新闻生产中应用人工智能技术,但更多集中于单个选题策划和某类新闻报道中,并未形成常态化的工作机制。人工智能技术对新闻生产方式的影响,将直接推动未来媒体的发展。主流媒体的融合发展与智能化创新,要推动媒体资源的全面融合,以核心技术、关键技术为依托再造新闻生产全流程,如人民日报的"中央厨房"、新华社的"智能化编辑部"等都是主流媒体正在进行的有益探索。人工智能时代,传统媒体机构不仅要重视技术研发与应用的资金投入,而且要尽快创新变革新闻生产的体制机制,依靠新的制度实现技术与新闻生产各要素的优化整合,更好地吸纳资源、吸引人才,构建管理扁平化、功能集中化、产品全媒化的融合发展体系,真正释放科技潜能、不断激发创新活力、切实发挥技术引领。①

为了提高人工智能应用水平,大规模、高质量的数据积累必不可少。媒体机构在内容生产、用户服务过程中会产生海量的新闻素材数据及用户行为数据,但大量的数据资源并不能直接用于人工智能的算法训练,媒体应该要高度重视内容数据化。② 主流媒体要创新研发数据产品和制作工具,促进新闻组图、数据图表、动新闻等可视化产品供给;要充分挖掘数据价值,探索打造一体化大数据管理体系,利用先进算法和算力,实现数据资源的整合共享、数据标引、数据清洗、人工智能训练以及结构化存储等;要探索建立主流媒体特有数据生态,将大数据分析能力融入新闻生产采、编发、供给等各个环节,打造数据驱动的媒体。③

美联社、路透社等已基本完成了对新闻资源的数据化管理。在中国,新华社、中央广播电视总台等也在积极推动大数据智能标引平台的建设工作,国内不少媒体已在这方面展开积极尝试,但海量数据资源需要投入大量成本进行"数据清洗"(data cleaning)以及标框工作,从而生成高质量的信息化数据。对于数据的清洗整理、加注标引、入库管理需要大量的财力及物力去支撑。因此,对于大多数媒体而言,从"数字化"时代进入"数据化"时代,还有很

---

① 王雪野:《传媒经济发展的传媒要素驱动机制研究》,西北大学博士学位论文,2019年。
② 同上。
③ 同上。

长的路要走。媒体在布局人工智能战略之初,就必须注意到数据的重要性,着力打造完备的数据源和处理庞大数据系统的能力。通过对数据资源的标引,挖掘数据内在价值,将繁杂的内容标签化、精细化,使机器"更懂"新闻内容、"更懂"用户。①

(二)智能媒体发展与观念素养认知

传媒从业人员对于智能媒体的观念认知错位也是当前智能媒体发展面临的主要问题。调研访谈和问卷调查结果显示,无论是三大央媒还是地方媒体的编辑记者,对于传媒业发展人工智能的看法都千差万别。不少媒体人认为,新闻媒体应当做好报道主业,其他如新技术新应用等方面不宜投入过多精力。② 实际上,正如互联网对传统媒体带来的冲击一样,无论个人意愿如何,人工智能已经并且将更加深入地影响传媒业的发展变革。从全球范围看,传统媒体机构向新媒体的转型并不顺利,主流媒体普遍缺乏技术基因和互联网思维。人工智能技术的不断迭代发展将直接或者间接颠覆媒体转型的传统发展模式,传统媒体机构需要培养新的观念理念顺应智能化发展新趋势,探索新的体制机制、新的组织架构、新的业务流程以及新的人才队伍,进行彻底的智能化转型。主流媒体人需要主动变革,改变旧式的媒体思维,深化对人工智能发展趋势的认识,提高对技术运用与内容创新关系的认知。随着人工智能技术的不断发展,未来传媒业将迎来更广阔的发展空间,无论是媒体机构还是媒体人,都应当主动革新传统观念理念,不断适应人工智能技术的发展潮流。没有充分的思想认识和正确的思想观念,就难以有科学的发展战略和创新策略。

观念认知水平的滞后也使得人才队伍建设面临新课题。一些传统媒体人员队伍能力跟不上媒体智能化发展要求,不能熟练运用新技术、新手段,存在"本领恐慌"。缺乏媒体智能化发展所需的复合型人才、创新型人才,特别是在技术、运营等部门,大多存在人才"用不好""留不住""招不来"的难题,领军人才少之又少。

---

① 新华社"人工智能时代媒体变革与发展"课题组、毛伟:《人工智能时代新闻媒体创新发展的对策建议》,《中国记者》2020 年第 2 期。
② 同上。

媒体应用人工智能最常见的观念和认知误区表现在三方面。一是在观念上，对运用人工智能加速媒体融合"雾里看花"，认识不充分、不到位。二是在认知上，对人工智能技术在新闻生产领域具体环节的应用效果，还存在"看不见""看不起""看不懂"的情况。三是一些媒体机构对于人工智能重视程度不够，缺乏清晰的发展目标、实施路径和战略规划。在人工智能时代，主流媒体的转型发展首先需要建立一支技术复合型的媒体队伍，加强技术性媒体人才储备。高校和媒体的人才培养、人才培训等尚不能满足传媒业未来全媒化、智能化的发展要求，高校新闻专业教育与传媒业务实际需要不匹配、主流媒体内部人员培训与科技发展态势不匹配。建议高校新闻教育与媒体业务实践统筹协调、有机结合，科学制定传媒人才培养发展的整体规划；主流媒体要不断加强采编人员的智能技术培训，提升采编人员之间、人机之间的协同创新能力。主流媒体应当改变人员招聘重采编、轻技术的现状，加大智能技术人才的选聘力度；同时，积极探索专家型编辑记者培养与融合报道能力提升的有机结合，构建专业型和全媒型人才成长的"双路径"。[①]

（三）智能媒体发展与现代传媒治理

2020年4月9日，"南风窗"官博写了一篇长文《涉嫌性侵未成年女儿三年，揭开这位总裁父亲的"画皮"》引起广大网友甚至明星艺人的关注，文中详细描述了养女"李星星"与鲍某某认识的经过以及事情发生的点点滴滴，并声称其自2015年以来，遭"养父"鲍某某连续性侵三年。在4月9日南风窗的报道掀起舆论后，各家主流媒体、自媒体都对"鲍毓明事件"展开报道，并显示出不同的立场。但在这次案件相关中，不少媒体专业素养缺失，在没有查清事情真相的情况下，凭借自己的影响力消耗了媒体公信力，传递片面信息，给司法机关施加了压力，也在一定程度上造就了一场媒介审判。而这样情绪化偏向严重的报道却牢牢抓住了受众的注意力，因为智能媒体下的网络谣言和假新闻的传播速度和传播范围都已经达到了一个高峰值，媒体新闻素养的丢失更加使得这样的反转新闻事件层出不穷。

---

① 新华社"人工智能时代媒体变革与发展"课题组、毛伟：《人工智能时代新闻媒体创新发展的对策建议》，《中国记者》2020年第2期。

舆论反转事件的迭起与传播技术更替、信息传播主体和群体传播情感都有着紧密联系。从传播技术的更替来看，互联网技术作为一种具有颠覆性和变革性的力量，冲击着传统媒体，成就了新媒体时代的到来，这也使全社会的信息资源分配模式得以重塑和再造。事实上，舆论的真实与否源于时距的存在，也正是由于时距的存在，人们才能够对已发生的事实进行叙述。在后真相时代下，互联网技术使传统媒体面临着时效性与真实性的矛盾：一方面，过去线性的传播被无数节点组成的网状传播所取代，传统媒体调查事件进行取证的时间和成本由此大大增加；另一方面，速度已经成为网络自媒体同传统媒体抢夺大量受众的突出优势，传统媒体的延时发声使其话语权受到了一定程度冲击。而在传统媒体查证之后发声时，虚假事实造成的情绪泛滥已经占据了整个网络，造成的损失也已经无法挽回。① 此外，随着互联网技术的发展，传统媒体式微而自媒体崛起，传统媒体把关人的位置逐渐被边缘化，把关人的重要性也不断被弱化，新闻事实常常在反转中被挖掘。

人工智能的算法推荐加剧了这一现象的泛滥。各类未经甄别的碎片化信息被推送至用户手中，接收者很难从中筛选出纯粹的新闻事实。网络媒体的社交功能、大数据技术、场景化趋势等极大地增强了信息传播个体化、碎片化和情绪化的趋势。②

对于新闻媒体来说，短时间内，新闻反转可以给新闻媒体带来受众的点击量和关注度，但是这种现象过度消费了受众的关注度，同时极大地影响了媒体在受众之间的公信力。这是智能媒体时代下媒体工作人员新闻素养丢失的一种体现。在智能媒体时代，受众的有效信息获取在海量信息的爆炸式冲击下更显艰难，关于信息真假的甄别尤甚。媒体应该坚守新闻专业主义，传播真实有效的信息，而不是一味追求轰动效应，抢新闻，追求时效性，从而吸引受众的注意力。就新闻记者自身而言，一定要坚守新闻的真实性，摒弃投机取巧的手段，重新树立媒体的公信力。同时要提高受众的媒介素养，提

---

① 朱施霖：《后真相时代新闻真实性的困境与对策研究》，江西财经大学硕士学位论文，2019年。
② 陈根：《陈根：从梁颖到鲍毓明，为什么反转频发？》(2020年9月19日)，"陈根谈科技"搜狐号，https://www.sohu.com/a/419407129_124207，访问日期：2021年5月30日。

高受众对信息的辨别能力,引导受众树立辩证思维。①

最后,利益至上,以及人文关怀、生命至上、善意报道和最小伤害等原则的缺失,还有相关法律法规的滞后等导致了部分传媒从业者新闻素养的丢失。上述都可为我们重塑良好新闻报道环境提供整治方向。

二、智能媒体与社会融合博弈

(一)算法机制下的媒介伦理

"信息茧房"是指伴随网络技术的发展和网络信息的剧增,受众能够在海量的信息中随意选择他们想关注的话题,长此以往可能会失去了解不同事物的机会和能力,不知不觉间为自己制造了一个信息茧房。② 当个人长期禁锢在自己所建构的信息茧房中,久而久之,个人生活就会呈现一种定式化、程序化的特征。③

在算法社会,"信息茧房"的现象已很难规避。日益多元的信息分发主体和日渐强势的智能化分发机制所采用的个性化信息策略,使得新闻媒体及其从业人员的把关地位被削弱,具有重要新闻价值的信息被忽视或淹没,网络舆论的关注点失焦,主流媒体的舆论引导工作面临严峻挑战。在信息聚合类客户端中,"算法把关"代替了传统的"把关人",信息传播实现了一对一个性化传播,凸显了受众的主体地位。④ "算法把关"使得对于新闻内容的评判量化为点击量,又因中国网民呈现"三低"特点——年龄低、学历低、社会地位低,致使负面价值取向的信息有可能被大量推送。

首先,在智能媒体时代,真实信息通常被淹没在繁杂信息中难以寻觅,受民众猎奇心理的影响,那些低俗、庸俗、具有极强感官刺激性的信息反而能够获得大范围散播。同时,一些自媒体或网络平台会特意选取一些重感官、轻

---

① 夏怀城:《新媒体环境下的新闻反转现象——以新京报对重庆公交坠江事件报道为例》,《新媒体研究》2019年第3期。
② 杨序暄:《"信息茧房"与网络文化对生活方式的影响研究》,《新闻知识》2019年第1期。
③ 唐丽佳、赵志奇:《大数据视野下抖音传播方式及问题分析》,《编辑学刊》2018年第11期。
④ 薛宝琴:《人是媒介的尺度:智能时代的新闻伦理主体性研究》,《现代传播(中国传媒大学学报)》2020年第3期。

真相的信息以迎合受众喜好。如果受众长期浸淫在此类信息之中，必然会离真实客观越来越遥远，从而导致认知的偏离。其次，随着"娱乐至上"思潮的迅速传播，许多算法平台会乐于向用户推送娱乐新闻，而过度娱乐化会导致民众长期沉溺于明星花边、八卦信息之中，对社会漠不关心。长此以往，会导致民众社会责任感缺失，缺乏独立的思考能力，陷入人云亦云的洪流之中。媒体作为民众获取信息的主要渠道，有责任有义务让民众了解新闻事件的全景，并指引舆论正向发展。而不少算法平台为了赚取利益、获得流量，通过算法推送提供用户感兴趣的内容，借以刺激用户的注意，将受众看作信息消费者，其衡量信息的指标倾向于阅读量、转发数、匹配度等，所重视的是信息的经济利益而非社会效益。在这种商业模式的影响下，算法平台不断提升其信息投放的精准程度，而这种模式则难以与媒体自身社会责任相融合。①

"信息茧房"还会催生"后真相"以及"数字鸿沟"现象。在人际传播中，一个个"蚕茧"之间无法进行正常的交流沟通，持续不断的同质化信息流将继续加深用户对原有事物的认知，引发社会区隔乃至价值观分化，从而催生"群体极化"现象。当新闻事件发生时，由于用户长期沉浸在算法控制下的个人议题中，通过既有的认知框架提前对事件定性、发表结论，形成"情绪先于真相，认知先于真相，成见先于客观"的现象。而为了满足用户接收信息轻松省力的需求，提升用户黏性，各类资讯客户端中乐于为用户提供娱乐化、低俗化、浅薄化的"三 xing"新闻，即"星""腥""性"。吸睛的标题和内容驱使着更高的点击量，造成算法权重越来越大的死循环。对于媒介素养较低的用户，容易被这些低质、浅层的信息所"麻醉"和诱导，选择沉溺于表层信息和通俗娱乐中，丧失自主性和自我意识，而满足于"被动的知识积累"，从而扩大与其他群体的知识鸿沟，产生"数字鸿沟"现象。②

信息塑造着我们，我们又将人与事件信息化。身处于智能媒体的时代背景下，虽然有着"秀才不出门，便知天下事"的便捷信息获取条件，但我们获取的方式是相对单一的。我们是信息的接收者，也是信息的发出者；我们被信息塑造着，同时也不自觉地用简单的信息概括复杂的人和事。

---

① 葛思坤：《算法视域下媒介伦理失范的表现与规制》，《青年记者》2020 年第 26 期。
② 郁轩、肖涛：《算法推荐机制下公众媒介素养的新挑战及新要求》，《视听》2020 年第 4 期。

在认清信息多元的双面性时,我们要尽力避免被信息挟持,突破信息的"茧房"。同时,我们也要尽量避免对人、对事的简单信息化衡量方式,认识到算法控制的机制及弊端,以一种辩证多元的思维参与网络讨论。

(二)智能媒体时代的传媒教育转向

2020年3月,教育部、国家发展改革委、财政部共同印发的《关于"双一流"建设高校促进学科融合 加快人工智能领域研究生培养的若干意见》中指出,要切实优化招生结构,精准扩大人工智能相关学科高层次人才培养规模,深化人工智能内涵,探索深度融合的学科建设和人才培养新模式,着力提升人工智能领域研究生培养水平,为中国抢占世界科技前沿,实现引领性原创成果的重大突破,提供更加充分的人才支撑。[①]

这一系列的政策和举动无一不反映着中国对人工智能人才培养的迫切性,尤其是在当前世界产业变革与升级的形势下,人工智能已经成为科技和经济发展的必然趋势。在市场前景广阔的同时,人工智能产业存在明显的供需矛盾,一方面产业需求急迫,另一方面则是人工智能人才培养面临着瓶颈与困难,专业人才的短缺已经成为制约人工智能产业发展的重要因素。人工智能作为一种引领未来的战略性产业,高校必须在结合产业发展的基础上培养更多人才才能让人工智能产业更好地发展。此前,中国部分"双一流"建设高校相继成立人工智能学院、研究院,并培养了一批高层次的专业人才。但如何完善课程体系和人才培养制度,在本科层次培养更多人工智能应用型人才是当前高校必须面对和思考的问题。

2021年10月9日,"2021中国智能媒体传播论坛·智能传播与数字平台"在上海举行。论坛由上海大学新闻传播学院、中国社会科学院新闻与传播研究所、苏州大学新媒介与青年文化研究中心、百度公司、《斯坦福社会创新评论(中文版)》共同举办,以"学企沟通"为切入点,试图为学界和业界搭建相互交流与合作的平台。来自百度、腾讯、哔哩哔哩、美团、澎湃新闻、字节跳

---

① 教育部网站:《教育部 国家发展改革委 财政部印发〈关于"双一流"建设高校促进学科融合 加快人工智能领域研究生培养的若干意见〉的通知》(2020年1月21日),中华人民共和国中央人民政府网,https://www.gov.cn/zhengce/zhengceku/2020-03/03/content_5486326.htm,访问日期:2021年4月5日。

动等互联网企业和媒体的 30 多位专业人士参会,一起探讨如何在学术研究、人才培养、技术伦理、社会发展等方面开辟新的发展与研究思路。

高校在网络与新媒体实务教育中占据举足轻重的地位。传媒行业正在发生巨大变革、出现新转型、升级大融合,新型传媒教育范式亟待建构,能洞悉媒体变革,主动谋取人才策略创新的院校将乘胜崛起。而墨守成规、不思变革的院校将日趋边缘化。媒体智能化教育转向为我们绘制了传媒业的未来影像,也为人才培养理念带来了新的启示。[1]

(三) 智能媒体时代的法治变革

历史经验证明,科技的每一次进步,都会引发法治的变革。在构建"智慧法院"的时代语境下,技术更新已成为近些年司法改革的主攻方向。在司法文本数据化、庭审语音识别、在线审理等信息化建设的基础上,不断引入司法实践的各类人工智能审判辅助系统,已具备梳理关键事实、归纳案件争议、校验审查证据、推送类似案例、提供量刑建议、生成裁判文书等功能,进化成了拥有推理判断等能力的"助理法官"。[2]

人工智能进入司法领域,影响可谓深刻。其超凡的识别、检索、审核等能力,能大幅提升司法效率,缓解困扰法院已久的"案多人少"压力。而人工智能依据固定算法所设定的审案逻辑,也部分满足了司法公正的需求。例如通过类案推送所提供的裁决参照,将促进类案同判的实现;通过自动审验并阻断瑕疵证据,将防止冤案错案的发生。更进一步,人工智能不受"人情""关系"等法外因素干扰的科学理性,能有效制约法官滥权、对抗司法腐败。凡此种种,都是人工智能融入司法的理由和价值所在,也预示着司法智能化的广度并未穷尽。[3]

2020 年 9 月 16 日下午,宁波镇海法院澥浦法庭敲响宁波法院系统利用人工智能辅助审判的第一槌——法官在人工智能辅助下,仅用半小时就审结了两起金融借款案件,并实现了当庭智能生成判决、当庭宣判、当庭送达、当

---

[1] 兴晨,刘雨:《智媒时代网络与新媒体专业人才培养方向与思考》,《新闻传播》2020 年第 20 期。
[2] 计为民:《司法运用人工智能的广度和限度》,《人民之声》2020 年第 10 期。
[3] 阿计:《人工智能司法运用的界限之辩》(2020 年 11 月 3 日),澎湃新闻,https://www.thepaper.cn/newsDetail_forward_9843770,访问日期:2021 年 5 月 3 日。

天一键归档。镇海法院是浙江省高院确定的人工智能辅助审判试点法院,人工智能程序"凤凰智审"(以下简称"小智")以金融借款纠纷为主攻方向,探索人工智能技术在审判全流程的深度应用。当天审理的两起案件分别是宁波银行诉俞某金融借款案、镇海农商银行诉王某金融借款案件,这是宁波首次使用人工智能辅助审判。

镇海法院党组成员、副院长刘丽说,作为法官助理,"小智"已具备会感知、能理解、会思维、能推理、会决策、能行动、会协作、能互动的能力,给传统的金融案件审理工作带来革命性变化:一是提升了办案效率,不仅便利了当事人,还将法官从大量的简案中解放出来,集中精力解决繁案、难案,进一步实现"简案快审,繁案精审";二是保证了裁判的公平,因为算法是客观的,"小智"对所有数据都"不偏不倚",从而做到公平与效率两手抓。[1]

然而,人工智能巨大的效率优势,并不意味着能够占据绝对公正的高地。人工智能介入司法的基本原理,是依托以往案例等数据不断训练算法,进而提炼司法审判的集体经验。但公开尚不充分的司法数据,并不足以为普适的裁决提供完备的素材。尤其是以往积累的历史数据,往往隐藏着裁决不当等数据污染,并由此引发算法歧视。例如,此前中国刑事领域曾有不少正当防卫案例,被误判为防卫过当乃至其他犯罪,倘若凭借此类数据瑕疵推导裁决结论,其误导恶果显而易见。此外,出于防止通过预测算法进而规避惩罚等考虑,算法设计和要素通常不予具体解释,这就难免滑向算法黑箱和算法独裁的陷阱,侵蚀个体的诉讼权利,损伤司法的透明公信。[2]

诸如此类的信任风险,固然可以通过数据体量、质量的不断优化,算法标准、逻辑的不断改进以及人工智能深度学习能力的不断提升等,逐步予以消解。但司法诉讼的复杂多样,决定了必须充分评估个案的细微差异,妥善处理复杂的情理、利益等纠葛,这就需要灵活、智性的审案技能,人工智能的机械算法、冰冷思维并不能完全胜任。因此,人工智能的司法运用,必须确立合理的限度,固守其工具性价值,不应、也不能取代人类法官。倘若沉醉于"技术迷信",势必抹杀个案形态的多样性,动摇司法判断的独立性。而对人工智

---

[1] 殷欣欣、金真法:《人工智能辅助审判 宁波敲响第一槌》(2020年9月19日),浙江工人日报,http://epaper.zjgrrb.com/html/2020-09/19/content_2725358.htm,访问日期:2021年5月4日。
[2] 计为民:《司法运用人工智能的广度和限度》,《人民之声》2020年第10期。

能的过度路径依赖,也将消磨法官的职业素养,瓦解充满魅力的思辨、对抗等诉讼过程,最终难免司法为机器所奴役、掏空司法精神内涵的悲剧。[①]

从司法实践看,均将人工智能设定为审判辅助系统,这一定位无疑是理智和清醒的。不过,"辅助"的程度和边界何在,仍是需要清晰划定的议题。例如就基本理念而言,应当明确强调人工智能仅能担当司法参考,审慎采纳其裁判建议。就具体应用而言,基于人工智能的发展水平,应当优先运用于已有成熟判例的简单案件。至于复杂疑难案件,则应严格限定运用于法律检索、证据比对等基础事务,而由人工审理完全控制定性分析、裁决尺度等关键要素。此外,对于人工智能可能出现的偏差,除了确保二审等法定补救机制的公正性,还不妨考虑设立当事人申请人工复核、律师参与事后监督等特别程序,以将错误风险降到最低程度。[②]

未来,要坚守法官的主体地位和人工智能的辅助定位,对司法人工智能的研发也要在服务法官、辅助法官的路上继续前进,而不要误入取代法官的歧途。人工智能与司法的深度结合已是大势所趋,审时度势地做好这道司法人工智能的加法题,只有让"人工"和"智能"各归其位、各取所需、强强联合,才能为司法、为社会带来最大的价值,共同推进司法高效与司法正义。

[①] 计为民:《司法运用人工智能的广度和限度》,《人民之声》2020年第10期。
[②] 阿计:《人工智能司法运用的界限之辩》(2020年11月3日),澎湃新闻,https://www.thepaper.cn/newsDetail_forward_9843770,访问日期:2021年5月3日。

主要参考文献

[1] 韩冰,马嘉桧,杜雨.大数据助力媒体行业抗疫报道的应用实践[C]//中国新闻技术工作者联合会2020年学术年会论文集.中国四川成都,2020:136-142.

[2] 牛嵩峰,黎捷,肖柳,等.5G智慧电台:融媒传播时代广播媒体突围的新载体[C]//全国互联网与音视频广播发展研讨会(NWC)暨中国数字广播电视与网络发展年会(CCNS)论文集(2020年特辑).2020:132-138.

[3] 崔保国,徐立军,丁迈,等.中国传媒产业发展报告(2020)[M].北京:社会科学文献出版社,2020.

[4] 玛丽·L.格雷,西达尔特·苏里.销声匿迹:数字化工作的真正未来[M].左安浦,译.上海:上海人民出版社,2020.

[5] 梅宁华,支庭荣.中国媒体融合发展报告(2020)[M].北京:社会科学文献出版社,2020.

[6] 沃尔特·李普曼.公众舆论[M].阎克文,译.上海:上海人民出版社,2006.

[7] 乌尔里希·贝克.风险社会[M].何博闻,译.南京:译林出版社,2004.

[8] 乌尔里希·贝克,安东尼·吉登斯,斯科特·拉什.自反性现代化:现代社会秩序中的政治、传统与美学[M].赵文书,译.北京:商务印书馆,2014.

[9] 张燕翔,等.虚拟/增强现实技术及其应用[M].合肥:中国科学技术大学出版社,2017.

[10] BROUSSARD M. Artificial Unintelligence: How Computers Misunderstand the World [M]. Cambridge, Massachusetts: The MIT Press, 2019.

[11] DIAKOPOULOS N. Automating the News: How Algorithms Are Rewriting the Media [M]. Cambridge, Massachusetts: Harvard University Press, 2019.

[12] SAURWEIN F. Emerging structures of control for algorithms on the internet: distributed agency-distributed accountability [M]//EBERWEIN T, FENGLER S, KARMASIN M. Media Accountability in the Era of Post-Truth Politics. London: Routledge, 2019.

[13] WESTLUND O, HERMIDA A. Data journalism and misinformation [M]//TUMBER H, WAISBORD S. Handbook on Media Misinformation and Populism. 1st ed. London: Routledge, 2020:142-150.

[14] 郝莉.主流媒体短视频传播矩阵研究——以央视为例[D].武汉:华中师范大学,2021.

[15] 吴双.智能传播的伦理风险及其规避对策研究[D].广州:华南理工大学,2021.

[16] 张瑛博.我国网络直播行业存在的法律问题及其对策[D].呼和浩特:内蒙古大学,2021.

[17] 刘畅.300年老字号探索VR出版新业态[N].中国出版传媒商报,2020-11-13(11).

[18] HARARI Y N. The World After Coronavirus [N]. Financial Times, 2020-03-20.

[19] 曹三省,苏红杰.物联网+媒体:当下与未来[J].新闻与写作,2016(11):7-10.

[20] 曾诗钦,霍如,黄韬,等.区块链技术研究综述:原理、进展与应用[J].通信学报,2020,41(1):134-151.

[21] 昌沁.新闻传播中人工智能技术造成的伦理失范与对策[J].中国传媒科技,2020(11):28-30.

[22] 常江,何仁亿.真实的虚妄:浸入式新闻的伦理风险探析[J].新闻战线,2018(11):57-61.

[23] 陈琳琳.中国直播平台:现状、挑战与建议[J].新经济导刊,2020(4):44-48.

[24] 陈维超,汪鸿桢.基于用户场景的"5G+广告"业态创新及实现路径[J].中国石油大学胜利学院学报,2020,34(4):77-81.

[25] 成启明.大数据时代云计算在新媒体平台中的运用分析[J].信息记录材料,2021,22(11):93-94.

[26] 杜传忠,金文翰.美国工业互联网发展经验及其对中国的借鉴[J].太平洋学报,2020,28(7):80-93.

[27] 方洁,颜冬.全球视野下的"数据新闻":理念与实践[J].国际新闻界,2013,35(6):73-83.

[28] 封婉仪.人工智能时代新闻伦理的解构与重塑[J].新闻世界,2021(1):76-78.

[29] 高娜.国际视听媒体融合发展现状及特点——以Netflix和TikTok为例[J].视听界,2021(1):54-59.

[30] 高楠,傅俊英,赵蕴华.人工智能技术全球专利布局与竞争态势[J].科技管理研究,2020,40(8):176-184.

[31] 葛思坤.算法视域下媒介伦理失范的表现与规制[J].青年记者,2020(26):21-22.

[32] 官奕聪,吕欣.AI虚拟主播的具象化情感表达设计研究[J].传媒,2020(23):35-37.

[33] 郭全中.新兴传媒产业关键影响因素研究[J].中国出版,2020(16):15-21.

[34] 郭小平,秦艺轩.解构智能传播的数据神话:算法偏见的成因与风险治理路径[J].现代传播(中国传媒大学学报),2019,41(9):19-24.

[35] 何慧媛,贺俊浩.人工智能时代,媒体如何创新转型——"人工智能与媒体未来"研讨会综述[J].中国记者,2017(2):47-48.

[36] 何子杰,唐佳梅.个性、创意与互动:国外媒体机构的短视频融合之路[J].新闻与写作,2021(1):94-102.

[37] 胡昌昊.浅析人工智能的发展历程与未来趋势[J].经济研究导刊,2018(31):33-35,196.

[38] 胡静漪.AI时代教育人工智能辅助教学的现状及挑战[J].科技与创新,2021(2):149-150.

[39] 黄恒琪,于娟,廖晓,等.知识图谱研究综述[J].计算机系统应用,2019,28(6):1-12.

[40] 黄森.传媒技术:四项新兴技术的实践前沿[J].青年记者,2020(36):15-16.

[41] 姜智彬,马欣.领域、困境与对策:人工智能重构下的广告运作[J].新闻与传播评论,2019,72(3):56-63.

[42] 蒋一洁.5G网络技术下的云传播变革研究[J].城市党报研究,2020(8):87-88,96.

[43] 金雪涛.区块链+通证经济:版权运营的新模式[J].现代出版,2019(3):41-44.

[44] 金元浦.大数据时代个人隐私数据泄露的调研与分析报告[J].清华大学学报(哲学社会科学版),2021,36(1):191-201,206.

[45] 靳甜甜.从传播形态的三个重要维度探析直播带货[J].传媒论坛,2021,4(2):154-155,158.

[46] 李婧雯.大数据应用于新闻业:未来、困境与对策[J].传媒论坛,2021,4(4):51-52,55.

[47] 李凌,陈昌凤.信息个人化转向:算法传播的范式革命和价值风险[J].南京社会科学,2020(10):101-109.

[48] 李岭涛.未来图景:虚拟世界与现实社会的融合[J].现代传播(中国传媒大学学报),2020,42(6):6-10,16.

[49] 李唯嘉.从"个性化"到"人性化":智能算法时代新闻推送方式的发展演进[J].东南传播,2020(9):9-13.

[50] 李伟超,杨照方,潘颖婧,等.大数据环境下网络舆情预警服务研究[J].情报工程,2020,6(6):15-21.

[51] 梁姗姗.五大核心力,赋能内容生产与运营[J].新闻战线,2020(8):21-23.

[52] 刘斌.算法新闻的公共性建构研究——基于行动者网络理论的视角[J].人民论坛·学术前沿,2020(1):72-83.

[53] 刘海波,ANNY.内容分选 平台助力 数据驱动:大数据视阈下影视新媒体平台的发展策略——以Netflix为例[J].电影文学,2020(15):3-8.

[54] 卢长春.新闻聊天机器人:新闻生产的机遇与挑战[J].现代传播(中国传媒大学学报),2020,42(10):7-11.

[55] 骆欣庆.区块链技术的底层逻辑及其在传媒产业中的应用[J].传媒,2020(15):75-77.

[56] 马庆,刘亚.智媒时代的传播变革:传感器新闻的兴起及应用[J].湖北社会科学,2021(8):163-168.

[57] 毛湛文,郑昱彤."人机对话"的理想与现实:新闻聊天机器人应用的创新、困境及反思[J].青年记者,2020(22):34-37.

[58] 倪亚凡,徐艳,徐歆.基于"5G+IP+4K/8K+云服务"的电视台网络系统架构的探索与设计[J].中国传媒科技,2020(8):19-21.

[59] 彭兰.增强与克制:智媒时代的新生产力[J].湖南师范大学社会科学学报,2019,48(4):132-142.

[60] 秦雪冰.人工智能应用下广告产业的人力资本变迁研究[J].新闻大学,2019(6):108-119,125.

[61] 秦雪冰,姜智彬.人工智能驱动下广告公司的业务流程重组[J].当代传播,2019(2):93-96.

[62] 冉桢,张志安.移动、视觉、智能:媒体深度融合中组织再造的关键[J].新闻与写作,

2021(1):18-24.
[63] 人民智库课题组,季卫东,徐云程.2020年度全球十大人工智能治理事件及变革趋势前瞻[J].国家治理,2021(Z2):2-10.
[64] 尚文静.慢直播在新媒体传播中的"需求与满足"[J].青年记者,2020(35):74-75.
[65] 申玹丞.试论韩国的信息网络犯罪及相关文化政策[J].东疆学刊,2007(3):16-21.
[66] 舒斌.现代社会治理中的媒体力量[J].传媒,2021(3):12-15.
[67] 宋巍.区块链的新闻业赋能前景及瓶颈突破[J].青年记者,2021(22):109-110.
[68] 苏涛,彭兰."智媒"时代的消融与重塑——2017年新媒体研究综述[J].国际新闻界,2018,40(1):38-58.
[69] 孙晓丽.5G网络时代广播传媒的融合发展分析[J].新闻研究导刊,2020,11(24):197-198.
[70] 塔娜,矫芳.5G时代的机器人写作[J].新闻战线,2020(8):31-33.
[71] 谭雪芳.智能媒介、机器主体与实拟虚境的"在家"——人机传播视域下的智能音箱与日常生活研究[J].南京社会科学,2020(8):110-116.
[72] 田香凝,刘沫潇.美国体育赛事直播中5G应用的经验与启示——以福克斯体育台为例[J].电视研究,2019(4):18-20.
[73] 王沛楠,史安斌.2021年全球新闻传播新趋势——基于六大热点议题的访谈[J].新闻记者,2021(2):51-59.
[74] 王晓红,王芯蕊.在场、连接、协同:5G再造视听传播[J].中国新闻传播研究,2021(6):3-12.
[75] 王心怡.主流媒体融合发展中的云端化[J].新闻研究导刊,2020,11(7):205-206.
[76] 王熠,成鹏,刘颖旭.智媒时代的新闻内容核校实践与前瞻[J].中国记者,2020(6):126-128.
[77] 魏传强.新型智慧媒体如何为社会治理赋能——以齐鲁晚报·齐鲁壹点中台战略为例[J].青年记者,2020(36):50-52.
[78] 吴雅文.结构、再现与交互:新媒体对社区公共领域的重构[J].新闻知识,2020(6):15-20.
[79] 谢耘耕,李丹珉.网络舆情监测分析的十大趋势[J].新闻记者,2020(12):69-76.
[80] 辛妍.全球智慧城市系列之六 智慧医疗新趋势[J].新经济导刊,2015(7):38-42.
[81] 新华社"人工智能时代媒体变革与发展"课题组,毛伟.人工智能时代新闻媒体创新发展的对策建议[J].中国记者,2020(2):16-18.
[82] 邢新欣,张焱.我国机器人产业发展现状与对策研究[J].科技中国,2020(11):54-58.
[83] 兴晨,刘雨.智媒时代网络与新媒体专业人才培养方向与思考[J].新闻传播,2020(20):113-114.
[84] 严三九.技术、生态、规范:媒体融合的关键要素[J].人民论坛·学术前沿,2019(3):22-29.
[85] 严三九,袁帆.局内的外人:新闻传播领域算法工程师的伦理责任考察[J].现代传播(中国传媒大学学报),2019,41(9):1-5,12.
[86] 颜煌.转型升级背景下社区传播的功能构建——以"人民社区"为例[J].传媒,2020(20):79-81.

[87] 杨继红.慢直播传播特征:场景介入+用户卷入[J].中国记者,2021(1):74-79.
[88] 姚从军,罗丹.AI时代自然语言处理的逻辑进路及超越[J].湘潭大学学报(哲学社会科学版),2020,44(5):127-132.
[89] 姚忠将,葛敬国.关于区块链原理及应用的综述[J].科研信息化技术与应用,2017,8(2):3-17.
[90] 于申,杨振磊.专利视角下全球人工智能技术发展现状[J].科技创新与应用,2019(19):27-28.
[91] 於春.传播中的离身与具身:人工智能新闻主播的认知交互[J].国际新闻界,2020,42(5):35-50.
[92] 郁轩,肖涛.算法推荐机制下公众媒介素养的新挑战及新要求[J].视听,2020(4):185-187.
[93] 喻国明.内容科技:未来传媒的全新生产力[J].教育传媒研究,2020(3):6-8.
[94] 喻国明,李凤萍.5G时代的传媒创新:边缘计算的应用范式研究[J].山西大学学报(哲学社会科学版),2020,43(1):65-69.
[95] 喻国明,王思蕴,王琦.内容范式的新拓展:从资讯维度到关系维度[J].新闻论坛,2020(2):22-25.
[96] 袁野,吴超楠,李秋莹.人工智能产业核心技术的国际竞争态势分析[J].中国电子科学研究院学报,2020,15(11):1128-1138.
[97] 苑宇坤,张宇,魏坦勇,等.智慧交通关键技术及应用综述[J].电子技术应用,2015,41(8):9-12,16.
[98] 张华,徐桢虎.封面新闻智媒云的探索与实践[J].青年记者,2020(21):17-18.
[99] 张梦,陈昌凤.智媒研究综述:人工智能在新闻业中的应用及其伦理反思[J].全球传媒学刊,2021,8(1):63-92.
[100] 张鑫,王明辉.中国人工智能发展态势及其促进策略[J].改革,2019(9):31-44.
[101] 张亚丹.机器人技术应用传统新闻领域的现状展望分析[J].城市党报研究,2020(6):85-87.
[102] 周琪,张菲菲.全场景应用覆盖 封面智媒云的破局之路[J].传媒,2022(6):30-32.
[103] ALAM M R, REAZ M B I, ALI M A M. A Review of Smart Homes — Past, Present, and Future [J]. IEEE Transactions on Systems, Man, and Cybernetics, Part C (Applications and Reviews), 2012,42(6):1190-1203.
[104] DI VAIO A, PALLADINO R, HASSAN R,等. Artificial Intelligence and Business Models in the Sustainable Development Goals Perspective: A Systematic Literature Review [J]. Journal of Business Research, 2020,121:283-314.
[105] DÖRR K N, HOLLNBUCHNER K. Ethical Challenges of Algorithmic Journalism [J]. Digital Journalism, 2017,5(4):404-419.
[106] FLETCHER R, SCHIFFERES S, THURMAN N. Building the 'Truthmeter': Training Algorithms to Help Journalists Assess the Credibility of Social Media Sources [J]. Convergence: The International Journal of Research into New Media Technologies, 2020,26(1):19-34.
[107] GRAN A B, BOOTH P, BUCHER T. To Be or Not to Be Algorithm Aware: A

Question of a New Digital Divide? [J]. Information, Communication & Society, 2021,24(12):1779-1796.
[108] JONES B, JONES R. Public Service Chatbots: Automating Conversation with BBC News [J]. Digital Journalism, 2019,7(8):1032-1053.
[109] LIANG D, TSAI C F, LU H Y (Richard), et al. Combining Corporate Governance Indicators with Stacking Ensembles for Financial Distress Prediction [J]. Journal of Business Research, 2020,120:137-146.
[110] MAKARIUS E E, MUKHERJEE D, FOX J D, 等. Rising with the Machines: A Sociotechnical Framework for Bringing Artificial Intelligence into the Organization [J]. Journal of Business Research, 2020,120:262-273.
[111] MUSTAK M, SALMINEN J, PLÉ L, et al. Artificial Intelligence in Marketing: Topic Modeling, Scientometric Analysis, and Research Agenda [J]. Journal of Business Research, 2021,124:389-404.
[112] NEFF G, NAGY P. Automation, Algorithms, and Politics | Talking to Bots: Symbiotic Agency and the Case of Tay [J]. International Journal of Communication, 2016,10(0):4915-4931.
[113] OLSEN R K, KAMMER A, SOLVOLL M K. Paywalls' Impact on Local News Websites' Traffic and Their Civic and Business Implications [J]. Journalism Studies, 2020,21(2):197-216.
[114] RAMPERSAD G. Robot Will Take Your Job: Innovation for an Era of Artificial Intelligence [J]. Journal of Business Research, 2020,116:68-74.
[115] SHAH H. Algorithmic Accountability [J]. Philosophical Transactions of the Royal Society A: Mathematical, Physical and Engineering Sciences, 2018, 376 (2128):20170362.
[116] SOWA K, PRZEGALINSKA A, CIECHANOWSKI L. Cobots in Knowledge Work: Human-AI Collaboration in Managerial Professions [J]. Journal of Business Research, 2021,125:135-142.
[117] STAHL B C, ANDREOU A, BREY P, et al. Artificial Intelligence for Human Flourishing-Beyond Principles for Machine Learning [J]. Journal of Business Research, 2021,124:374-388.
[118] WOOLHOUSE M. Sources of Human Viruses [J]. Science, 2018,362(6414):524-525.
[119] WU S, TANDOC E C, SALMON C T. A Field Analysis of Journalism in the Automation Age: Understanding Journalistic Transformations and Struggles Through Structure and Agency [J]. Digital Journalism, 2019,7(4):428-446.
[120] WU Y. Is Automated Journalistic Writing Less Biased? An Experimental Test of Auto-Written and Human-Written News Stories [J]. Journalism Practice, 2020, 14(8): 1008-1028.
[121] BRENNEN J S, HOWARD P N, NIELSEN R K. An Industry-Led Debate: How Uk Media Cover Artificial Intelligence [A]. Reuters Institute for the Study of Journalism, 2018.

后记

2020—2021年,全球范围内新冠肺炎疫情的持续蔓延进一步加深了国内外社会对人工智能媒体应用的需求程度,使其发展呈现出不可逆的前进趋势。本研究报告在《人工智能媒体发展研究报告(2019—2020)》的基础上,进一步总结、梳理、探索了新冠肺炎疫情背景下全球人工智能媒体发展的新现象、新趋势和新问题。本报告的第一部分为国外人工智能媒体发展现状,分为战略篇、技术篇、产业篇、业务篇和伦理篇,从各国人工智能媒体发展政策、支撑技术、产业构成及发展现状、业务深化及维度拓展等方面进行了年度总结梳理,并进行了伦理问题的反思。本报告的第二部分为国内人工智能媒体发展现状,分为战略篇、技术篇、应用篇、融合篇、产业篇和反思篇,对中国人工智能媒体领域的发展进行了全景式的介绍梳理,并聚焦于国家政策、技术支撑、行业应用、媒体深度融合、产业转型,并对随之而来的伦理问题进行了深度剖析。

毋庸置疑,人工智能媒体的发展在多因素的促动下已强势重塑了信息传播生态,全方位地影响人类的生产生活,并最终导向一种"泛媒介化"的生存图景,这不但对整个传媒业界是一种新的挑战,也对各国宏观战略转型和微观社会治理提出更高要求。在此背景下,精准了解行业现状、抓牢转型发展机遇、规避伦理困境将成为各国高质量发展的着力点。本研究报告不但对现状进行了全面梳理,亦吸取了国内外专家学者在此方面最新的研究成果,并得到媒体业界朋友的支持和帮助,在此致以衷心的感谢!

复旦大学出版社领导和编辑为本书的出版做了许多卓有成效的工作,在此表示深深的谢意!

本研究报告由上海大学全球人工智能媒体研究院"全球、中国人工智能媒体发展研究报告"编写小组负责整理撰写。严三九组织编写,并负责全书的统稿和修改工作。王虎、刘峰对本报告进行了篇章规划与修改,邹阳阳对全书内容进行了审核校对。其中国外部分编写小组成员有:韦文涓、张为乔、陈霁昀、王磊、龚锐、张帅康、田晓雪、张向宁、赵婉莉、张茜、曹可欣、师萌、郭翀亦、李聿言、邓雨欣、赵鑫润、曹敬群、朱斯蕤,他们收集、整理了大量资料,分别编写了战略篇、技术篇、产业篇、业务篇、伦理篇。国内部分编写小组成员有:邹阳阳、何欢、邱子芸、邵赛男、韩霄、张薇、胡凡、申一辰、郑彤彤、元渊、豊婉蓉、余向屿、马家骏、闫璐、吴曾钰,他们收集、整理了大量资料,分别撰写了战略篇、技术篇、应用篇、融合篇、产业篇和反思篇。

不可否认,由于写作水平和可得资料、数据、案例的局限,本报告还存在数据基础不够严谨翔实、案例分析不够全面深入等问题,难免出现错误及疏漏之处。今后我们会继续强化专业水平,进一步深入业界进行调研,不断提升研究报告的价值与含金量,助力中国传媒产业的智能化转型及可持续健康发展。